Planejamento Ambiental

teoria e prática

Planejamento Ambiental

teoria e prática

Rozely Ferreira dos Santos

oficina de textos

© Copyright 2004 Oficina de Textos

1ª reimpressão 2007 | 2ª reimpressão 2009
3ª reimpressão 2013 | 4ª reimpressão 2014
5ª reimpressão 2022

CAPA E DIAGRAMAÇÃO Malu Vallim
PROJETO GRÁFICO Malu Vallim
TRATAMENTO DAS IMAGENS Anselmo T. Ávila e Malu Vallim
REVISÃO Suzel Tunes

Dados Internacionais de Catalogação na Publicação (CIP)
(Câmara Brasileira do Livro, SP, Brasil)

Santos, Rozely Ferreira dos
    Planejamento ambiental : teoria e prática / Rozely Ferreira dos Santos. -- São Paulo : Oficina de Textos, 2004.

    Bibliografia
    ISBN 978-85-86238-62-8

    1. Política ambiental I. Título.

04-2810   CDD-304.2

Índices para catálogo sistemático:
1. Planejamento ambiental : Ecologia humana   304.2

Todos os direitos reservados à Oficina de Textos
Rua Cubatão, 798
04013-003 São Paulo SP Brasil
fone: (11) 3085-7933
site: www.ofitexto.com.br
e-mail: atend@ofitexto.com.br

Em um momento em que o mundo valoriza demais as ciências e as suas especialidades, é muito raro encontrarmos pessoas relacionadas à ciência capazes de construir uma nova forma de olhar o mundo, através dos seus caminhos restritos, por meio dos métodos e da análise dos dados.

Essa possibilidade somente existe nas pessoas que não temem ultrapassar suas fronteiras de conhecimento, naquelas que são capazes do diálogo, que sabem aceitar o novo e incorporá-lo em sua forma de pensar, nas pessoas que são generosas, porque ao se dar, são capazes de ter em troca o saber em suas várias formas.

Dentre as muitas atividades necessárias à resolução de problemas ambientais, nenhuma pode ser construída independente de outras áreas do conhecimento. A ciência ambiental, uma ciência ainda em construção, esteve desde a sua origem associada às palavras multi e interdisciplinar, como um ideal a ser construído por aqueles dispostos ao desafio das mudanças, das inseguranças advindas, e da construção de algo novo, melhor!

Apresentar um livro é uma deferência extremamente especial.

Apresentar um livro que sintetiza um corpo extenso de trabalho consolidado no tempo e feito por alguém que, muito além da profissional competente em que se tornou, preocupou-se com o papel de educadora, de cidadã e de construir uma história ainda não contada, isto sim, é uma deferência muito especial.

Para minha sorte, os caminhos que a Dra. Rozely Ferreira dos Santos traçou e aqueles que sequer sabia que iria seguir, em alguns momentos cruzaram rapidamente os meus próprios caminhos, ou me permitiram caminhar longos trechos ao seu lado, porque nossas vidas têm vários trechos comuns, todos responsáveis por algum crescimento pessoal.

A maioria das pessoas passa por nós sem nos marcar de forma alguma. Se isto aconteceu, foi porque não tiveram a felicidade de conhecer pessoas com a alma da Dra. Rozely, porque ninguém que a conheceu conseguiu permanecer o mesmo, porque ela é dessas pessoas que não vieram para passar, mas para marcar sua presença nas nossas almas.

Este livro é a síntese de seu trabalho na área de Planejamento Ambiental e, para quem tiver a disposição ao crescimento intelectual, é um marco, um importante marco na construção de uma Ciência Ambiental, mas é, antes, uma obra, uma realização de um sonho, porque a Dra. Rozely é uma cientista que não perdeu seus sonhos!

Waldir Mantovani
Professor Titular do Departamento de Ecologia
Instituto de Biociências - Universidade de São Paulo

Nos últimos vinte anos venho empregando esforços para aprender sobre planejamento e sobre ambiente. Tenho procurado melhores caminhos, que conduzam, concretamente, para ações e atitudes destinadas a uma melhor qualidade de vida para os seres vivos. Este empenho não foi solitário. Estive sempre acompanhada pelos meus orientados ou co-orientados que me trouxeram idéias, propostas e referências. Foram meus companheiros de campo, aferindo, confrontando e re-conferindo dados, elaborando informações, métodos e, muitas vezes, apontando meus erros. Eu, então, confesso que o conteúdo deste trabalho não é uma obra individual. É um resultado plural, construído com o auxílio de outras vinte e sete cabeças, cinqüenta e quatro mãos e cerca de 540 bilhões de neurônios a mais. Meu papel foi traçar os lineamentos gerais e produzir uma somatória integradora do produto da persistência, obstinação e contumácia dos jovens que eu tive a felicidade de conhecer e orientar.

Por isso professo, agradeço e dedico este livro para:

Ana Cristina Sanctis Girardi, André Luis Lima, Andrea Maria Morero, Antonio Carlos Zuffo, Bernadete da C. C. Gomes Pedreira, Cauê de Oliveira, Claudia Nagako Shida, Elaine Augusto de Aguiar, Elaine Cristina Cardoso Fidalgo, Eunice Reis Batista, Helder Bicalho Carvalhais, Helena K. Ito, Ivan de Paula Rigoletto, João Fasina Neto, João Vila dos Santos, Laura Jane Gomes, Marcela Cury Petenusci, Marcos Antonio dos Santos, Maria Aparecida Rodrigues, Nilson Antonio Modesto Arraes, Osman Fernandes da Silva, Ronaldo Tavares de Souza, Sara Juarez, Silmara Eloísa Dotto, Sinésio Scarabello Filho, Sueli Aparecida Thomaziello, Telma Terumi Shinabukuro.

Peço permissão a eles para, nesse momento, destacar os nomes de
Sueli Thomaziello D'Artagnan,
Verônica Sabatino Aramis,
Maria Aparecida Rodrigues Porthos,
Claudia Shida Athos,
Elaine Fidalgo de Tréville,
Márcia Bertolo Queen Anne e
Wilson José Encarnação Dumas.
Um por todos e todos por um!

ao meu filho Davi,
prova viva de que a vida é digna e compensadora

CAPÍTULO UM

- 1. PLANEJAMENTO, PLANEJAMENTO AMBIENTAL E PARADIGMAS DE DESENVOLVIMENTO ... 15
  - PLANEJAMENTO ... 16
  - PLANEJAMENTO E DESENVOLVIMENTO SUSTENTÁVEL ... 18
  - CONSERVAÇÃO E PLANEJAMENTO AMBIENTAL NO BRASIL ... 20
  - PLANEJAMENTO: CONCEITOS E FRASES FEITAS ... 23
  - TIPOS DE PLANEJAMENTO ... 25
  - PLANEJAMENTO AMBIENTAL ... 27
  - CONCEITO E PRÁTICA EM PLANEJAMENTO AMBIENTAL ... 28

CAPÍTULO DOIS

- 2. ETAPAS, ESTRUTURAS E INSTRUMENTOS DO PLANEJAMENTO AMBIENTAL ... 31
  - ESTRUTURA ORGANIZACIONAL PARA O PLANEJAMENTO AMBIENTAL ... 32
  - INSTRUMENTOS DE PLANEJAMENTO AMBIENTAL ... 35

CAPÍTULO TRÊS

- 3. ÁREA, ESCALA E TEMPO PARADIGMAS DO PLANEJAMENTO ... 39
  - A ÁREA ... 40
  - A ESCALA ... 44
  - O TEMPO ... 50

CAPÍTULO QUATRO

- 4. INDICADORES AMBIENTAIS E PLANEJAMENTO ... 57
  - A QUESTÃO DO INDICADOR NO PLANEJAMENTO AMBIENTAL ... 58
  - INDICADORES AMBIENTAIS ... 60

ESTRATÉGIAS METODOLÓGICAS PARA A ESTRUTURAÇÃO DOS INDICADORES	65
A APLICAÇÃO E OS LIMITES NO USO DE INDICADORES	70

CAPÍTULO CINCO

5. TEMÁTICAS E TEMAS USADOS EM PLANEJAMENTO AMBIENTAL	71
DIAGNÓSTICO E TEMAS AMBIENTAIS	72
GEOLOGIA	74
CLIMA	75
GEOMORFOLOGIA	78
SOLOS	80
DECLIVIDADE	82
CAPACIDADE DE USO DA TERRA	84
ESPELEOLOGIA	85
HIDROGRAFIA, BACIAS HIDROGRÁFICAS E QUALIDADE DAS ÁGUAS	85
VEGETAÇÃO	90
FAUNA	95
USO E OCUPAÇÃO DAS TERRAS	97
TEMÁTICA DINÂMICA POPULACIONAL	99
TEMÁTICA CONDIÇÕES DE VIDA	101
TEMÁTICA ECONOMIA	102
ASPECTO POLÍTICO-INSTITUCIONAL	106

CAPÍTULO SEIS

6. AVALIAÇÃO DE IMPACTOS AMBIENTAIS	109
CRITÉRIOS DE AVALIAÇÃO	111
MÉTODOS DE AVALIAÇÃO	114

CAPÍTULO SETE

7. INTEGRAÇÃO DAS INFORMAÇÕES	127
O SIGNIFICADO DA INTEGRAÇÃO	128
ESTRUTURAS DE INTEGRAÇÃO	128
INSTRUMENTOS PARA INTEGRAÇÃO	129
ZONEAMENTO	132
ABORDAGENS METODOLÓGICAS PARA ESTRUTURAÇÃO E INTEGRAÇÃO DE TEMAS	136
OBSTÁCULOS PARA REALIZAR ESTUDOS INTEGRADOS	147

CAPÍTULO OITO

8. TOMADA DE DECISÃO

CAPÍTULO NOVE

9. PARTICIPAÇÃO PÚBLICA E EDUCAÇÃO NO PLANEJAMENTO AMBIENTAL

ANEXO

DEFINIÇÕES

BIBLIOGRAFIA

Esse material está disponível no site
www.ofitexto.com.br/livro/planejamento-ambiental

PLANEJAMENTO, PLANEJAMENTO AMBIENTAL E PARADIGMAS DE DESENVOLVIMENTO

Sobre desenvolvimento sustentável... vale a possibilidade de que tal discurso tenha sido assumido, simplesmente, para criar um consenso sobre uma forma de se desenvolver, mas que na prática é viabilizada dentro do discurso anterior, ou seja, muda-se o discurso ou o regime para não se perder o poder (Arraes, 2000).

CAPÍTULO UM

PLANEJAMENTO
... ou o ordenamento do espaço

A organização do espaço sempre foi uma premissa para grupos de pessoas que se propõem a viver em estado gregário, sob objetivos e normas comuns. Esta disposição vem sendo observada desde a Antigüidade, quando já existiam formas de planejamento.

As primeiras informações históricas sobre planejamento do espaço descrevem aldeias ligadas à prática da pesca ou agricultura. Nelas, a ordenação do território levava em consideração aspectos ambientais como topografia e microclima. Exemplos tradicionais de um embrião de planejamento advêm das aldeias da Mesopotâmia, cerca de 4000 a.C., cujos registros apontam os primeiros "planejadores profissionais". Eles foram, na realidade, autoridades religiosas preocupadas com a organização das cidades. Ao longo da história, até se formarem as primeiras grandes cidades, os homens planejaram seu espaço buscando atender preceitos religiosos, de estética e de conforto.

A preocupação sobre os impactos produzidos pelo homem em centros urbanos tornou-se mais evidente entre os gregos, sendo Aristóteles considerado o "grande teórico da cidade". Esta perspectiva de planejamento – voltada à cidade – perdura no tempo, da Grécia Antiga à época da Revolução Industrial, formulando uma base teórica sobre construções de núcleos populacionais, seja do ponto de vista religioso ou estético, seja dos pontos de vista estrutural, político, econômico e social. Na Europa, no final do século XIX, eram poucos aqueles que se preocupavam com a construção das cidades aliada à conservação dos elementos da natureza. No entanto, conforme cita Acot (1990), é necessário ressaltar que, entre 1810 e 1940, mais de um século após a Revolução Industrial, diversos estudos no campo da ecologia induziram à reorientação da relação homem e meio, como a teoria da evolução de Darwin (1809-1882), o conceito de ecossistema por Tansley e as relações entre cadeia trófica e meio abiótico por Linderman. O movimento Romântico do final do século XVIII refletiu uma expressão social de cunho ambiental. Nesse período, muito contribui a Escola Francesa, com suas propostas de planejamentos de recursos hídricos e saneamento, que enfatizavam a relação entre disponibilidade de água e preservação de mananciais. Desse pedaço da história, a preocupação com a natureza refletia-se melhor nas cidades japonesas, que procuravam conseguir um estreito relacionamento entre elementos naturais e construídos.

Paralelamente aos fatos históricos, as ciências foram construídas pelo homem. Primeiro, a partir da observação holística da realidade, com os elementos da natureza analisados em sua totalidade. Assim, por exemplo, podem ser reconhecidos os escritos aristotélicos sobre a organização da natureza e suas diversas relações. Depois, por diversos caminhos, as ciências foram, paulatinamente, fragmentando as paisagens e compreendendo de maneira particularizada e minuciosa as partes componentes de um sistema que se mostrava complexo e diversificado. Foi o tempo da partição, sistematização, aprofundamento e especificidade do conhecimento. Dessa forma, criaram-se conceitos em vários campos do saber, com métodos e escalas específicos. De certa maneira, a história das ciências e os paradigmas que governaram as sociedades refletiram-se na forma de idealizar os processos de organização territorial, através dos chamados planejamentos setoriais. A cidade foi composta e planejada "por partes", sem a preocupação de torná-las interativas.

No final do século passado, foram trabalhados vários tipos de planejamento setorial, cuja discussão central ainda estava voltada aos terrenos urbanos e às múltiplas funções de uma cidade, porém, com maior desenvolvimento teórico de planejamentos setoriais da área econômica e de recursos hídricos.

Nos anos 1930, a experiência acumulada sobre o planejamento das águas doces resultou, sobretudo, do desenvolvimento de métodos multicriteriais associados a avaliações de custo/benefício. Essas estratégias objetivavam a tomada de decisão em relação às alternativas de demanda ou múltiplos usos da água. Ainda que tênues, as avaliações tinham um caráter integrador do meio, tomando como referência a qualidade e quantidade de água disponível como recurso natural. Foi nesse período, entre os anos 1930 e 1940, que cresceu a antiga idéia de planejamento baseado em bacias hidrográficas. No entanto, essa forma de planejamento restringiu-se muito aos recursos hídricos.

Um fato crucial a ser considerado ocorreu, após a Segunda Guerra, na Europa e nos Estados Unidos, quando a discussão dos conceitos de desenvolvimento e subdesenvolvimento adquiriu relevância. O desenvolvimento enfatizava o modelo e sociedade voltados para o consumo nos países dominantes no espaço econômico mundial. O desenvolvimento estava ligado a parâmetros econômicos como alto PIB (Produto Interno Bruto), evoluída economia de mercado e especialização da sociedade. Sem dúvida, estes conceitos consolidaram o desenvolvimento de planejamentos de base econômica induzidos, em princípio, pela Revolução Industrial de 1750-1830. Assim, nos anos 1950-1960 surgiram os planejamentos econômicos de maior importância. Progressivamente, eles foram ganhando força, pois eram vistos como uma forma de alcançar mais rapidamente o crescimento econômico, e se tornaram comuns em vários níveis de governo. Contudo apresentavam vários tipos de problemas, como: o plano era mais um documento do que a ação que representava – era um fim em si mesmo; eram de difícil operacionalização por serem muito rígidos, levando à não implementação; havia falta de comunicação entre planejadores, administradores e políticos que possuíam diferentes pontos de vista e que, preocupados com o planejamento no "terceiro mundo", debatiam longamente essas questões.

Uma visão um pouco mais diferenciada de planejamento surgiu também na década de 1950 quando, nos Estados Unidos, a principal preocupação girava em torno da necessidade de se avaliar os impactos ambientais resultantes de grandes obras estatais. Uma vez que em grande parte desses empreendimentos predominavam aspectos sociais, como geração de empregos e crescimento inadequado das cidades, o procedimento metodológico mais comum continuava sendo a análise de custo/benefício e de alternativas técnicas de engenharia. Perdas ambientais e outras alternativas sociais não eram relevadas até então. A questão ambiental era vista como um segmento à parte, ligada à sistematização do conhecimento da natureza e à política de protecionismo. De acordo com Latour (1998), os impactos ambientais da sociedade moderna ajudaram a "... torná-la, pouco a pouco, uma parte de nossa existência legal, política e moral... Ela passou do exterior ao interior do mundo social".

Durante quase vinte anos debateu-se no Congresso Americano a necessidade de se exigir estudos de impacto ambiental e, durante essas décadas, a idéia começou também a ser discutida em outros países. As universidades, principalmente americanas e canadenses, passaram a se preparar para responder à provável exigência legal, retomando a visão holística e integradora do meio e considerando as ações humanas como parte do processo de avaliação. Essa evolução do conhecimento ainda estava muito separada dos planejamentos e planejadores da época. Foram, no entanto, mudanças significativas que não ocorreram por acaso. Na realidade, foram a expressão da transformação do momento histórico em que se estava vivendo lentamente, os princípios do planejamento das cidades e do campo foram, lentamente, sendo atingidos pelas mudanças do paradigma social vigente.

É assim que, no final da década de 1960, ocorreu uma releitura dos fundamentos conceituais de desenvolvimento, gerada por diversas causas histórico-políticas. Os países subdesenvolvidos estavam sempre muito longe dos padrões do Primeiro Mundo e a ênfase na mentalidade voltada para o consumo provocava conseqüências graves, tais como poluição, desigualdade social, aumento da criminalidade e insatisfações da sociedade. Ganha destaque a idéia de não haver um modelo único de desenvolvimento, sendo o melhor aquele que a própria sociedade decide, com satisfação de suas necessidades segundo suas condições e sua representatividade social. Surgiram modelos alternativos de desenvolvimento, considerando benefícios desvinculados do aspecto puramente econômico – como qualidade de vida físico-mental, conforto, higiene, educação –, bem como características negativas do chamado "mundo desenvolvido", como poluição e degradação ambiental.

Aquelas antigas premissas de planejamento, com base em definições econômicas e de caráter setorial, não mais serviam como referência indiscutível. Exigiam-se planejamentos mais abrangentes, dinâmicos, preocupados com avaliações de impacto ambiental. Não mais se admitia usar como sinônimos desenvolvimento econômico e crescimento econômico, qualidade de vida e padrão de vida. Países subdesenvolvidos que haviam alcançado um significativo crescimento de seu PIB ainda conservavam um grande número de indivíduos sem acesso aos serviços sociais básicos (saúde, educação, nutrição), desvinculando a correlação entre crescimento econômico e bem-estar social.

Os estudiosos na área ambiental são unânimes em afirmar que o marco das preocupações do homem moderno com o meio ambiente, incorporando questões sociais, políticas, ecológicas e econômicas com uso racional dos recursos, deu-se em 1968, com o Clube de Roma. Essa foi uma reunião de notáveis de diversos países e de diversas áreas do conhecimento: biológica, econômica, social, política e industrial. Reuniram-se para discutir o uso dos recursos naturais e o futuro da humanidade. O relatório final chamado "Limites de Crescimento" abalou as convicções da época sobre o valor do desenvolvimento econômico e a sociedade passou a fazer maior pressão sobre os governos acerca da questão ambiental. Essa reunião foi o motivo impulsor para que, em 1969, os EUA elaborassem o NEPA (National Environmental Policy Act), uma legislação que exigia considerações ambientais no planejamento e nas decisões sobre projetos de grande escala. Seguiram-se ao NEPA diversas legislações, em outros países, com considerações ambientais.

Os primeiros estudos de avaliação de impacto refletiam "sistemas de planejamento" de caráter ambiental, mas referenciados por obras públicas. Os métodos adotados eram um somatório das avaliações de custo/benefício, técnicas de questionamento e métodos baseados em listagens, desenvolvidos entre os anos 1930 e 1970. No fim dos anos 1970 retomaram-se os fundamentos de decisão multicriterial desenvolvidos para planejamento de recursos hídricos na década de 1930.

Técnicos e teóricos em planejamento passaram então a questionar suas diretrizes, discutindo tanto aspectos do processo em si, como o papel dos planejadores atuantes no processo. Questionava-se se os planejadores eram realmente objetivos e imparciais, porque e como o público deveria ser envolvido, ou como se poderia intervir no manejo de regiões.

Nos anos 1970 e início dos anos 1980, a conservação e a preservação dos recursos naturais e o papel do homem integrado no meio passaram a ter função muito importante na discussão da qualidade de vida da população. Nesse período, os conceitos sobre planejamento, influenciados pelos estudos de impacto, sofreram uma reformulação, na qual a questão ambiental foi amplamente contemplada. Surgiu então, nessa época, a tendência de elaborar planejamentos regionais integrados, que se resumiam na formalização do sistema de planejamento já existente, com elementos provenientes do meio natural ou antropizado analisados de forma interativa. Independentemente dos objetivos ou do local planejado, essa estratégia exigia a espacialização de um conjunto amplo de dados que necessitavam ser comparados, sobrepostos e avaliados de maneira holística. No entanto, a experiência dos anos 1930-1940 com pesquisa regional, espacialização de impactos e planejamento de bacia hidrográfica havia sido abandonada, pois era incompatível com as diretrizes políticas e econômicas da era desenvolvimentista. Os planejadores que buscavam obter como produto planejamentos de caráter ambiental, começaram a recuperar e a integrar as experiências em planejamentos de recursos hídricos, dos estudos de impacto ambiental e das avaliações de paisagens, beneficiando-se da sistemática desenvolvida ao longo do tempo. Estruturas esquecidas de planejamentos urbanos e regionais e conceitos ecossistêmicos passaram a representar as raízes do conhecimento holístico.

Na década de 1980, grupos governamentais organizaram-se para produzir planejamentos regionais. Porém, poucos conseguiram, efetivamente, implementar planejamentos ambientais, quase sempre barrados por dificuldades institucionais. Havia esforços para incluir conceitos ecológicos, econômicos e políticos em planejamentos de caráter regional e urbano, mas eles tendiam a ser unicamente acadêmicos ou estudos de caso não aplicados. Nessa década, o ambiente e o desenvolvimento já não podiam ser apresentados isoladamente. Desta forma, o planejamento adjetivado "ambiental" era visto como um caminho para um desenvolvimento social, cultural, ambiental e tecnológico adequados. Era apresentado muitas vezes como um instrumento que protegia a natureza e melhorava a qualidade de vida das comunidades.

Não se pode deixar de dizer que a questão ambiental inseria-se, entre os anos 1950 e 1990, por meio de propostas de gerenciamento de recursos naturais, cujas preocupações iniciais eram essencialmente de controle ambiental, elaborado através de regulamentos legais, mas não de mudança de postura diante da utilização dos recursos naturais. Propostas de gerenciamento e planejamento ambiental cruzaram-se ao longo da história, levando muitos a confundi-los em conceito, estrutura e procedimentos.

PLANEJAMENTO E DESENVOLVIMENTO SUSTENTÁVEL

...ou a construção de um ideário

A preocupação com a água, com a poluição e com os impactos sociais, o surgimento dos movimentos preservacionistas e os avanços da ciência, de Darwin a Gaia, são acontecimentos que foram se somando ao longo da história, pressionando mudanças, definindo ideários e determinando um novo paradigma que incorporasse as questões ambientais, expressas em uma política ambiental. Obviamente, as premissas de planejamento caminharam paralelas, com o objetivo de responder aos novos rumos. Assim, muitos conceitos relativos a novos princípios de desenvolvimento passaram a ser gradativamente incorporados aos planejamentos, como a perspectiva de esgotamento dos recursos naturais, a evolução com que modos de vida vêm alterando o meio ambiente, o conceito de qualidade de vida distinto do de padrão de vida, a degradação do meio medida pela capacidade de suporte e sistemas de autocontrole, ou a noção de recursos versus serviços ambientais e ecológicos. Em planejamento, diferenças de conceitos podem levar a abordagens metodológicas totalmente distintas. É o que acontece, por exemplo, com as noções de resíduo e recurso. Quando esses dois conceitos são discriminados e, portanto, o resíduo é admitido como tal, então as diretrizes projetam-se como medidas mitigadoras, de minimização da fonte de produção e melhor alternativa de reserva. Mas, quando as noções de resíduo e recurso são intercambiáveis, o resíduo é analisado como um recurso potencial, que está no lugar errado, no momento errado, usado e manejado indevidamente.

Em outras palavras, os objetivos, a estrutura e os procedimentos em um planejamento serão definidos a partir de um ideário, norteador de todo o seu processo, que levará os conceitos e premissas de desenvolvimento, para um certo espaço, num determinado tempo. Se o ideário se concretizar, então passará a ser considerado um modelo, uma referência ou um paradigma a ser examinado pelo planejador.

O ideário atual foi semeado no ano 1950, quando a IUCN (*World Conservation Union/Internacional Union Conservation of Nature*) apresentou um trabalho que usou pela primeira vez o termo "desenvolvimento sustentável". No entanto, ele difundiu-se, claramente, em 1971, na Reunião de Founeux, agora com o nome de ecodesenvolvimento, formulado basicamente pela escola francesa. Nele estava clara a preocupação com a degradação ambiental, com a condição social dos desprivilegiados, com a falta de saneamento, com o consumo indiscriminado e com a poluição ambiental. Acreditava-se, nesse momento, que iniciativas pontuais pudessem multiplicar-se à medida que atestavam seu sucesso como modo de vida. O ecodesenvolvimento propunha observar as potencialidades e fragilidades dos sistemas que compunham o meio e estimular a participação popular.

Essas considerações continuaram a ser debatidas na Conferência das Nações Unidas sobre o Meio Ambiente Humano, em Estocolmo, no ano de 1972, um marco na discussão sobre poluição da água e do ar, do perigo do crescimento populacional indiscriminado (já alertado pelo Clube de Roma), e dos usos dos recursos naturais. Na Reunião de Estocolmo criou-se o PNUMA (Programa das Nações Unidas para o Meio Ambiente), com o objetivo de gerenciar as atividades de proteção ambiental, e o Fundo Voluntário para o Meio Ambiente, bastante voltado para os países em desenvolvimento. Estas iniciativas apontavam para uma consolidação da proposta de ecodesenvolvimento, para um novo ideário a ser vislumbrado. Apesar das divergências entre países desenvolvidos e em desenvolvimento registradas nessa Reunião de 1972, muitos governos estimularam, a partir daí, políticas ambientais em seus respectivos centros. Conseqüentemente, planejamentos começaram a se estruturar dentro de uma nova ordem.

Em 1983, ocorreu o terceiro grande encontro organizado pela Assembléia Geral da ONU (Organização das Nações Unidas), que criou a CMMAD (Comissão Mundial sobre Meio Ambiente e Desenvolvimento). O grupo de especialistas, coordenado pela ministra norueguesa Gro Brundtland, reuniu durante três anos as alternativas desenvolvidas, apontou as experiências bem sucedidas e pensou em alternativas realistas para as deficiências observadas. Apresentou, em 1987, o relatório "Nosso Futuro Comum" (ou Relatório Brundtland), que oficializou o termo desenvolvimento sustentável, sugerido nos anos 1950 (CMMAD, 1988). Nesse relatório, foi proposto que se devia atender às necessidades do presente sem comprometer o atendimento às gerações futuras. Os autores do documento apontaram as várias crises globais (como energia e camada de ozônio) e destacaram a extinção de espécies e o esgotamento de recursos genéticos. Reforçou-se, ainda, o debate sobre o fenômeno da erosão induzida e a perda de florestas. Estas eram as bases a ser consideradas em futuros planejamentos, já adjetivados nessa década como ambientais. Eram também as bases para o próximo encontro que reuniria representantes da Terra para um acordo internacional, a Conferência do Rio, em 1992, vinte anos depois do Encontro de Estocolmo.

A Rio-92 uniu, em território brasileiro, 178 nações que debateram temas voltados à conservação ambiental, à qualidade de vida na Terra e à consolidação política e técnica do desenvolvimento sustentável. Os caminhos propostos pela Cúpula da Terra podem ser averiguados em cinco principais documentos: Convenção sobre mudança climática, Convenção sobre diversidade biológica, Princípios para manejo e conservação de florestas, Declaração do Rio e Agenda 21.

Dentre os quarenta capítulos da Agenda 21, que versa sobre os mais diferentes temas, o Cap. 7 faz uma referência particular para o planejamento rural e urbano, recomendando a avaliação das atividades humanas, do uso da terra e a ordenação desejada dos espaços dentro dos preceitos de desenvolvimento sustentável e sustentabilidade desdobrados em suas dimensões econômica, social, ambiental, política e cultural. Assim, a nova ordem para planejamento estava documentada.

No entanto, como bem alertado por Arraes (2000), não se poderia dizer que estamos diante de um novo paradigma, pois o ideário posto não viria acompanhado de uma mudança efetiva do modelo de crescimento econômico liderado pelos países do Norte. Conforme esse autor, o desenvolvimento sustentável não responderia à crise das teorias de desenvolvimento da década de 1970. Sem efeito, essa vertente apenas se apropriaria de alguns dos antigos anseios como endogenia do processo de desenvolvimento, abertura à participação como mecanismo de envolvimento e distribuição de poder, ou prioridade no atendimento das necessidades básicas, para difundir uma cultura ambiental que preservaria as tradicionais relações de poder, tanto entre nações como internamente, entre seus grupos sociais. Seria então necessário ponderar a possibilidade de que tal discurso tivesse sido assumido, simplesmente, para criar um consenso sobre uma forma de se desenvolver, mas que, na prática, seria viabilizada dentro do discurso anterior. Ou seja: mudar-se-ia o discurso ou o regime, para não se perder o poder.

Também se faz necessário refletir sobre as palavras de Crabbé (1997), que define desenvolvimento sustentável como "...uma ideologia política ou utopia desenvolvida nas Nações Unidas visando inicialmente atrair os países do Terceiro Mundo para adotarem a agenda ambiental dos países do Norte".

Planejar em um país do Sul, diante desse novo ideário, sem real mudança do paradigma de desenvolvimento no mundo é, praticamente, impossível. Quando se planeja sob esse prisma, as diretrizes, propostas ou medidas não condizem, de forma geral, com a verdade política, tecnológica e financeira da região. Falar sobre qualidade de vida e igualdade social soa, no mínimo, confuso e inexeqüível diante das realidades globais e regionais vigentes.

Não se pode dizer que nenhum esforço foi feito. Alguns exemplos podem ser apresentados, como a criação da CDS (Comissão de Desenvolvimento Sustentável), da ONU, para assegurar os compromissos assumidos na Rio-92; a realização da Rio+5 (sob coordenação da ONG Earth Council), para estimular a aplicação dos princípios contidos na Agenda 21, e o desenvolvimento das Agendas 21 locais em mais de 1200 cidades. No entanto, as forças que norteiam um desenvolvimento "insustentável" ainda são dominantes.

Hoje, nos países em desenvolvimento, a alternativa encontrada nos planejamentos é aplicar um ou alguns princípios dentre o conjunto que rege a proposta de sustentabilidade e o ideário de desenvolvimento sustentável, abandonando aqueles que confrontam diretamente os princípios do desenvolvimento de fato assumido pela sociedade, bem como as políticas dele advindas. Os planejamentos são, comumente, permeados de contradições e conflitos de interesses. Não é, propriamente, a falta de conhecimento e experiência que leva a essa condição. Não existem dúvidas sobre o que deve ser inserido nos processos: maior participação da sociedade e envolvimento das lideranças, maior integração de planos regionais. Porém, como implementá-los? Criar novos mandamentos para consumo e produção e novos caminhos para chegar à justiça social. Quais são?

Em suma, diante desse contexto, ousa-se dizer que o planejamento voltado à conservação ambiental e desenvolvimento sustentável é, por enquanto, mais um ideal utópico do que um paradigma atual, mais uma palavra da moda do que um conceito usado.

CONSERVAÇÃO E PLANEJAMENTO AMBIENTAL NO BRASIL

No Brasil, documentos de caráter ambiental e naturalista podem ser encontrados ainda no tempo do Império, nas primeiras décadas de 1800, quando eram discutidos problemas ligados a impactos provenientes das atividades humanas sobre os recursos naturais (Fig. 1.1). Os documentos de alerta a D. João VI e D. Pedro II sobre a questão ambiental, que nortearam os primeiros regulamentos de proteção ambiental, foram escritos por naturalistas trazidos para o Brasil pelo Império e depois por discípulos da escola francesa, que se preocupavam, em primeira instância, com a qualidade e quantidade dos recursos hídricos, proteção de florestas para a conservação de mananciais e o saneamento das cidades. Desse período podem-se citar naturalistas como Spix, Martius, Natterer, Mikan, Pohl e Loefgren e, mais para o final do século, engenheiros como André Rebouças, que lutou pela existência de parques nacionais e estimulou D. João VI a convocar o Major Archer, um botânico amador, para reflorestar ao longo dos cursos d'água do Maciço da Tijuca, no Rio de Janeiro, como forma de estimular e garantir a qualidade da água (Fig. 1.2).

É vital destacar que as observações acerca da conservação ambiental do império no início do século XIX eram tratadas por naturalistas comumente desvinculados de compromissos com metas políticas ou com planejamento regional. Até o final do século, o meio natural era discutido sob o ponto de vista da solução de problemas específicos e localizados, da preservação e da formação de santuários que garantissem a manutenção de ecossistemas naturais. Não existiam, assim, propostas de planejamento ambiental. Os prenúncios desse tipo de proposta tornaram-se mais concretos na virada do século, nos anos 1930, quando foram modelados os planejamentos de recursos hídricos e gestão de bacias hidrográficas. Nesse sentido, um bom exemplo são as propostas dos engenheiros de recursos hídricos como Saturnino de Brito, para os Estados de São Paulo, Rio de Janeiro e Minas Gerais.

Como resposta a esses avanços, a linha mestra da atual política ambiental no Brasil é vista a partir dos anos 1930, com a constituição do Código de Águas, do Código Florestal e da Lei de Proteção à Fauna.

O espírito desenvolvimentista da década de 1950 enraizou-se no Brasil e as décadas de 1960 e de 1970 apresentaram um país com prioridade na industrialização. Desta forma, têm-se documentos que, baseados na premissa de que o principal impacto era a pobreza, estimulavam, e muito, a geração de poluentes e o depauperamento dos recursos naturais. Nesse período, os governos brasileiros tiveram pouquíssima preocupação com o meio. No entanto, não se pode deixar de lembrar que a grande preocupação com o meio ambiente deu-se já a partir da década de 1960 nos EUA, propagando-se para outros países e fazendo com que eles debatessem temas como avaliação de impactos ambientais, planejamento e gerenciamento ambiental. Na década de 1970, aderiram à discussão países como Canadá, Japão, Nova Zelândia, Austrália e a Europa Ocidental e, na década de 1980, a América Latina, Europa Oriental, União Soviética e Sul e Leste Asiático. Na década de 1990, os países da África, do mundo árabe e a China iniciaram um debate sobre os problemas ambientais. Sob essa perspectiva, o Brasil se inseriu na gestão em fins dos anos 1970 e início dos anos de 1980. De forma oficial somente a partir de 1981, com a Política Nacional de Meio Ambiente, uma "carta de intenções" em relação à conservação do meio.

As discussões aconteceram em uma nova Secretaria instalada: a Secretaria de Meio Ambiente, cujas primeiras medidas visavam à proteção dos recursos hídricos.

As principais razões que provocaram a mudança de comportamento do governo foram resultantes de pressões de bancos internacionais, que passaram a exigir estudos de impacto ambiental para financiamento de projetos, das sociedades estrangeiras ambientalistas, como a IUCN / WWF (World Wildlife Foundation), com a Estratégia Mundial para a Conservação e de ONGs (organizações não governamentais), que se organizaram no Brasil e passaram a exigir participação nas tomadas de decisão sobre o ambiente.

Em 1981, como já citado, foi promulgado um dos principais documentos referentes ao ambiente: a Lei de Política Nacional de Meio Ambiente (conhecida como PNMA), Lei nº 6.938/81. Antes dela, as diretrizes legais eram setorizadas, ligadas a um aspecto do ambiente como preservação de florestas, proteção à fauna, conservação dos recursos hídricos ou poluentes (quadro 1.1). Esse novo diploma legal criou o SISNAMA (Sistema Nacional de Meio Ambiente) e o CONAMA (Conselho Nacional de Meio Ambiente) e formulou diretrizes de avaliação de impactos, planejamento e gerenciamento, de zoneamentos ambientais, usando como unidades de planejamento as bacias hidrográficas. Foi a primeira vez que, explicitamente, surgiu uma proposta de planejamento ambiental no Brasil, como forma de orientação de ordenamento territorial. A Lei era densa e se baseava em concepções modernas de avaliação e gerenciamento do espaço. Esse documento inspirou muitos trabalhos voltados a planos de bacias hidrográficas (PBHs).

Teoria e Prática em Planejamento Ambiental

Fig. 1.1 *Em meados de 1840, Félix-Émil e Taunay pintou a paisagem carioca, "Mata reduzida a carvão", preocupado em retratar o limite antagônico entre a mata exuberante e a crueza do espaço desmatado.*

Fig. 1.2 *Tela de Richard Bate sobre a Baía de Botafogo e Corcovado em meados do século XIX. Nela observa-se o desmatamento das encostas.*

Parte da região destroçada pelas culturas de chá, cana-de-açúcar e café, seguidas pela ocupação por residências foi recuperada pela regeneração natural da Floresta Atlântica e pelo plantio, a partir de 1861, de 10.000 mudas de diversas espécies sob a orientação de Manuel Archer. A partir de 1961, a área da foto, dentro do maciço da Tijuca, passou a ser Parque Nacional.

Quadro 1.1 Legislação ambiental: principais documentos legais

TIPO DE NORMA	DATA	ASSUNTO
Decreto n° 24.643	10.07.1934	institui o Código de Águas.
Lei n° 4.771	15.09.1965	institui o Novo Código Florestal.
Lei n° 5.197	03.01.1967	dispõe sobre a Proteção à Fauna.
Decreto-Lei n° 221	28.02.1967	dispõe sobre a proteção e estímulos à pesca e dá outras providências.
Lei n° 6.513	20.12.1977	dispõe sobre a criação de Áreas Especiais e de Locais de Interesse Turístico; sobre o inventário com finalidades turísticas dos bens de valor cultural e natural.
Lei n° 6938	31.08.1981	dispõe sobre a Política Nacional do Meio Ambiente, seus afins e mecanismos de formulação e aplicação e dá outras providências.
Res. CONAMA n° 001	23.01.1986	estabelece as diretrizes para a avaliação de impacto ambiental.
Lei n° 7.511	07.07.1986	altera dispositivos da Lei 4.771, de 15 de setembro de 1965, que institui o novo Código Florestal.
CF do Brasil	05.10.1988	Capítulo VI - Do Meio Ambiente: Artigo 225.
Lei n° 7.804	18.07.1989	altera a Lei n° 6.938 de 31 de agosto de 1981, que dispõe sobre a Política Nacional do Meio Ambiente, seus fins e mecanismos de formulação e aplicação.
Decreto n° 99274	06.06.1990	regulamenta a Lei n° 6938, de 31 agosto de 1981 e Lei n° 6902, de 27 abril de 1981, que dispõe sobre Estações Ecológicas.
Decreto n° 1354	29.12.1994	institui, no âmbito do Ministério do Meio Ambiente, dos Recursos Hídricos e da Amazônia Legal, o Programa Nacional da Diversidade Biológica e dá outras providências.
Lei n° 9.433	08.01.1997	institui a Política Nacional de Recursos Hídricos.
Lei n° 9.605	12.02.1998	Lei de Crimes Ambientais - dispõe sobre as sanções penais e administrativas derivadas de condutas e atividades lesivas ao meio ambiente e dá outras providências.
Lei n° 9.985	18.06.2000	institui o Sistema Nacional de Unidades de Conservação da Natureza e dá outras providências. Regulamenta o art. 225, §1°, incisos I, II, III e VII da Constituição Federal.
Res. CONAMA n° 302	20.03.2002	dispõe sobre os parâmetros, definições e limites de Áreas de Preservação permanente de reservatórios artificiais e o regime de uso do entorno.
Res. CONAMA n° 303	20.03.2002	dispõe sobre parâmetros, definições e limites de Áreas de Preservação Permanente.

Em 1986 foi aprovado um outro documento legal de extrema importância: a Resolução 001, do CONAMA, que criou a obrigatoriedade de estudos de impacto ambiental no Brasil para uma vasta gama de atividades humanas. Isso muniu as secretarias de meio ambiente de uma grande quantidade de dados ambientais. Algumas secretarias de meio ambiente desenvolveram outro tipo de diagnóstico, visando criar APAs (Áreas de Proteção Ambiental). Esse conjunto de informações passou a ser entendido como uma ferramenta de planejamento. No entanto, esses trabalhos foram elaborados com objetivos, concepções e métodos diferentes. Tornou-se extremamente difícil utilizar as informações e conclusões dos estudos diversificados para compor o planejamento de uma determinada região.

Na década de 1990, o planejamento ambiental foi incorporado aos planos diretores municipais. Foi a partir desses trabalhos que se obtiveram as informações mais contundentes sobre qualidade de vida, desenvolvimento sustentável, sociedade e meio ambiente, promovidas pela preocupação com o ser humano.

Em suma, a partir da década de 1980, o planejamento ambiental foi incorporado pelos órgãos governamentais, instituições, sociedades ou organizações. Contudo apresentou-se sob diferentes formas, em função

Planejamento, Planejamento Ambiental e Paradigmas de Desenvolvimento

1905

década de 1960

década de 1970

das atribuições dos responsáveis pelo processo de planejamento. Metodologicamente, estes planejamentos expressavam seu histórico, ou seja, a conjunção entre conceitos e estruturas de planejamento urbano, estudos de impacto ambiental e planos de bacia hidrográfica. Hoje, o planejamento ambiental incorpora também a perspectiva de desenvolvimento sustentável, preocupando-se com a manutenção de estoques de recursos naturais, qualidade de vida e uso adequado do solo, além do aspecto da conservação e preservação de sistemas naturais.

década de 1980

Apesar dos avanços, deve-se considerar que, num processo de planejamento, ainda é comum que a engenharia e a economia dominem as tomadas de decisão. Os conflitos e oportunidades identificados nem sempre refletem considerações ecológicas e socioculturais de forma adequada (Fig. 1.3). No Brasil, critica-se mais a estrutura organizacional e o processo de desenvolvimento do planejamento do que as fundamentações que o norteiam. É justamente o contrário: ainda caminhamos a passos lentos na construção dos fundamentos que devem reger o planejamento voltado à conservação do meio ambiente.

Os planejamentos ambientais atuais são fracos em modelos ecológicos e tratam a dimensão política de forma simplista. A participação pública e a interpretação das representações sociais são ainda tratadas de forma amadora. Há ainda um hiato, muito comum, entre a abordagem de planejadores urbanos e economistas — estes demasiadamente preocupados com a ordenação de atividades humanas, o desenvolvimento econômico e a geração de empregos —, e ecologistas, ambientalistas e administradores do meio ambiente voltados para planejamentos cujo eixo de análise é o meio biofísico. Partindo de premissas diferenciadas, esses profissionais tentam somar suas informações como se o adjetivo ambiental pudesse fornecer um resultado único. Pincelam quadros de qualidade de vida, destacam a conservação de áreas verdes e a preservação de espécies raras, mas, dentro desses contextos, suas bases inconsistentes de conhecimento transformam-se, sem dúvida, em documentos obsoletos.

ano de 2003

É vital lembrar que as deficiências ou imperfeições dos planejamentos são respostas a um complexo quadro de acontecimentos históricos e de situações político-social-econômico-ambiental-culturais peculiares a cada país ou região. O Brasil, como outros países, sempre idealizou seus planejamentos em função dessa história e de suas próprias situações. Há que se considerar, no entanto, a existência de um descompasso entre a resposta dada em um momento histórico no Brasil, e os países do Norte. Sempre se esteve um passo aquém do movimento mundial para a conservação do meio. Desta forma, mais do que outros países, o Brasil está dando os primeiros passos no processo de construção teórica sobre planejamento ambiental, e em contínuo processo de revisão, nestas últimas quatro décadas.

Fig. 1.3 *Enchentes no distrito de Souzas (Campinas, SP) ocorrem desde os primórdios de sua fundação, em 1883, junto às margens do rio Atibaia. Esta figura retrata enchentes ocorridas numa série histórica na Praça São Sebastião, o núcleo central urbano. Hoje esta área pertence a uma APA (Área de Proteção Ambiental), regulamentada por meio de um documento formal de planejamento ambiental que pretende reduzir os impactos originados pela própria concepção ribeirinha da cidade. Apesar das propostas de solução da APA, os eventos estão crescendo devido a interesses econômicos e privados de empreendedores e políticos.*
Fonte: Fasina Neto, 2003 (modificado)

PLANEJAMENTO: CONCEITOS E FRASES FEITAS

Vários conceitos foram criados ao se definir planejamento. De uma forma bastante simples, entende-se que o processo de planejamento é um meio sistemático de determinar o estágio em que você está, onde deseja chegar e qual o melhor caminho para chegar lá. Simonds (1978) dizia que o planejamento é o direcionador da quantidade, da qualidade e da velocidade e natureza das trocas. Outros autores referem-se ao planejamento como um processo rigoroso para dar racionalidade à ação e enfrentar as situações que se apresentam, de forma criativa.

Outros conceitos, envolvendo outros elementos, são apresentados por vários planejadores e podemos resumi-los dizendo que o planejamento é um processo contínuo que envolve a coleta, organização e análise sistematizadas das informações, por meio de procedimentos e métodos, para chegar a decisões ou a escolhas acerca das melhores alternativas para o aproveitamento dos recursos disponíveis. Sua finalidade é atingir metas específicas no futuro, levando à melhoria de uma determinada situação e ao desenvolvimento das sociedades. Um importante papel destinado ao planejamento é, ainda, o de orientar os instrumentos metodológicos, administrativos, legislativos e de gestão para o desenvolvimento de atividades num determinado espaço e tempo, incentivando a participação institucional e dos cidadãos, induzindo a relações mais estreitas entre sociedade e autoridades locais e regionais. Pesquisadores desenvolveram estudos sob essa perspectiva, dando uma conotação prática e política ao planejamento. É importante frisar que a ênfase do planejamento está na tomada de decisões, subsidiadas num diagnóstico que, ao menos, identifique e defina o melhor uso possível dos recursos do meio planejado. Deve-se, minimamente, reconhecer o dinamismo dos sistemas que compõem o meio. Assim, como planejar implica identificar, selecionar e destinar recursos, para que isso seja feito de maneira adequada é necessário localizá-los e conhecê-los em quantidade e qualidade, bem como ter clareza sobre os objetivos para os quais eles serão dirigidos. Em suma, é necessária alguma forma de espacialização dos recursos apresentados pelo diagnóstico, bem como o conhecimento dos conflitos decorrentes de sua conservação ou uso.

Se o planejamento implica decidir sobre ações futuras, previsões e estimativas de cenários futuros são essenciais. Devem ser previstas, por exemplo, as conseqüências de cada alternativa de ação proposta, bem como o somatório delas. Se ocorrem previsões e formulam-se suas probabilidades, a tomada de decisão também envolve as incertezas e os riscos. Tanto quanto os recursos, as ações propostas devem referir-se a um ou mais locais e também devem ser espacializadas, qualificadas e quantificadas. Como costumam ser indicadas para datas e graus de emergência diferentes, elas precisam ser ordenadas por prioridade ao longo do tempo.

Sob esse conjunto de premissas, o processo compõe-se em fases de atividades seqüenciais que se preocupam em trabalhar o tempo, o espaço e os objetivos a serem atingidos na programação de ações. As fases nada mais são do que a expressão do reconhecimento dos cenários e da seqüência lógica de possibilidades de acontecimentos, com o propósito de definir uma conduta para um tipo de desenvolvimento proposto, previsto pelos próprios objetivos.

Essas condições levam os planejamentos institucionais a trabalharem o processo conforme as fases apresentadas na Fig. 1.4. Como resultado, são esperadas diretrizes que podem ser hierarquizadas em até quatro níveis: planos, programas, normas e projetos.

Deve-se ressaltar que existe uma clara diferença entre diretrizes, planos, normas, programas e projetos, o que nem sempre aparece nos trabalhos práticos de instituições governamentais. Eles têm conteúdos e características específicos, que devem se adequar ao espaço, à abrangência e aos objetivos do planejamento. As diretrizes referem-se a um conjunto de instruções ou indicações de caráter geral necessárias para o estabelecimento dos planos e normas, por sua vez, com seus programas e projetos (veja Cap. 8). Algumas vezes, as diretrizes são apresentadas a partir das políticas do planejamento proposto, que se referem a um conjunto de objetivos futuros, que informam os planos, programas e projetos, e condições para sua execução.

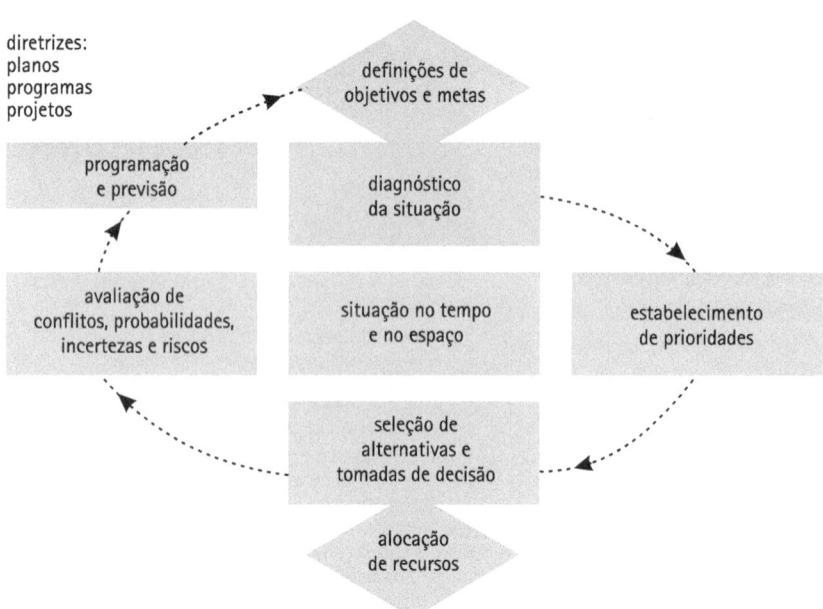

Fig. 1.4 *Fases comuns em planejamentos regionais*

Os planos, que têm como linha mestra as diretrizes, são formulados como um conjunto de ações a serem adotadas, visando determinado objetivo ou meta política. Os programas detalham as peculiaridades dos planos e expõem a linha e as regras básicas a serem seguidas e atingidas nos projetos. Eles tendem a ser mais abstratos ou designativos na sua forma. As normas referem-se à descrição de procedimentos ou medidas que garantam a realização dos planos e programas. Projeto refere-se a uma atividade ou grupo de atividades correlatas, e é planejado e implementado como algo individualizado, mas que está no corpo de intenções de certos programas, planos e diretrizes. Algumas vezes, os projetos vêm acompanhados de recomendações de ordem técnica, visando garantir a correta implantação de um determinado projeto. As diretrizes têm um alcance territorial mais amplo que os planos, programas e projetos. A Fig. 1.5 apresenta um pequeno exemplo dessas considerações. Deve-se alertar que nem todos autores aceitam essa sistemática de apresentação de propostas no planejamento. Conforme alguns autores, é importante observar o triângulo das ópticas do planejamento, cujos vértices são: óptica programática (projeto, programa e plano), óptica temporal (curto, médio e longo prazo) e óptica territorial ou administrativa (nacional, federal, estadual e municipal). As ópticas se inter-relacionam e decidem sobre a profundidade em que são tratadas as questões.

Planejamento é uma atividade para ser implementada e não apenas uma produção de documentos. O processo não se esgota na implementação, tendo continuidade ao longo do tempo por meio de mais uma fase, a de monitoramento e avaliação, na qual os planos são submetidos a revisões periódicas, bem como as ações e os cronogramas de implantação.

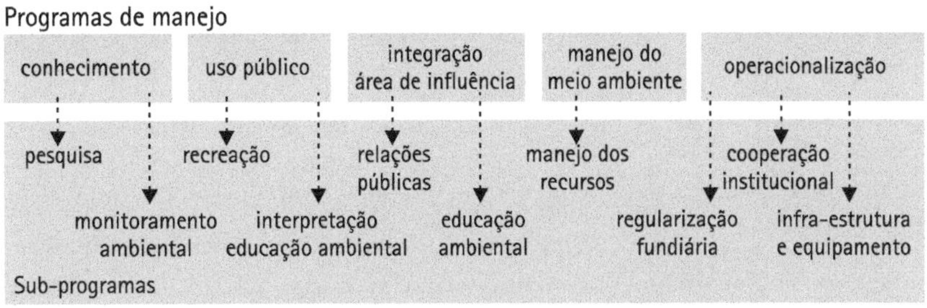

Planejar é estar a serviço de interesses públicos, por meio do ordenamento das atividades humanas. O planejador é um profissional analista do meio que deve apresentar alternativas e dar consultas, sempre que necessário, aos tomadores de decisão, mas, por princípio, não deve assumir o papel de decisor. Em outras palavras, embora grande parte do planejamento seja baseado em fases técnicas, as decisões a serem tomadas dependem daqueles que sofrem ou deverão sofrer as alternativas propostas, dos gerenciadores locais e de todos aqueles que se preocupam com os destinos da região. Enfim, é necessária a participação da comunidade para que seja um processo válido.

Fig. 1.5 *Exemplo de sistematização de programas obtidos para o Plano de Manejo da Serra da Bocaina. Fonte: MMA, 2001*

TIPOS DE PLANEJAMENTO

Os elaboradores de planejamento, de forma geral, procuram entender o espaço em todo seu contexto, não centrados em apenas um tema, mas procurando trabalhar com e entre os diversos estratos que compõem o meio. No entanto, o usual é que os planejamentos venham adjetivados com palavras que definem ou caracterizam seu principal rumo de ação. Os "adjetivos" permitem identificar o tema, a área, o setor de atividade, o ideário ou mesmo o paradigma em que se alinha o trabalho. Assim, eles podem ser agrupados em diversos tipos, de acordo com o adjetivo considerado para sua classificação.

Alguns planejamentos são reunidos pelo adjetivo que indica a abrangência espacial. Têm-se aqueles de inclusão local, relacionados a uma área pontual; os de bacia hidrográfica; os municipais e estaduais, de limites territoriais legais, ou os regionais que abrangem uma área que pode ser limitada por municípios, bacias ou paisagens comuns. Alguns ainda são subdivididos em micro-regionais ou macro-regionais. Têm-se, também, os de âmbito nacional e internacional, que lidam, respectivamente, com problemas envolvendo todo o país ou mais de um país. Diferentes escalas de trabalho são utilizadas para tratar diferentes níveis de abrangência territorial (veja Cap. 3).

De acordo com a natureza do escopo ou das atividades preponderantes, o planejamento pode ser qualificado como socioeconômico, agrícola, arquitetônico, de recursos naturais ou ambiental.

De acordo com a abrangência operacional temos planejamentos voltados a um determinado projeto ou atividade, a setores – neste caso, podendo envolver várias atividades ou integrando diversas áreas de trabalho. São, por exemplo, chamados de planos setoriais ou planos de áreas integradas. As abrangências espacial e operacional diferem no enfoque; a primeira enfatiza o território e a segunda, a ação.

Podemos ainda discernir o tipo de planejamento de acordo com a natureza dos objetivos. Para autores que defendem esses agrupamentos aqui apresentados, na área econômica tem-se como exemplo o planejamento anticíclico, que visa manter a estabilidade na economia, tentando lidar com variações de mercado, ou o planejamento emergencial, que visa combater situações de risco. O planejamento físico, também chamado uso e ocupação da terra, ou mesmo urbano, pretende disciplinar o uso da terra ou as atividades do homem, considerando seu melhor aproveitamento. Planejamentos que pretendem, basicamente, organizar e direcionar os setores econômico e social de um país ou região são tidos como desenvolvimentistas, como o planejamento tecnológico, que tem como principal preocupação o atendimento a demandas específicas num tempo determinado. Ele segue os preceitos das ciências exatas, resultando em um plano determinístico, objetivo e quantitativo, porém mais segmentado e setorizado, não levando em conta fatores outros, fora do contexto imediato do plano. O planejamento chamado ecológico ou ambiental também se enquadra neste grupo, tendo um enfoque essencialmente ligado à conservação dos elementos naturais e à qualidade de vida do homem.

Há autores que simplificam a classificação tipológica do planejamento. Para eles, há dois tipos de planejamento, o denominado tradicional ou tecnológico e o ambiental ou ecológico. De acordo com Petak (1980), o tecnológico teria uma abordagem voltada à solução de problemas e ao cumprimento de tarefas. Teria, portanto, uma visão segmentária, tática e determinística, com variáveis quantitativas e conhecidas. O ecológico, por sua vez, apresentaria uma abordagem preditiva, de orientação sistêmica, priorizando os fins. Seria então, holístico, estratégico e probabilístico, com variáveis qualitativas e subjetivas. Para esse pesquisador, ambos os tipos de planejamento têm problemas de aplicação: o planejamento tecnológico tende a enfocar a situação imediata e tratar somente dos sintomas dos problemas, podendo agravá-los, enquanto que a abordagem ecológica, por utilizar uma quantidade excessiva de dados e análises de longo prazo, dificulta ou mesmo inviabiliza a implementação de programas. Para Slocombe (1993), o planejamento tradicional – seja urbano ou regional – enfoca as comunidades e sua população, o uso da terra, a economia e infra-estrutura, através de um processo baseado em metas, planos e regulamentos. O ambiental enfoca o ambiente biofísico onde vivem as pessoas e comunidades, e analisa os efeitos de atividades de desenvolvimento e de outros planejamentos.

A ONU, em 1992, também apresentou sua própria definição para planejamento sob a perspectiva ambiental, como um processo que interpreta os recursos naturais como o "substrato" das atividades do homem que nele se assenta e sobre ele se desenvolve, buscando melhor qualidade de vida.

Alguns planejadores, como Rodriguez (1984), chegam ainda a separar planejamentos segundo critérios mais específicos, como, por exemplo, planejamento geoecológico: um tipo de planejamento de uso e ocupação da terra, que define como sendo "um instrumento dirigido a planejar e programar o uso do território, as atividades produtivas, o ordenamento dos assentamentos humanos e o desenvolvimento da sociedade, em compatibilidade com a vocação natural da terra, o aproveitamento sustentável dos recursos e a proteção e qualidade do meio ambiente". Ainda, para o autor, o ordenamento geoecológico é um nível mais amplo e abrangente do planejamento geoecológico, dirigido a determinar um modelo constituído por tipos funcionais de uso para cada parte do território, suas entidades de operacionalização e os instrumentos administrativos, jurídicos, legais e sociais que asseguram sua aplicação.

Muito se tem que avançar sobre nomes e sobrenomes dados aos planejamentos, pois, com grande freqüência, eles são mal denominados, ou porque o adjetivo não se refere efetivamente à proposta de trabalho, ou porque sugere uma linha de ação que não corresponde ao conteúdo. Além disso, deve-se ressalvar que as classes não são exclusivas e se relacionam. Um mesmo planejamento, por exemplo, pode ser regional, agrícola, físico e de cunho tecnológico. O que preponderar? Depende, obviamente, da ênfase do conteúdo, da linha do planejamento. Ecológico, por exemplo, é um adjetivo sempre colocado indevidamente, pois é bastante raro num processo de planejamento abarcarem-se conhecimentos que representem a base da ecologia, como funções, relações e redes entre os elementos que compõem o meio.

Quando se depara com o "sobrenome" dos planejamentos, seja no Brasil ou fora dele, percebe-se que, muitas vezes, a referência segue mais pelo senso prático e comum de um respectivo grupo do que por uma reflexão acadêmica. São, assim, frases feitas mal formuladas. Preocupar-se com o sobrenome é importante na medida em que ele não só retrata a linha primordial de ação e suas bases teóricas como também pode influenciar a seleção, a importância e o papel dos executores do planejamento e tomadores de decisão.

PLANEJAMENTO AMBIENTAL
...ou continua a frase feita

Ambiental é um adjetivo que vem se estabelecendo nos centros técnicos e acadêmicos com grande velocidade, mas com pouca propriedade. Ainda não existe, por exemplo, uma definição precisa do termo planejamento ambiental. Nele, o ambiente é interpretado tanto no que se refere às questões humanas, quanto físicas e bióticas. Portanto, são diversas as abordagens e as definições que recebe, com um entrelaçamento de conceitos que se mesclam. Corroborando o que afirma Slocombe, o planejamento ambiental "ora se confunde com o próprio planejamento territorial, ora é uma extensão de outros planejamentos setoriais mais conhecidos (urbanos, institucionais e administrativos) que foram acrescidos da consideração ambiental". Indo mais longe: alguns confundem, por exemplo, planejamento ambiental com planejamento físico, planejamento geoecológico, planejamento estético da paisagem, plano de manejo, zoneamento ambiental, planejamento de uso sustentável, planejamento de uso da terra, planejamento estratégico, desenho ambiental, planejamento agroambiental ou planejamento de produção. Às vezes, o planejamento ambiental é chamado erroneamente de gerenciamento ambiental, que é um momento interativo de uma proposta de ordenamento, na qual o planejamento ambiental predomina nas primeiras fases do processo (Fig. 1.4). Já o gerenciamento figura nas fases posteriores do ordenamento, ligadas à aplicação, administração, controle e monitoramento das alternativas propostas pelo planejamento (Fig. 1.6). O mesmo se dá com a gestão ambiental, algumas vezes entendida como planejamento, outras como gerenciamento, e outras como a soma de ambos. A proposta é que gestão ambiental seja interpretada como a integração entre o planejamento, o gerenciamento e a política ambiental. Nessa direção, planejamento ambiental é visto como o estudo que visa à adequação do uso, controle e proteção ao ambiente, além do atendimento das aspirações sociais e governamentais expressas ou não em uma política ambiental.

De forma cuidadosa, antes de atrever-se a definir o ambiental, deve-se analisar o processo histórico em que o adjetivo se estabeleceu e quais as bases que resultaram nesse confuso quadro conceitual. Em suma, estamos em tempo de avaliar a frase feita.

O planejamento ambiental surgiu, nas três últimas décadas, em razão do aumento dramático da competição por terras, água, recursos energéticos e biológicos, que gerou a necessidade de organizar o uso da terra, de compatibilizar esse uso com a proteção de ambientes ameaçados e de melhorar a qualidade de vida das populações. Surgiu também como uma resposta adversa ao desenvolvimento tecnológico, puramente materialista, buscando o desenvolvimento como um estado de bem-estar humano, ao invés de um estado de economia nacional. O planejamento ambiental vem como uma solução a conflitos que possam ocorrer entre as metas da conservação ambiental e do planejamento tecnológico.

Essa era uma antiga preocupação que volta à discussão em outras bases, ou seja, sob o ideário do desenvolvimento sustentável, como examinado anteriormente. Nos anos 1980 a expressão planejamento ambiental é entendida por muitos como o planejamento de uma região visando integrar informações, diagnosticar o ambiente, prever ações e normatizar seu uso através de uma linha ética de desenvolvimento. Sob esse enfoque, estão aqueles que se preocupam com a conservação das bases materiais e com os impactos resultantes das lógicas sociais e econômicas que regem uma determinada área de interesse. Assim, os princípios do planejamento ambiental se remetem, diretamente, aos conceitos de sustentabilidade e multidisciplinaridade, os quais, por sua vez, exigem uma abordagem holística de análise para posterior aplicação. Espera-se que temas biológicos, físicos e socioeconômicos sejam tratados de forma integrada e possibilitem ações práticas direcionadas à solução dos problemas.

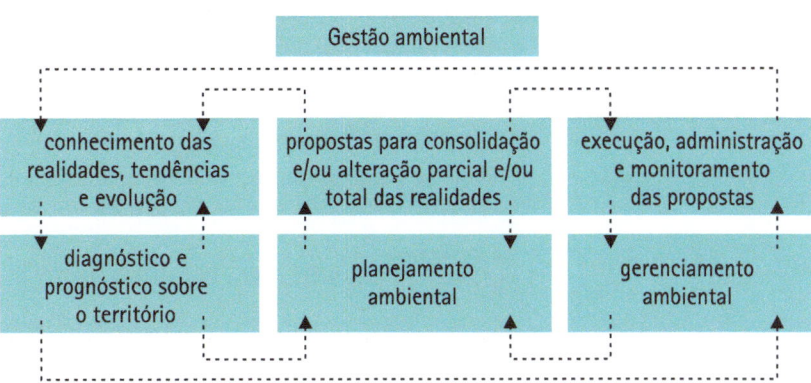

Fig. 1.6 *Interações entre planejamento e gerenciamento ambiental.*

De uma forma simplista, os planejadores visam nesses tempos elaborar uma análise em que a tríade meio-homem-sociedade passa a ser entendida como uma única unidade. É, então, no final dos anos 1980 e década de 1990 que surge a maior parte dos conceitos, induzida pelo movimento histórico, pela valorização ambiental e subsidiada pela visão holística do território. De uma forma geral, o planejamento ambiental consiste na adequação de ações à potencialidade, vocação local e à sua capacidade de suporte, buscando o desenvolvimento harmônico da região e a manutenção da qualidade do ambiente físico, biológico e social. Deve prever e indicar mudanças no uso da terra e na exploração de fontes aceitáveis para as comunidades locais e regionais, ao mesmo tempo em que contemple medidas de proteção aos ecossistemas com pouca interferência humana. Trabalha, enfaticamente, sob a lógica da potencialidade e fragilidade do meio, definindo e espacializando ocupações, ações e atividades, de acordo com essas características. As demandas sociais devem ter prioridade sobre as demandas econômicas que, por sua vez, são consideradas, mas dificilmente surgem como um elemento norteador dos planos. Por sua vez, as restrições do meio devem ter prioridade sobre as demandas sociais ou econômicas, ou seja, reconhecem-se as demandas, mas não se avilta o meio, para que elas possam ser atendidas. Deve-se, antes, pensar nas possibilidades de mudança do caráter da demanda.

O planejamento ambiental fundamenta-se na interação e integração dos sistemas que compõem o ambiente. Tem o papel de estabelecer as relações entre os sistemas ecológicos e os processos da sociedade, das necessidades socioculturais a atividades e interesses econômicos, a fim de manter a máxima integridade possível dos seus elementos componentes. O planejador que trabalha sob esse prisma, de forma geral, tem uma visão sistêmica e holística, mas tende primeiro a compartimentar o espaço, para depois integrá-lo.

O planejamento ambiental tem como estratégia estabelecer ações dentro de contextos e não isoladamente. O resultado é o melhor aproveitamento do espaço físico e dos recursos naturais, economia de energia, alocação e priorização de recursos para as necessidades mais prementes e previsão de situações. Trabalha, sim, com o conceito de recurso, que admite o elemento natural como fonte de matéria para o homem. Prevê a participação de diversos setores da sociedade, através de seus representantes, tendo a sociedade o direito e o dever de opinar sobre as questões que lhe dizem respeito. Deve se estabelecer em três eixos: técnico, social e político.

Visando à sustentabilidade, o planejamento ambiental geralmente considera os critérios a longo prazo, mas busca estabelecer também medidas a curto e médio prazos. Este procedimento pretende reorganizar o espaço, paulatinamente, para que não apenas no presente, mas também no futuro, as fontes e meios de recursos sejam usados e manejados de forma a responderem pelas necessidades da sociedade. Tais necessidades conciliam-se na produção e distribuição de alimento, água, matéria-prima, energia e bens de consumo, na construção de moradias e instalações, na disposição e tratamento de resíduos, na criação e manutenção de sistema de circulação e acesso, na criação e manutenção de espaços verdes, na promoção da educação e desenvolvimento cultural. Esta tarefa é bastante complexa e envolve todos os setores da sociedade.

Muitos planejadores hoje em dia falam do objetivo da maximização da qualidade de vida do homem, tomando-se como premissa a manutenção dos processos da natureza e de sua diversidade. Outros defendem que o verdadeiro planejamento ambiental deva ser do tipo descentralizado, com participação da comunidade in loco, com múltiplos interlocutores e com máxima atividade participativa, podendo incorporar conselhos populares. Alguns acreditam que se deva, inclusive, inserir novos processos e atores no modelo administrativo e político da região.

Dentre todas as atribuições dadas ao planejamento ambiental, acredita-se que uma das mais importantes seja o fato de se pautar, predominantemente, pelo potencial e pelos limites que o meio apresenta, e não pela demanda crescente ou má gestão político-administrativa.

CONCEITO E PRÁTICA EM PLANEJAMENTO AMBIENTAL

As ciências foram construídas a partir da observação da realidade, fragmentando a paisagem e compreendendo de maneira particularizada as partes componentes de um sistema que se mostrava complexo e diversificado. Dessa forma, criaram-se conceitos em vários campos do conhecimento, com seus métodos e escalas específicos. O planejamento propõe o inverso — a integração e generalização. Há, desta forma, um descompasso entre a proposta e a prática do fazer. Assim, embora a concepção de planejamento ambiental se baseie num elevado grau de interdisciplinaridade e integração de informações, quase sempre as diretrizes, planos, programas e projetos não têm essa abordagem. Na realidade, em muitos planejamentos, o resultado é somente uma soma, como a geração de uma metadisciplina, mas não uma interação de fato. Os profissionais de cada área não relativizam seus conhecimentos e continuam usando métodos particularizados de abordagem, com grandes dificuldades no estabelecimento de uma escala única de tomada de decisão. Não há uma proposta efetiva da construção de um novo método, somente ajustes para a interpretação dos dados. Os ecologistas da paisagem são aqueles que chegam mais próximos de uma nova concepção (veja Cap. 7). É evidente que tal estratégia gera medidas práticas indistintas (não específicas para a região) e não complementares. Além disso, apesar de muitos adotarem um enfoque sistêmico, grande parte de sua informação é qualitativa e subjetiva, originária de diferentes métodos e escalas, apresentando muitas vezes estimativas e não respostas exatas.

Muitos planejamentos ambientais são fracos em modelos ecológicos, alguns fortes em modelos econômicos, e todos tratam a dimensão política por um caminho demasiadamente simples, comumente linear. Apesar de a avaliação multidisciplinar ser sempre aconselhada, na prática é mais comum que a engenharia e perspectivas econômicas dominem e que regulamentos administrativos rígidos em todos os níveis impeçam o manejo do todo. Além disso, é muito comum que os planos, programas e projetos venham construídos sobre os efeitos de outros planos e atividades de desenvolvimento pré-implantados. Descentralização, participação popular efetiva e mudanças significativas na administração e política local quase nunca são resultantes desse processo. Isto tem sido verificado no Brasil e nos mais variados países, talvez como decorrência de uma certa tradição, na qual, historicamente, a origem do planejamento se deu nos âmbitos econômico e tecnológico. Como outros tipos de planejamento, o ambiental trabalha com a dúvida, a probabilidade e o desconhecimento. No Brasil, com a velocidade de mudanças políticas, o planejamento ambiental deve ter agilidade de respostas, porém quase sempre para áreas extremamente complexas e deficientes de informações.

Em suma, os planejamentos ambientais, pelo menos no Brasil, não representam de forma eficiente a realidade, nem atingem o ideário a que se propõem. O momento é de reflexão sobre a eficiência do discurso teórico, bem como sobre a construção da teoria e do método. Esses são, na atualidade, os grandes entraves e os maiores desafios para esta área de conhecimento.

LEITURA RECOMENDADA

ALMEIDA, J. R. *et al*. **Planejamento Ambiental: caminho para participação popular e gestão ambiental para nosso futuro comum: uma necessidade, um desafio.** Rio de Janeiro: Thex, 1993.

CONYERS, D. and HILLS, P. **An introduction to development planning in the third world.** New York: John Wiley & Sons (Public Administration in Developing Countries), 1984.

FRANCO, M. A. R. **Planejamento ambiental para a cidade sustentável.** São Paulo: Annablume, 2000.

ETAPAS, ESTRUTURAS E INSTRUMENTOS DO PLANEJAMENTO AMBIENTAL

Criar estruturas em planejamento é muito mais do que dispor, organizar e associar as partes de um todo. O fundamental é decifrar o que é essencial e representativo da realidade, de forma a entender a natureza, as características, a função e o funcionamento do todo.

CAPÍTULO DOIS

Fig. 2.1 *Exemplo de estruturação geral das fases do planejamento. Espera-se de cada fase determinado produto. Por exemplo, o banco de dados – um importante produto da fase INVENTÁRIO –, permite a visualização em mapa do uso e ocupação da terra. A fase DIAGNÓSTICO, por meio de análise integrada, permite, por exemplo, delimitar áreas de conflito entre mineração e conservação de Mata Atlântica. Cada produto é obtido por procedimentos e métodos. As fases, com seus produtos, procedimentos e métodos, são objetos dos próximos capítulos deste livro.*

ESTRUTURA ORGANIZACIONAL PARA O PLANEJAMENTO AMBIENTAL

Os planejamentos ambientais são organizados dentro de uma estrutura que envolve pesquisa, análise e síntese. A pesquisa tem o objetivo de reunir e organizar dados para facilitar sua interpretação. Os dados organizados são avaliados para atingir a compreensão do meio estudado, com seus acertos e conflitos, constituindo a fase de análise. A síntese refere-se à aplicação dos conhecimentos alcançados para a tomada de decisões. Para cumprir estas três grandes etapas, de forma geral o planejamento apresenta-se como um processo, ou seja, é elaborado em fases que evoluem sucessivamente: o resultado de uma é a base ou os princípios para o desenvolvimento da fase seguinte.

Cada fase tem componentes, métodos e produtos específicos. Por ser o planejamento um processo contínuo, suas fases se encadeiam e se realimentam por meio das informações obtidas passo a passo. É devido a esta continuidade versa e reversa que alguns autores, provavelmente baseados em Matus (1992), propõem o nome de momentos ao invés de fases ou etapas.

As fases mais freqüentes nos planejamentos ambientais são aquelas já apresentadas no capítulo anterior, ou seja, definição de objetivos, diagnóstico, levantamento de alternativas e tomada de decisão. Mas, na prática, não é tão simples assim. Embora os planejamentos, freqüentemente, partam de um mesmo ideário – avaliar e apontar caminhos sustentáveis para um destino mais adequado e ambientalmente equilibrado de um espaço – a seqüência de fases usadas para um determinado fim é variável. Isto ocorre porque há diversas concepções de planejamento ambiental, diferentes objetivos e várias estruturas metodológicas.

De acordo com Rodriguez (1991), o planejamento ambiental compõe-se de cinco fases que objetivam: implementação metodológica e operativa; análise e sistematização de indicadores ambientais; diagnóstico do meio com identificação dos impactos, riscos e eficiência de uso; elaboração de um modelo de organização territorial; proposição de medidas e instrumentação de mecanismos de gestão. Já Santos (1998) apresenta um processo de planejamento dividido em oito fases: definição de objetivos, definição da estrutura organizacional, diagnóstico, avaliação de acertos e conflitos, integração e classificação de informações, identificação de alternativas, seleção de alternativas e tomada de decisão, diretrizes e monitoramento. Nessa proposta a oitava fase refere-se à opinião pública, que se interconecta com todas as outras fases, mesmo aquelas essencialmente técnicas (Fig. 2.1).

Para Silva (2000) as fases são: preparação (ou levantamento de dados e negociações), diagnóstico, hierarquização das informações, integração dos resultados e de proposições finais. Outra forma de organização, dividida em fases e sub-fases, pode ser exemplificada conforme o quadro 2.1.

Como mostra a Fig. 2.1, para cada fase há um conjunto de métodos que pode ser utilizado para obter o produto desejado. A definição de objetivos, por exemplo, só será concreta à medida que se avaliam as propostas para a área-alvo de, pelo menos, três vertentes: de quem contrata o planejamento, do executor do planejamento e dos órgãos e organizações ambientais que têm o poder de interferência na região (Fig. 2.2). É necessário que haja um consenso mínimo sobre os propósitos, a ética e a viabilidade técnica, administrativa, operacional e política dos objetivos finais. O consenso pode ser obtido através de um número incontável de métodos e técnicas, comumente baseado em NGT (*Nominal Group Technics*) e *ad hoc*, selecionados de acordo com os perfis ou representatividade dos grupos participantes (veja Cap. 9).

Uma vez obtido o consenso sobre as metas e políticas adotadas a serem atingidas, espera-se que os planejadores apresentem uma estrutura organizacional do trabalho a ser realizado. Esta estrutura, obtida por debates multidisciplinares, tem por fim harmonizar a equipe durante a elaboração do trabalho, metodológica e cronologicamente. De forma geral, ela prepara os arcabouços das fases seguintes. As figuras 2.3a e 2.3b apresentam exemplos de estruturas organizacionais mostradas em propostas de planejamento ambiental para bacias hidrográficas, que divergem quanto aos objetivos iniciais propostos e à qualificação da equipe multidisciplinar.

A estrutura organizacional do planejamento é o norteador da equipe multidisciplinar para os levantamentos de dados e a composição do banco de dados. Alguns autores entendem essa fase como inventário. É nela que se formulam as questões básicas para um bom encaminhamento do processo, tais como: quais os elementos ou parâmetros do meio que devem ser estudados, quais dentre eles devem ser considerados bons indicadores das condições ambientais da área ou qual a importância relativa de cada um deles? Em que escala adotá-los? Como deverão ser cruzados entre si?

Quadro 2.1 Fases e sub-fases para o planejamento de unidades de conservação (UC), de acordo com o IBAMA

ETAPA	PROCEDIMENTOS
organização do planejamento	apresentação da metodologia
	definição das atividades: programa de trabalho
	estabelecimento dos papéis na equipe
	definição de datas: matriz de organização do planejamento - OP
	definição preliminar da área da região da UC
DIAGNÓSTICO	
coleta e análise das informações disponíveis	levantamento bibliográfico
	levantamento de mapas, fotos aéreas e imagens de satélite
1ª reunião técnica: reconhecimento de campo	elaboração do mapa base
	reunião com Conselho Consultivo
	reunião com funcionários da UC
	conhecimento da UC
	contatos com grupos de interesse
	reunião com prefeituras e instituições
oficina de planejamento	estratégia para a oficina de planejamento
	avaliação estratégica
	mapeamento das informações
	propostas de ação
	identificação do potencial de cooperação institucional/comunitário
levantamento de campo	2ª etapa de campo (periodicidade)
	consolidação dos dados
	avaliação da região da UC
	levantamentos complementares
geração dos encartes	encarte 1 contextualização da UC
	encarte 2 análise regional
	encarte 3 análise da UC
2ª reunião técnica: planejamento	avaliação dos encartes
	estabelecimento preliminar dos objetivos de manejo
	definição preliminar do zoneamento
	ajuste da região da UC
3ª reunião técnica: estruturação do planejamento	aprimoramento dos objetivos específicos do manejo
	consolidação do zoneamento, inclusive a região da UC
	definição das áreas estratégicas
	diretrizes gerais de manejo
	matriz de análise estratégica
ELABORAÇÃO DO ENCARTE PLANEJAMENTO E VERSÃO RESUMIDA	
4ª reunião técnica: avaliação do plano de manejo	análise do encarte: planejamento e versão resumida
	consolidação das modificações necessárias
	apresentação do plano
entrega e aprovação do documento final	aprovação pela DIREC
	portaria do IBAMA
	publicação do plano de manejo
	divulgação do plano de manejo
IMPLEMENTAÇÃO	
implementação do plano na UC	execução
	levantamento expedito
	projetos específicos
	monitoria e avaliação
	ajuste no planejamento
	revisão do plano de manejo

Fonte: IBAMA, 2002 (modificado)

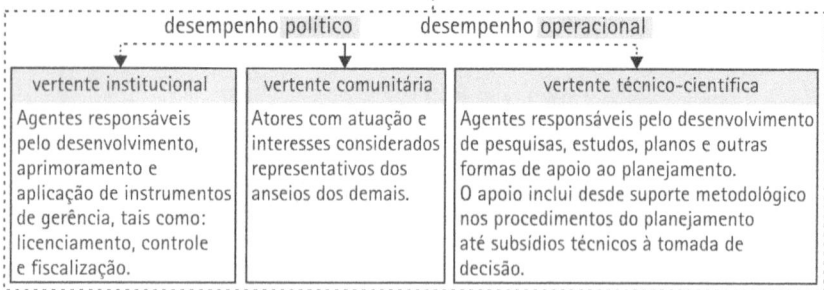

Fig. 2.2 *Atores e agentes do planejamento*

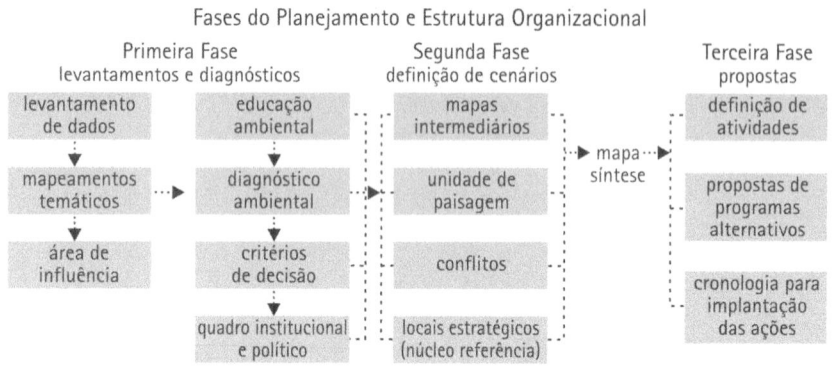

Figs. 2.3a e 2.3b (p. 35): *Exemplos de estruturas organizacionais de planejamento. O objetivo inicial em 2.3a foi o ordenamento territorial no Vale do Ribeira, tendo em vista conflitos entre atividades humanas e conservação. Já a Fig. 2.3 b teve por objetivo desenvolver o Plano de Manejo do Parque Nacional da Bocaina. Os objetivos diferenciados implicaram conteúdos distintos que exigiram equipes com especialistas de diferentes formações. Somente no primeiro caso, por exemplo, foram necessários um especialista em piscicultura e outro em mineração; já no segundo caso foram necessários especialistas em avaliação de trilhas e um grupo para a definição dos problemas fundiários.*

O levantamento e formulação de um banco de dados podem ser feitos de diferentes formas (veja Cap. 4), sendo estas escolhas a condição determinante do encadeamento e resultados do planejamento. Sejam quais forem os objetivos do planejamento, é comum a utilização de uma exaustiva coleção de dados ambientais, que são manuseados entre as etapas de diagnóstico e seleção de alternativas. De maneira comum, os dados são empregados em métodos que envolvem sistemas de matrizes ou listagens — que hierarquizam e ponderam as informações; análise espacial — que integram os dados; e modelos — que representam, simulam e simplificam os componentes dos sistemas a serem planejados (veja Caps. 6, 7 e 8).

Inventário e diagnóstico representam o caminho para compreender as potencialidades e as fragilidades da área de estudo, da evolução histórica de ocupação e das pressões do homem sobre os sistemas naturais. Também esclarecem sobre os acertos e os conflitos do uso da terra e os impactos passados, presentes e futuros. Estas avaliações consideram variações temporais, espaciais e escalares, em um processo de ir e vir (sempre em dupla direção), em diversas combinações. Formam-se retratos da área que, comparados, somados e interpolados, ressaltam as principais características e fornecem indícios da dinâmica da região. Dependendo da linha metodológica utilizada, podem-se empregar unidades territoriais ou unidades de paisagem, ou zonas ou cenários. Espera-se, na realidade, compartimentar o espaço em unidades de planejamento e gerenciamento. A cada unidade deve corresponder um conjunto específico de alternativas e ações.

Nessa visão de planejamento espera-se que os resultados do diagnóstico permitam uma proposta de modelo de organização territorial junto com soluções alternativas, voltadas a resolver ou minimizar o quadro apontado como desfavorável em função dos objetivos e estratégias previamente adotados. Em função da região de planejamento, escalas selecionadas e confiabilidade do banco de dados, as estratégias podem se apresentar na forma de políticas, metas, diretrizes, planos, programas, projetos e/ou regras técnicas que devem ser pensados de forma integrada (veja Cap. 1). Assim, bons planejamentos utilizam uma nova fase, que se baseia na avaliação, seleção e hierarquização das soluções alternativas propostas. A intenção é identificar o conjunto de alternativas mais compatíveis entre si, selecionar as melhores para a solução da maior parte dos conflitos e excluir aquelas que contrariam outras. As soluções escolhidas devem ser analisadas e agrupadas, pelo menos em relação à importância relativa, eficiência, eficácia, riscos, espaço de ação, temporalidade, urgência da aplicabilidade e custos.

É sempre aconselhável que os planejadores apresentem várias soluções facultativas, bem como suas relações. Elas devem ser debatidas junto às comunidades, lideranças e gerências ambientais. Este passo permite a tomada de decisão definitiva acerca das ações de planejamento a serem implementadas e da ordenação, tanto técnica quanto política, desejada para o território.

Após a tomada de decisão, o processo de planejamento continua através da retro-avaliação. Um dos aspectos de grande importância para planejamentos é analisar, em tempos futuros, a capacidade de manejo ou de implementação das diretrizes propostas em um plano, em vários níveis de administração governamental. É importante frisar que não há alternativa que não gere impactos ambientais. Assim, é preciso estar atento para o que se soluciona e o que se produz com essa solução que, no futuro, implique uma nova tomada de decisão.

Muitos autores reconhecem que a maioria dos fracassos de planejamentos ambientais decorre do uso de conceitos de desenvolvimento unidirecional como base do trabalho. O sucesso do planejamento também fica seriamente ameaçado quando as ações não são adequadas à realidade ou quando não são compatíveis entre si, por não apresentarem o conjunto de dados intrinsecamente integrados. É importante a existência de mecanismos que permitam uma permanente realimentação de dados e de suas relações e reavaliação do planejamento proposto. O planejamento ambiental deve funcionar como processo permanentemente ativo, que se altera em função das modificações do meio e dos anseios da sociedade envolvida, expressos ou não em documentos legais.

INSTRUMENTOS DE PLANEJAMENTO AMBIENTAL

O planejamento ambiental pode se apresentar sob diferentes formas de expressão. A escolha de um determinado instrumento deve ocorrer em função dos objetivos, objeto e tema central enfocados. Deve considerar a adequação de sua estrutura e conteúdo, do espaço político-territorial visado, do detalhamento previsto para as proposições e do tempo disponível para execução. Em diversos casos, trabalhos com Zoneamentos, Estudos de Impacto Ambiental, Planos de Bacias Hidrográficas, Planos Diretores Ambientais, Planos de Manejo ou Áreas de Proteção Ambiental, entre outros, são apresentados como sinônimos de planejamento ambiental. Essas formas deveriam, na realidade, ser chamadas de instrumentos do planejamento ambiental, se atuam sobre o meio natural e atividades produtivas ou se atuam como caminho e recurso dirigidos a alcançar objetivos e metas específicos, e, ainda, se estão baseadas em sua função ou utilidade e observam as formalidades e limites de suas atribuições particulares. Portanto, a equipe deve estar atenta se o conteúdo relativo ao objeto, objetivo, tema e espaço do planejamento realmente corresponde às características do instrumento a ser adotado. É muito importante que a comunidade técnica e acadêmica não confunda o papel e os limites desses instrumentos.

A primeira questão a ser inquirida pelo planejador é se o instrumento selecionado representa um processo de planejamento ambiental, com uma estrutura composta das fases consideradas imprescindíveis, que englobam desde a proposição do objetivo e seleção da área a propostas que materializam as alternativas selecionadas ou a estratégia adotada. Um simples exemplo é o zoneamento territorial, comumente citado como um instrumento do planejamento.

O zoneamento compõe-se das fases de inventário e diagnóstico, que resultam na definição de áreas que compartimentam os diversos sistemas ambientais componentes do espaço estudado (Fig. 2.4). As zonas supostamente homogêneas referem-se às áreas identificadas numa paisagem (por exemplo, bacias hidrográficas) passíveis de ser delimitadas no espaço e na escala adotada e que possuem estrutura e funcionamento semelhantes. São definidas por agrupamentos das variáveis (componentes, fatores e atributos ambientais) que apresentam alto grau de associação dentro da paisagem. Diferentes

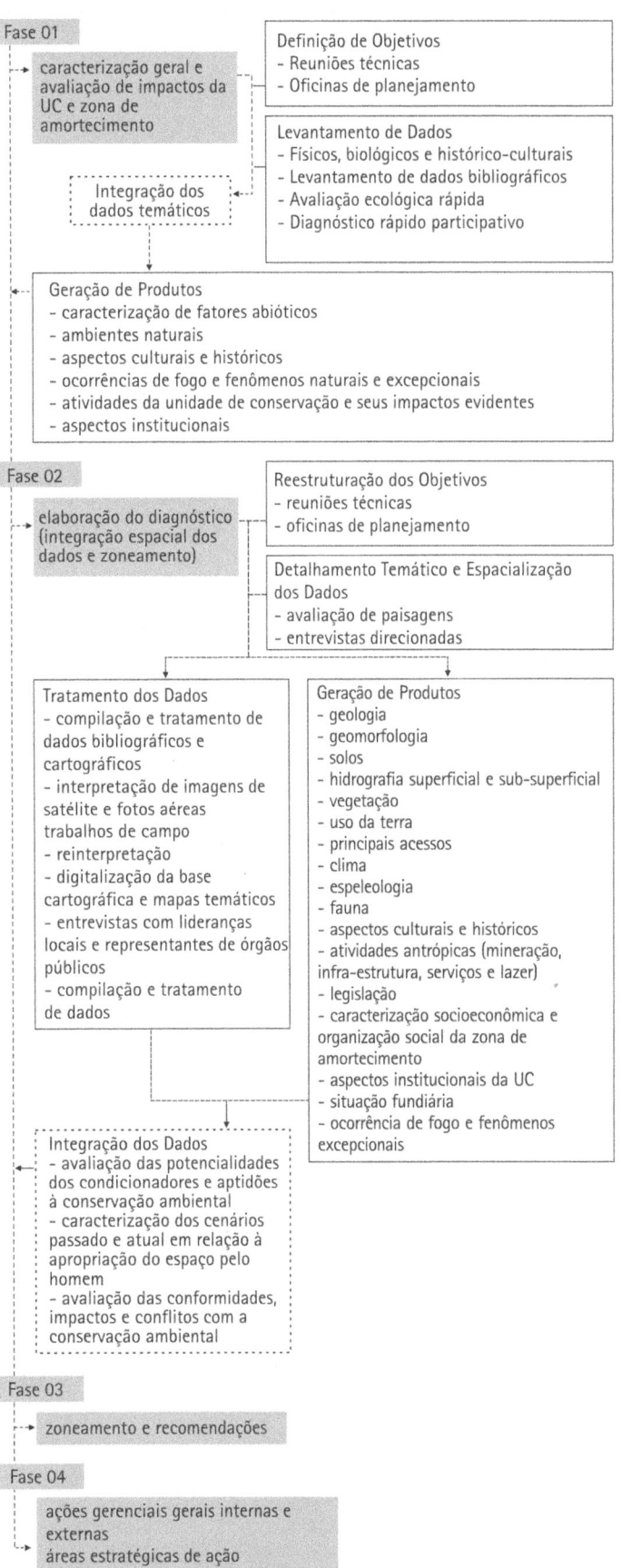

Fig. 2.3b

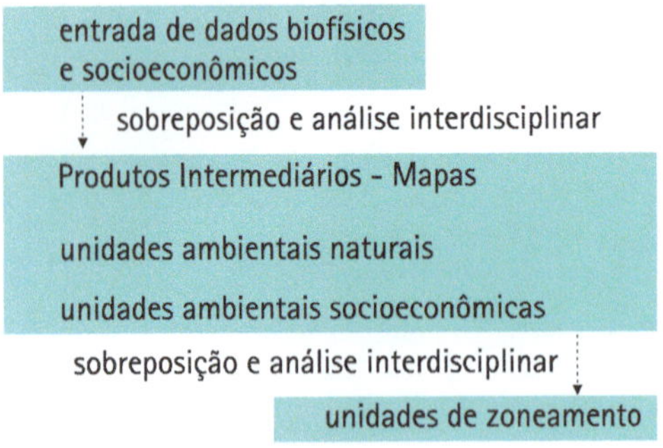

zonas homogêneas exibem significativa diferenciação entre os grupos de variáveis. Em outras palavras, devem-se reconhecer com clareza as similaridades dos elementos componentes de um grupo e, simultaneamente, claras distinções entre os grupos (veja Cap. 7).

Estas zonas precisam considerar as potencialidades, vocações e fragilidades naturais, identificar os impactos, bem como expressar as relações sociais e econômicas do território. De forma geral, os zoneamentos ambientais são apresentados na forma de mapas temáticos, matrizes ou índices ambientais (veja Cap. 6). Deve-se destacar que, no Brasil o zoneamento é muito usado pelo poder público como instrumento legal, para implementar normas de uso do território nacional. No entanto, o reconhecimento dessas áreas, que se restringe a analisar o ambiente e classificar seus atributos, é somente um suporte para um planejamento ambiental, necessitando de complementações metodológicas que conduzam a orientações para o uso desses espaços dentro de cenários temporais.

Por outro lado, alguns exemplos de programas e projetos foram também definidos em instituições governamentais como formas de planejamento ambiental. Deve-se alertar que sob esses programas são apresentados mecanismos de controle, correção ou consolidação de cenários favoráveis que efetivamente não são conseqüência de um inventário e diagnóstico estruturados. Finalizar o trabalho com o zoneamento ou formular programas sem diagnóstico não constitui um processo de planejamento ambiental.

Fig. 2.4 *Representação simplificada das etapas usadas no Zoneamento Ambiental da Borda Oeste do Pantanal, cuja preocupação central foi identificar unidades estabelecidas pelos ecossistemas naturais e impactos humanos predominantes. As unidades foram delimitadas em escala regional (1:100.000). Fonte: Silva, 2000, e Fidalgo, 2003 (modificado)*

Cada vez mais, os municípios brasileiros têm apresentado seus planos diretores como instrumentos de planejamento ambiental que orientam a atuação do poder público e da comunidade em suas atividades, levando à formulação de políticas públicas. O Plano Diretor é o instrumento básico para uma política de desenvolvimento e garantia de qualidade de vida no município. Destaca-se por enfocar as comunidades humanas, o uso e a ocupação da terra, os processos da economia e provisão da infra-estrutura. Deve ser considerado como instrumento de planejamento quando visa o aprimoramento das relações entre o homem e a natureza, quando tem objetivos e metas políticas claras e bem consolidadas por meio das diretrizes e ações propostas e quando elabora um diagnóstico preocupado com os recursos naturais e com o homem. Também assume esse importante papel quando identifica aspirações da coletividade e meios para garantir e incentivar a participação popular na elaboração do documento e na gestão do município e quando caminha para um desenvolvimento local ecologicamente equilibrado, socialmente justo e economicamente viável.

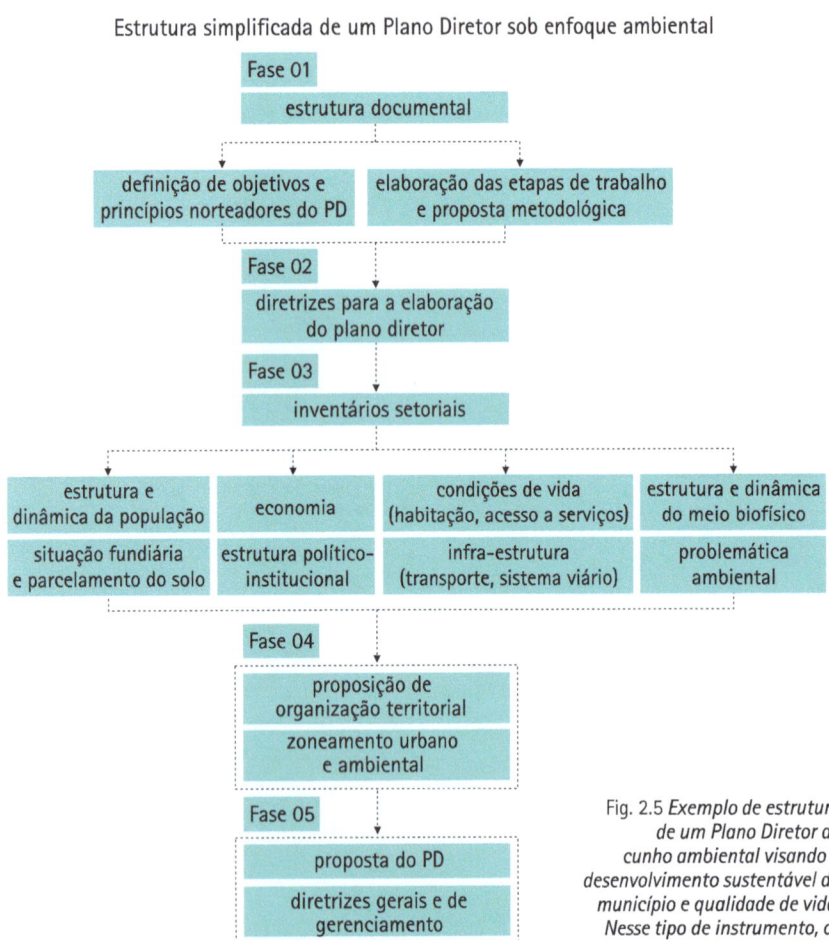

Fig. 2.5 *Exemplo de estrutura de um Plano Diretor de cunho ambiental visando o desenvolvimento sustentável do município e qualidade de vida. Nesse tipo de instrumento, os inventários setoriais enfocam diversas questões voltadas à vida do homem, associadas à problemática ambiental regional. Essa concepção conduz à estrutura adotada.*

Os planos diretores podem adotar outros objetivos condizentes com o planejamento ambiental, como estimular a adequada distribuição dos contingentes populacionais; propor uma gestão integrada e descentralizada; compatibilizar políticas de diferentes esferas; proteger e recuperar o meio ambiente e o patrimônio cultural, histórico, paisagístico, artístico e arqueológico, assegurando o acesso a eles; integrar e compatibilizar atividades urbanas e rurais, com uso racional da infra-estrutura. Um exemplo da estrutura desses planos encontra-se na Fig. 2.5.

Quando um Plano Diretor se preocupa em representar o ordenamento atual e futuro do espaço municipal, costuma usar como ferramenta o zoneamento e, tal qual os planejamentos, tem um tempo de ação restrito, definido pelo próprio plano, com caráter permanente. Alguns planos propõem introduzir o monitoramento das alternativas e a atualização do diagnóstico permanente, como o de Porto Alegre (RS), com o Sistema de Avaliação do Desempenho Urbano.

A partir da década de 1970, os planos de recursos hídricos deixam de lado o enfoque técnico restrito e econômico, tornando-se mais holísticos e, utilizando estruturas semelhantes aos planejamentos de enfoque ambiental (veja Cap. 1). Um esquema da elaboração de um planejamento voltado aos recursos hídricos encontra-se na Fig. 2.6. Para tais estudos, a bacia hidrográfica é o espaço territorial de consenso entre os planejadores (veja Cap. 3). Dentro dessa perspectiva, muitos nomes foram dados a esses estudos, como plano de bacia hidrográfica (PBH), planejamento de recursos hídricos, planejamento ambiental de recursos hídricos, gerenciamento de recursos hídricos, gerenciamento das águas, gerenciamento integrado de bacias hidrográficas, aproveitamento de recursos hídricos, plano de manejo de recursos hídricos, manejo de recursos hídricos, manejo de bacia hidrográfica, ou plano diretor para o gerenciamento das bacias hidrográficas.

De forma geral, os gerenciamentos integrados de bacias hidrográficas, os planos diretores para o gerenciamento das bacias hidrográficas e os de manejo de bacias hidrográficas são mais amplos no que tange à interpretação e ação voltada aos recursos associados à água. Somam mais efetivamente medidas de conservação dos mananciais com medidas de conservação do solo, dos remanescentes vegetacionais e fauna, com controle de atividades rurais e urbanas.

É necessário atentar que a cada nome atribui-se um conceito, ligado, principalmente, ao objetivo, enfoque e à ação esperada pelo processo. Desta forma, é inevitável refletir se o planejamento preocupa-se em administrar o recurso, ordenar o espaço, executar tarefas, manusear o meio, propor alternativas, implementar projetos, monitorar, controlar eventos, controlar doenças, preservar a água e os elementos naturais relacionados, proteger ecossistemas aquáticos, garantir perenidade do recurso, aproveitar o recurso, explorar recursos associados à água ou abastecer núcleos populacionais, entre outras ações. Assim, por exemplo, manejo é uma palavra ligada ao ato de intervir a partir do conhecimento, da ação programada e dirigida ao objetivo. Se ambiental, o planejamento deve promover e garantir a proteção aos sistemas naturais. Porém, nem sempre essa reflexão é feita, gerando muitas divergências.

Dentro da visão de planejamento ambiental, a maior divergência conceitual para esses tipos de planejamento concentra-se na questão da água, ora vista como matéria-prima mineral, ora como parte fundamental dos sistemas ecológicos. Em alguns casos, fala-se em conservação ambiental e, ao mesmo tempo, na utilização contínua do recurso. É muito importante considerar a distância e o trajeto entre o ponto de captação e o de consumo da água. Fala-se em preservação e as alternativas propostas são viabilizadas exclusivamente por projetos estruturais. Fala-se em

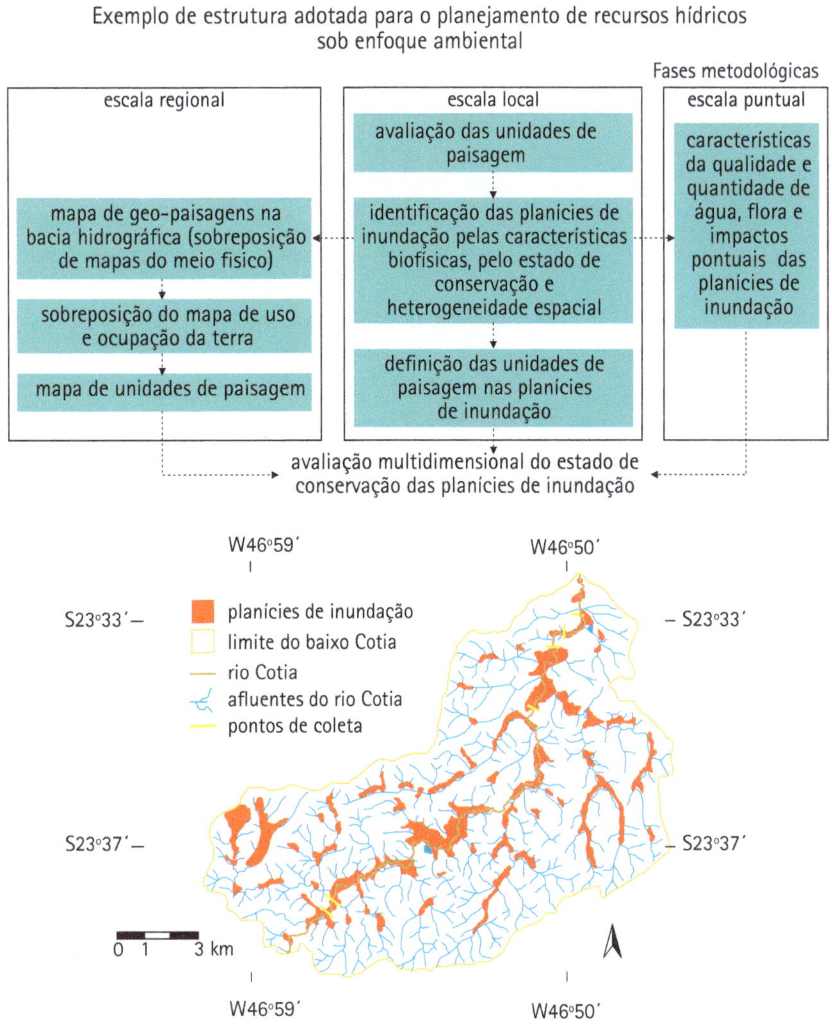

Fig. 2.6 *Exemplo de estrutura de um Plano de Bacia Hidrográfica. A bacia hidrográfica do rio Cotia foi planejada com o objetivo central de melhorar a qualidade da água e conservar a vazão. Foram realizados diagnósticos em três escalas, em níveis crescentes de detalhamento. O zoom foi de 1:50.000, escala regional, 1:20.000, escala local e 1:2.000, escala puntual, que permitiu identificar impactos indiretos (como erosão propiciada por loteamentos) e diretos (como lançamentos clandestinos de esgoto e espécies indicadoras de depósitos de assoreamento). Essa concepção de análise induziu à estrutura adotada. Fonte: Silva e Santos, 2000 (modificado)*

participação da comunidade no processo, mas dificulta-se ao usuário conhecer com exatidão de onde vem o recurso que utiliza, e para onde vão seus efluentes. A gestão das águas doces no nosso complexo quadro antropizado tende a se limitar, definindo funções para cada município, sem levar em consideração as demandas e necessidades das comunidades locais e vizinhas, privilegiando o desenvolvimento de parte de uma região ao exportar seus problemas para o entorno como, por exemplo, transposição de bacia. Espera-se que, neste atual momento, os planejadores do recurso água ou de bacias hidrográficas dirijam a atenção para uma gestão que atue sobre os reais condicionantes que geram impactos, que proponha sustentar ecológica, social e economicamente suas ações, que crie mecanismos políticos e administrativos concisos e viáveis e que busque a solidariedade em detrimento da ascendência de uma região sobre as demais.

Os planos de manejo para unidades de conservação são instrumentos voltados à preservação e conservação dos recursos naturais, bem como, ao uso desses recursos para pesquisa científica e para visitação pública na forma de ecoturismo e educação ambiental, dentro de espaços pré-estabelecidos por um documento legal. Procura-se assegurar a manutenção do potencial dos elementos naturais em detrimento de demandas, a conservação em detrimento do uso ou manejo abusivo e a participação da comunidade, além de garantir obediência a padrões legais ambientais.

A manutenção da biodiversidade e solução de conflitos são importantes premissas para definição dos procedimentos de planejamento. O ordenamento territorial por meio do zoneamento e o estabelecimento de programas de ação na forma de normas ambientais são partes essenciais do plano. O planejamento costuma ser idealizado dentro de uma análise sistêmica, integrada e continuada, com propostas para um horizonte de cinco anos. O esquema apresentado no quadro 2.1 é um exemplo das etapas comuns a esse processo.

Alguns autores referem-se à avaliação de impacto ambiental como um instrumento de planejamento ambiental. De fato, é um processo que se compõe de objetivo e objeto concretos, estuda uma área que abrange uma bacia hidrográfica, analisa sistematicamente a qualidade do meio e as conseqüências de ações específicas sobre o ambiente. A avaliação de impacto ambiental também constrói cenários futuros e pressupõe a participação pública na elaboração do estudo e na tomada de decisão. No entanto, na prática, a avaliação é dirigida a um projeto específico – o empreendimento – e as alternativas de ação destinam-se mais a viabilizar esse projeto do que propriamente solucionar os principais problemas da região. Perde-se, freqüentemente, a abordagem holística e a dinâmica do meio e falha-se na estimativa de valores dos patrimônios ambientais. Muitos estudos demonstram recortes bruscos sobre a paisagem analisada. Em outras palavras, o verdadeiro planejamento ambiental não se preocupa com a implantação de empreendimentos, se a região prioriza soluções para problemas mais emergentes. Há prioridades e, a partir delas, define-se a necessidade de soluções ou não, sempre apresentadas em ordem temporal de ação. Nos EIA (Estudos de Impacto Ambiental) parte-se do pressuposto que o investimento é provável, necessário e imediato, e a estrutura funcional – seu objeto de análise – é sempre a alternativa emergencial e imprescindível para o desenvolvimento local. Assim, por exemplo, o que seria mais importante para uma região? Discutir os impactos, positivos ou negativos, trazidos por um tipo de usina ou debater questões mais emergenciais, como a qualidade da água, ou onde os investimentos deveriam ser dirigidos? Em um planejamento, a lógica do debate discutiria que a usina poderia trazer benefícios para a região, mas que, em médio prazo, nada valeria para a qualidade de vida da população se não houvesse solução imediata para as águas contaminadas por esgoto domiciliar e indústrias. Em suma, não se costumam identificar EIAs elaborados como reais instrumentos de planejamento ambiental, embora teórica e legalmente o devessem.

Entre todas as considerações feitas neste capítulo, um aspecto crucial que os planejadores devem lembrar é que, seja qual for o instrumento de planejamento ambiental escolhido, sempre se trabalha com um recorte da realidade do espaço e, portanto, a complexidade e as relações do meio são simplificadas e generalizadas. O melhor desempenho está na identificação de objetivos abrangentes e concretos, do instrumento correto, das variáveis que representam mais fielmente as principais relações existentes e dos problemas fundamentais no cenário real e futuro do espaço planejado.

LEITURA RECOMENDADA

LEIN, J. **Integrated environmental planning.** London: Blackwell Publishing, 2002.

ÁREA, ESCALA E TEMPO PARADIGMAS DO PLANEJAMENTO

Espera-se que os acadêmicos discutam o tempo num espaço de planejamento, como o fizeram Darwin e seus seguidores - que romperam com a concepção dual entre tempo histórico (evolutivo e progressivo) e tempo da terra (cíclico e repetitivo) - e criem a unicidade do tempo, onde há um fluxo contínuo e integrado. Depois de Darwin compreendeu-se que "... tudo estava submetido à historicidade e o mundo era um emergir contínuo de novidades, não só para os homens, mas também para a natureza" (Giuliani,1996).

Espera-se que os cidadãos entendam o tempo num espaço de planejamento como na música, em que cada um dos elementos componentes tem andamentos diferentes, que devem no todo resultar em movimento sonoro, expressivo, contínuo e harmonioso.

Espera-se que os governos, que respondem pelos planejamentos em um espaço físico, entendam o conceito de tempo morto "... intervalo de tempo decorrido entre o instante em que se toma uma decisão e aquele em que a decisão surte efeito" (Holanda, 2000).

CAPÍTULO TRÊS

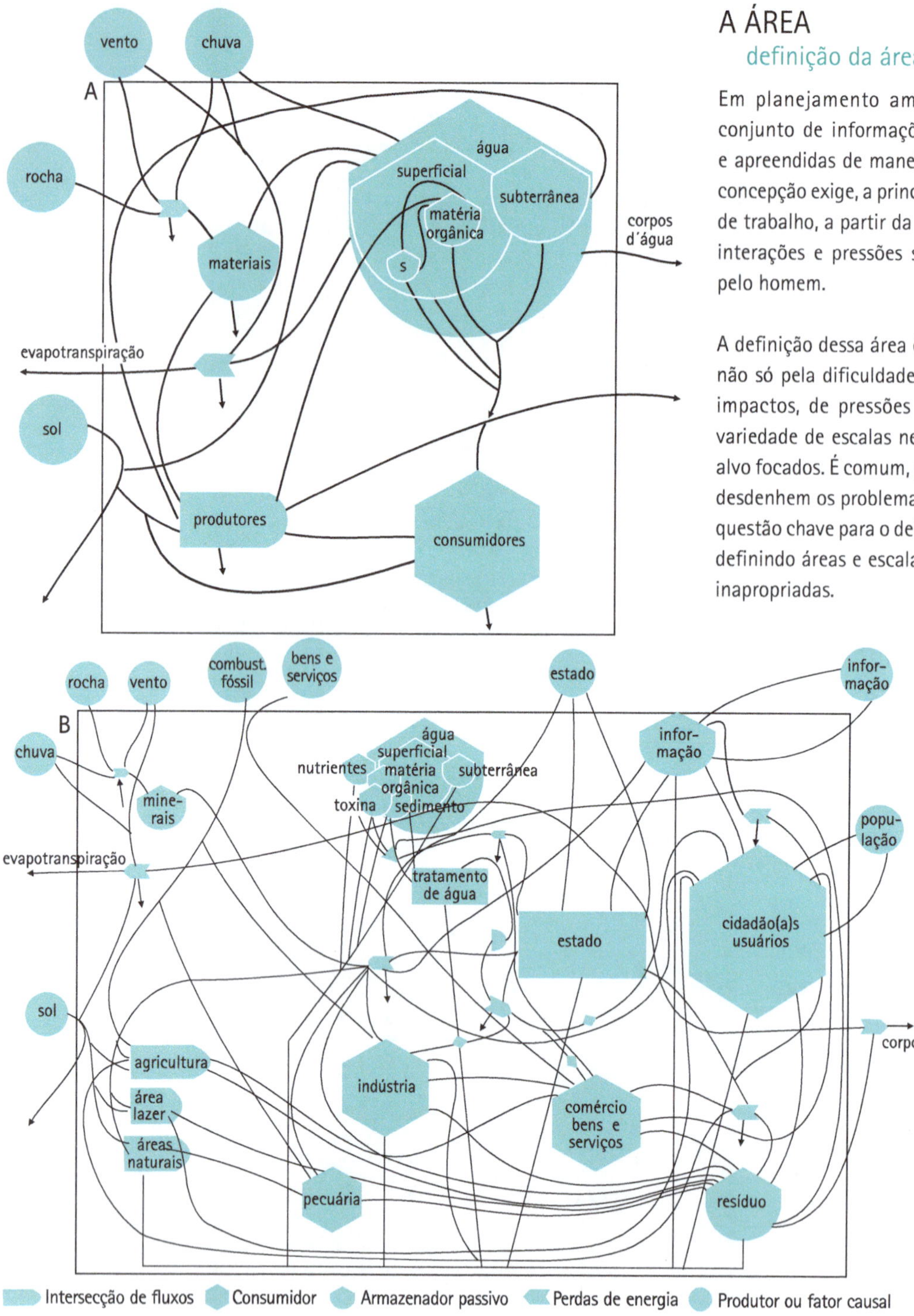

A ÁREA
definição da área de planejamento

Em planejamento ambiental costuma-se interpretar um conjunto de informações regionais referenciadas no espaço e apreendidas de maneira holística. Metodologicamente, esta concepção exige, a princípio, uma definição da unidade espacial de trabalho, a partir da compreensão da área que contenha as interações e pressões sobre os sistemas naturais ou criados pelo homem.

A definição dessa área é uma tarefa extremamente complexa, não só pela dificuldade em delimitar a área de contenção de impactos, de pressões ou fenômenos, como, também, pela variedade de escalas necessárias para avaliação dos núcleos-alvo focados. É comum, por exemplo, que forças políticas locais desdenhem os problemas principais e tornem seus interesses a questão chave para o debate. Esta prática acaba, erroneamente, definindo áreas e escalas que direcionam tomadas de decisão inapropriadas.

A questão da delimitação da área de influência ainda permanece indefinida quanto a critérios, metodologia e escalas apropriadas para estudo de diversos tipos de interferências modificadoras do ambiente.

Para definir a área de estudo, deve-se partir de considerações sobre a complexidade local, a abrangência e o núcleo dos principais problemas regionais, as escalas necessárias para avaliar as questões ambientais e o tamanho das unidades territoriais envolvidas. Porém, independentemente desses fatores de influência sobre o meio, é comum que a equipe planejadora defina a bacia hidrográfica — um espaço desenhado pela natureza — como unidade de trabalho.

Fig. 3.1 *Simulação dos fluxos energéticos entre uma bacia hidrográfica natural (A) e uma bacia urbanizada (B). As trocas de matéria e energia em uma bacia cujo desenho foi modificado pelo homem ultrapassam os seus limites. Esse fato pode ser inferido dos fluxos representados pelas linhas que ligam as fontes de energia, os produtos, os consumidores e os armazenadores passivos. O homem gera um grande número de intersecções de fluxos, promovendo grande perda de energia. Fonte: Rutkowski e Santos, 1998*

por que bacia hidrográfica?

Conforme já reconhecido por muitos autores, a adoção da bacia hidrográfica como unidade de planejamento é de aceitação universal. O critério de bacia hidrográfica é comumente usado porque constitui um sistema natural bem delimitado no espaço, composto por um conjunto de terras topograficamente drenadas por um curso d'água e seus afluentes, onde as interações, pelo menos físicas, são integradas e, assim, mais facilmente interpretadas. Esta unidade territorial é entendida como uma caixa preta, onde os fenômenos e interações podem ser interpretados, a *priori*, pelo *input* e *output*. Neste sentido, são tratadas como unidades geográficas, onde os recursos naturais se integram. Além disso, constitui-se numa unidade espacial de fácil reconhecimento e caracterização. Sendo assim, é um limite nítido para ordenação territorial, considerando que não há área de terra, por menor que seja, que não se integre a uma bacia hidrográfica e, quando o problema central é água, a solução deve estar estreitamente ligada ao seu manejo e manutenção.

No Brasil, a seleção da bacia hidrográfica como área de trabalho para avaliação ambiental está assumida em muitos estudos acadêmicos, planejamentos oficiais e, pelo menos, num ato legal - a Resolução CONAMA(Conselho NAcional de Meio Ambiente) 001/86 – que, no artigo 5º ítem III, declara: "...definir os limites da área geográfica a ser direta ou indiretamente afetada pelos impactos, denominada de área de influência do projeto, considerando, em todos os casos, a bacia hidrográfica na qual se localiza". Além disso, há uma recomendação da FAO (*Foods and Agriculture Organization*), desde a década de 1970, de que o planejamento adequado de bacias hidrográficas é fundamental para a conservação de regiões tropicais.

Em alguns planejamentos que enfocam os recursos hídricos, a água tem sido vista ora como um bem renovável da natureza, que circula continuamente da atmosfera ao subsolo, ora como um ecossistema. Sob a **visão ecossistêmica**, a definição dos limites de uma área de estudo que abrangesse fragmentos naturais interativos do território era considerada difícil, até Bormann e Likens proporem a bacia hidrográfica como a unidade básica de trabalho. Assim, sob ambas perspectivas, apesar das diferenças conceituais, é comum a proposta de gestão da água a partir da bacia hidrográfica tal como ela é definida hidrologicamente, ou seja, área de contribuição da drenagem natural.

De forma geral, o tamanho da bacia hidrográfica em estudo tem influência sobre os resultados. Assim, bacias hidrográficas menores facilitam o planejamento, seja por razões técnicas (como tornar mais simples e efetiva a espacialização dos dados) seja por razões estratégicas, pela maior facilidade de garantir a participação popular e individualizar os problemas principais, que se tornam mais centralizados ou limitados.

Como artifício, pode-se subdividir uma bacia hidrográfica em unidades menores por definição, a *priori*, das potencialidades, fragilidades, acertos e conflitos centrados nas características dessa área. Dessa maneira, setoriza-se a bacia de acordo com um critério estabelecido, cujas partes podem ou não coincidir com as bacias hidrográficas componentes da área de estudo.

Sem dúvida, essa unidade espacial é fundamental na definição do plano inicial de trabalho. Não há quem questione, tecnicamente, a utilização de bacia hidrográfica como área de trabalho. Entretanto, estabelecer como princípio que o limite definitivo da área de estudo é a bacia hidrográfica, pode se tornar extremamente inadequado. Os técnicos devem reconhecer que esse espaço natural há muito tempo inexiste quando se observam as variáveis sociais, econômicas, políticas e culturais. Não se pode deixar de considerar que a diversidade de variáveis que conduzem à expansão espacial do campo e das cidades, mesmo das que surgiram às margens de cursos d'água, define novos desenhos hidrográficos, com novas paisagens. Em suma, as atividades e as atitudes humanas não obedecem a critérios ou limites físicos, nem mesmo estão em escalas apropriadas a uma representação cartográfica. Nesta direção, outros espaços devem ser analisados.

por que não bacia hidrográfica?

Quando a bacia hidrográfica torna-se o espaço das funções urbanas ou do campo, a complexidade aumenta, pela diversificação de produtores e consumidores, pelo aumento das relações intrínsecas e pela sua dependência de fontes

Bacia hidrográfica do rio Tietê

Fig. 3.2 *A região metropolitana de São Paulo (RMSP) expandiu seu circuito hídrico de forma desordenada, muito além dos limites da bacia hidrográfica, em virtude dos paradigmas de quatro momentos históricos de desenvolvimento tecnológico e ambiental. No período sanitarista (1890-1934), as demandas eram atendidas pelos recursos da própria bacia, com captações próximas à cidade. Essa situação permaneceu no período técnico-burocrático (1934 a 1963) com a capacidade do sistema ampliada. No período econômico-financeiro (1963 a 1980), as captações ultrapassaram os limites de bacia, promovendo a transposição de até 33m³/s da bacia do Atibaia para a bacia do Tietê. Atualmente, a ampliação da capacidade de fornecimento de água tem sido realizada dentro e fora da bacia. Fonte: Rutkowski, 1999 (modificado)*

externas, criando uma malha que, comumente, transcende o território da bacia. O coordenador de uma equipe de planejamento não pode perder de vista que, ao definir uma área de referência ao estudo, deve antes reconhecer e sistematizar a complexa teia de cada região.

Para expressar essa complexidade pode-se, por exemplo, utilizar representações do meio como sistema aberto aos fluxos de energia e materiais, bem como à migração de organismos. Sob esse conceito, a Fig. 3.1 (a e b) objetiva elucidar as diferenças de complexidade entre uma bacia hidrográfica natural e uma bacia que foi urbanizada, com seus compartimentos bióticos, abióticos e fluxos energéticos, que escapam de um espaço restrito como bacia hidrográfica.

Muitas vezes se observam unidades homogêneas num determinado território, facilmente identificadas, como por exemplo, manchas contínuas em áreas agrícolas ou o padrão de distribuição da população, que não coincidem com os limites de bacia e, dessa forma, são mal interpretadas, principalmente no que tange à compreensão da dinâmica do meio.

Observe que a unidade natural "bacia hidrográfica" não contém em seus limites todas as relações que se impõem diante das necessidades e dos anseios dos grupos sociais atuantes em seu espaço. Por exemplo, as interações espaciais representadas pelos fluxos de bens e serviços, ou os anseios de expansão do setor ecoturístico podem transcender os limites de bacia hidrográfica. Sob esses aspectos, não se pode aceitar a rigidez de um meio natural como área de planejamento e de ação gerencial.

Quando se trata de espaços urbanos, mesmo o desenho técnico do circuito das águas é bastante complexo. Deve-se considerar que, além dos cursos d'água naturais, ocorrem as redes hídricas estabelecidas pela distância entre o ponto de captação e o de consumo humano. Também são produzidos espelhos d'água para o lazer da população, independentemente de sua localização, ou são realizadas transposições de água para oferecer o recurso. Assim, diferentes redes (natural e produzidas por tecnologia) somam-se e o resultado, com freqüência, ultrapassa os limites da rede natural, confundindo o natural com o construído. Um expressivo exemplo desse fato é o trabalho de Rutkowski (1999), que mapeia, compara e debate as razões político-administrativas que geraram os diferentes circuitos hídricos ao longo da história (Fig. 3.2). Esses fatos, comuns no Brasil, induzem a uma reflexão: não é sem razão que a população desconhece e desconsidera o conceito de bacia hidrográfica.

Como já citado, os setores públicos brasileiros de planejamento reconhecem, por conceito, que a bacia hidrográfica é a área de estudo, pois relatam, com grande freqüência, que ela é a unidade básica de interesse. Porém, a prática aponta em outra direção. O gerenciamento dos recursos naturais tem sido segmentado para melhor atender às demandas dos vários setores da administração pública. Gerentes ambientais utilizam-se de trechos da calha do rio para planejar o uso da vazão e queda d'água. Outros reservam, de forma exclusiva, as águas dos mananciais, entendidos como conjunto de nascentes, e outros, ainda definem áreas de preservação permanente aos ecossistemas, sem se preocupar se os limites englobam ou não as bacias hidrográficas componentes. O estabelecimento de áreas metropolitanas, como São Paulo, que desrespeitam os limites da bacia e sub-bacias do rio Tietê, criam, há muito, espaços inadequados ao planejamento e gerenciamento.

Trabalhar com a área de bacia hidrográfica traz ainda um outro impasse, de ordem técnica, que não pode ser desconsiderado: os dados socioeconômicos, censitários, de infra-estrutura e estatísticos no Brasil estão disponíveis por município que, freqüentemente, não obedece aos limites de bacias hidrográficas. Nesse caso, o diagnóstico divide-se em meio natural e socioeconômico, dificultando a sobreposição espacial dos dados e a interpretação da cadeia de relações no meio.

Estes paradoxos conduzem a uma conclusão: o espaço de trabalho é diverso e o planejamento ambiental deve flexibilizar seus limites, de forma a considerar as inter-relações nos seus diversos níveis. Deve, assim, definir a área de estudo, caso a caso, em função de suas características e objetivos pretendidos.

Resta então a pergunta: se não bacia hidrográfica, quais os possíveis padrões para áreas de estudo e quais os critérios para selecioná-los?

Área, Escala e Tempo
Paradigmas do Planejamento

exemplos de áreas de estudo

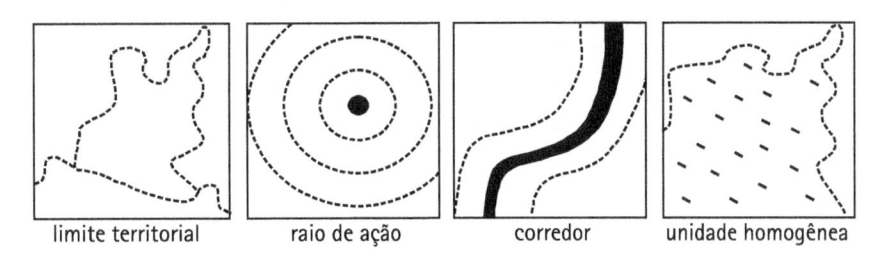

Existem diferentes estratégias para a definição de áreas de estudo. Os planos diretores, por exemplo, quando se referem direta ou exclusivamente ao município, adotam os limites territoriais legais e restringem os cenários e propostas a esse espaço. Quando um planejamento tem como objeto uma atividade humana ou um conjunto de atividades que ocorrem de forma concentrada, como um distrito industrial, podem-se usar raios ou polígonos em torno do ponto central, chamados raios de ação. Nessa estratégia, admite-se a ocorrência de áreas concêntricas de interferência de diferentes magnitudes. Se o planejamento visa à conservação de um território onde são comuns padrões de paisagem e atividades em extensão linear, como estradas, linhas de transmissão, matas ciliares ou portos de areia, então pode-se utilizar, como estratégia, áreas em corredor ou corredores, que abrangem uma faixa marginal às atividades e aos padrões de paisagem que se pretende avaliar. Outras vezes, em regiões que apresentam territórios bem definidos em função de relações e dinâmicas próprias, a estratégia é adotar os próprios limites dessas áreas como unidades homogêneas de trabalho (Fig. 3.3), como, por exemplo, uma região de monocultura. Porém, não é aconselhável trabalhar esses tipos de áreas de forma isolada. Deve-se fazer uso de diferentes áreas de trabalho, definidas por diferentes estratégias e estudadas em diferentes escalas. Assim, pode-se somar áreas de bacia hidrográfica, limites legais, corredores, microbacias complementares, unidades homogêneas ou áreas de fluxo de serviços, de acordo com objetivos e abrangência escalar da proposta de planejamento.

limite territorial | raio de ação | corredor | unidade homogênea

Fig. 3.3 *Tipos de áreas de estudo*

Os estudos de impacto ambiental referem-se à análise separada e depois somada de três áreas de estudo: área de influência direta, indireta e regional. De forma geral, a área de influência direta refere-se a raios de ação ou área homogênea, que engloba o empreendimento em estudo, e a de influência indireta, como bacia hidrográfica. A área de influência regional pode ser representada das mais diferentes formas: dos limites legais dos municípios envolvidos às faixas de fluxos de comércio exterior (Fig. 3.4).

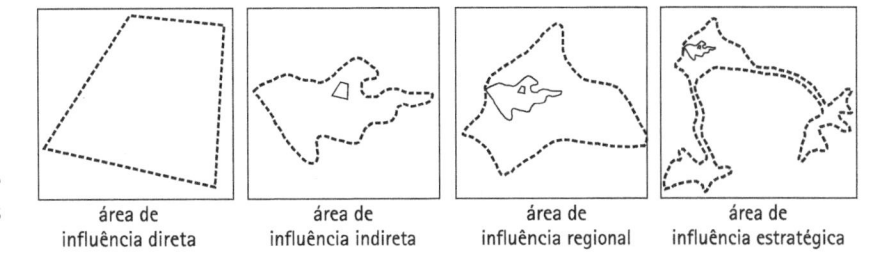

Em planejamento ambiental, quase sempre é necessário realizar aproximações sucessivas de escalas e áreas de trabalho, pois deve haver correspondência entre os fenômenos e suas dimensões e grandezas. Não se pode, por exemplo, avaliar, dentro da mesma escala e espaço, as características geológicas, os riscos de escorregamentos ou a identificação dos seres vivos ameaçados de extinção. Assim, para cada aproximação de escala, pode-se adotar uma diferente área de estudo, limitada por diferente estratégia. A Fig. 3.5 exemplifica esses argumentos: as observações sobre as paisagens partem do geral para o particular.

área de influência direta | área de influência indireta | área de influência regional | área de influência estratégica

Fig. 3.4 *Áreas de influência para estudos de impacto ambiental*

A bacia ambiental é uma proposta de área de estudo voltada ao ambiente urbano. Caracteriza-se pelo somatório de unidades territoriais definidas pelas drenagens naturais de águas superficiais, drenagens antrópicas (águas estocadas, servidas e em uso) e áreas de ações socioeconômicas, inclusive considerando-se aquelas que abrangem os espaços de interesse dos principais grupos sociais. É um espaço de conformação dinâmica que valoriza as modificações feitas pelo homem no desenho natural da paisagem e as relações ambientais de sustentabilidade de ordens ecológica, econômica e social (Fig. 3.6).

Um grande erro em planejamento ambiental é trabalhar, isoladamente, diferentes espaços territoriais, com técnicos de diferentes áreas do conhecimento. Os técnicos tendem a considerar como produto final integrado a soma dos dados, que podem ser espacialmente sobrepostos, sendo que as áreas que não se enquadram nesta regra são tratadas apenas no tema original. Quase sempre, essa estratégia retrata uma equipe desintegrada e, raramente, os resultados serão consistentes.

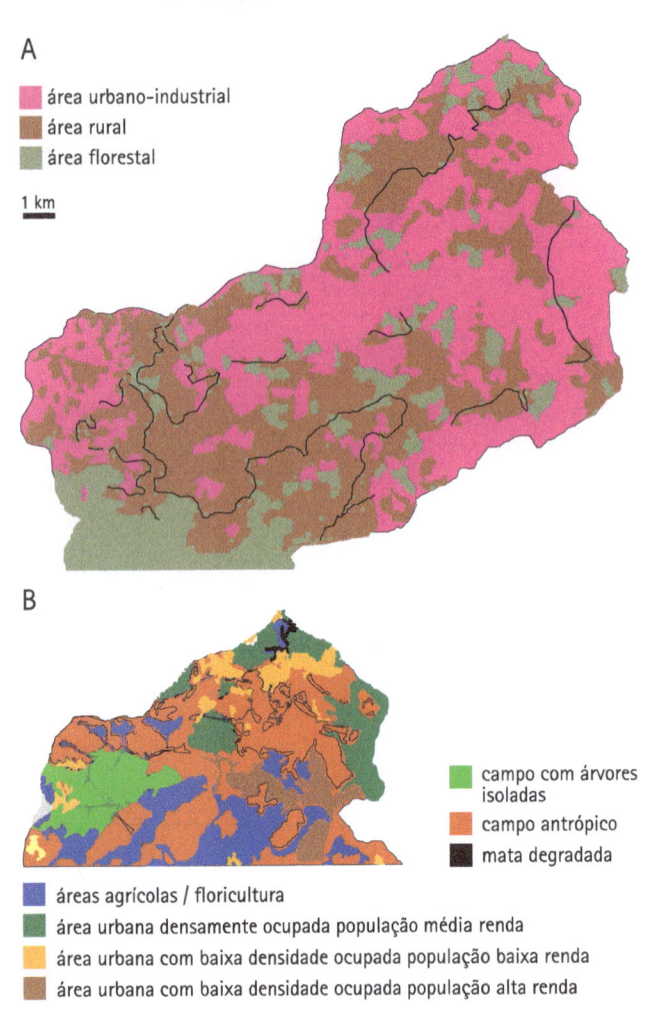

A
- área urbano-industrial
- área rural
- área florestal

1 km

B
- áreas agrícolas / floricultura
- área urbana densamente ocupada população média renda
- área urbana com baixa densidade ocupada população baixa renda
- área urbana com baixa densidade ocupada população alta renda
- campo com árvores isoladas
- campo antrópico
- mata degradada

C
- planícies de inundação

1.459,27 m

D

escala: 1:5.000

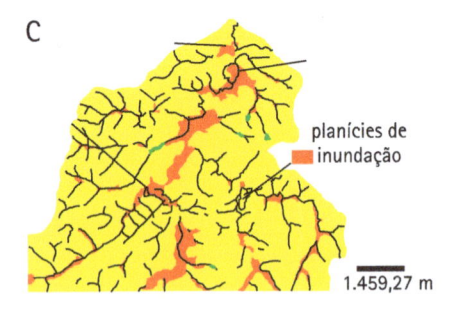

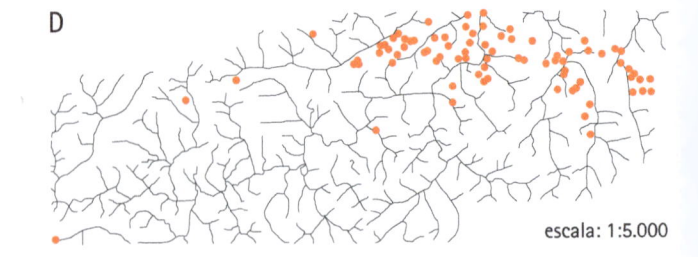

Fig. 3.5 *O planejamento ambiental da bacia hidrográfica do rio Cotia (SP) exigiu o uso de diferentes áreas de estudo em função dos objetivos propostos, como a compreensão da distribuição das áreas urbanas e rurais (A, bacia hidrográfica). A concentração da população e dos problemas urbanos na porção norte conduziu à determinação de uma nova fase de estudos (B, bacia do baixo curso do rio). Outras duas áreas de estudo foram determinadas: as áreas com ocupação humana e de provável ocorrência de enchentes (C, planícies de inundação) e as áreas com a ocorrência de indústrias nas planícies de inundação (D, sedes de indústrias). Fontes: SABESP, 1997 e Silva, 2000 (modificado)*

São as chamadas equipes multidisciplinares, em contrapartida às transdisciplinares. Talvez seja este o primeiro desafio para os planejadores que desejam realizar um trabalho holístico, ou seja, ter a capacidade de sintetizar as unidades que compõem o meio em uma totalidade coesa e estruturada.

A definição do espaço exige a escolha de uma escala que melhor o represente. Nos planejamentos ambientais observa-se, com grande freqüência, uma inadequação entre a área escolhida e a escala de trabalho. O tamanho da área deve ter relação com a escala e com os fenômenos a serem tratados no conteúdo do planejamento.

A ESCALA

o significado da escala

Os planejamentos ambientais classificam e ordenam o meio utilizando-se de métodos que dividem ou integram um dado espaço. Trabalham as informações em diferentes graus de organização e complexidade, que devem ser estudados como um sistema em si mesmo. Cada abordagem tem um aprofundamento com seus elementos componentes e fenômenos atuantes e corresponde a uma representação da dimensão espacial e temporal das informações sobre o meio, ou seja, tem uma escala. Espera-se que cada fenômeno, elemento ou dado do meio seja representado por distâncias que reproduzam suas dimensões reais e pelo período em que incidem e compartilham o espaço. A Fig. 3.7 é uma representação esquemática da variabilidade espaço e tempo de alguns fenômenos e atividades humanas que, costumeiramente, são trabalhados em planejamentos.

Numa escala espacial, é necessário interpretar não só a extensão territorial onde o dado vigora, como também as circunstâncias em que ele ocorre em cada ponto do espaço ocupado. Assim, um mapa é um excelente instrumento para se avaliar a distribuição, mas, de forma geral, são os levantamentos de campo que permitem interpretar a variabilidade, intensidade e condições ecológicas dos fenômenos e elementos de uma área. Além disso, os fatores que comandam tais distribuições mapeadas variam de importância, tanto em diferentes áreas como em diferentes períodos da história local. No Brasil, ainda faltam muitos conhecimentos científicos para tais representações.

Sobre a escala temporal, há ainda outra questão a ser considerada: a diferença entre a escala de tempo de ocorrência de um fenômeno e a escala de tempo de resposta de um organismo em relação a ele. Mapear biodiversidade, por exemplo, é uma tarefa árdua, pois as espécies fixas ou móveis, tanto quanto os fenômenos que induzem sua ocorrência, concentração e distribuição, têm tempos distintos entre ação e resposta. Mais difícil ainda é apontar suas diversas

Área, Escala e Tempo
Paradigmas do Planejamento

razões de mudança ao longo do tempo, bem como definir os graus de estabilidade. Em termos de mapeamento da biodiversidade, o melhor que se pode fazer é ter uma noção quantitativa da distribuição de espécies.

Apesar de muitos autores reconhecerem esses sérios limites à representação, é comum encontrar em planejamentos o erro crasso do cruzamento de informações ocorrentes em diferentes períodos, mas tratadas como fato atual — dados obtidos com diferentes métodos de amostragem e com diferentes sistemas de classificação.

O desafio de selecionar escalas adequadas ao planejamento pode ser ilustrado pelo trabalho de White e Mackenzie (1986). Estes autores pretendiam definir a resolução ou escala ótima para a diferenciação de diversos padrões irregulares, no tempo e no espaço, da cobertura vegetal em Great Smoky Mountains (EUA). Após várias experimentações, os autores concluíram que nenhuma escala de resolução seria perfeita, nem mesmo para cumprir a meta de mapear um único tipo de vegetação. Pedreira e Santos (1999) e Girardi (2002), trabalhando com vegetação de restinga e mata de encosta na região de Bertioga (São Paulo), indicam as dificuldades de estabelecer limites no espaço em função das resoluções e escalas selecionadas de diferentes tipos de vegetação contíguos. Para elas, todos os tipos de vegetação em seus diferentes estádios seriais, comumente sob influência humana, mudam abruptamente, em curtos períodos de tempo e dentro de pequenas distâncias. Geram, assim, limites imprecisos ou artificiais que podem levar a decisões arbitrárias.

Enfim, a escolha da escala correta é difícil, principalmente devido à carência de trabalhos que discutam as bases teóricas para esta escolha. Se a forma de interpretação for o mapeamento, o desafio é determinar a escala que ditará o quanto a extrapolação poderá ser feita sem perder a representação da heterogeneidade dos sistemas

Fig. 3.6 *Principais procedimentos para definição da área de estudo como bacia ambiental. A soma das áreas que retratam os momentos históricos de ações humanas, a que abrange as atividades atuais, a que engloba os efeitos ambientais das atividades, as de interesse ambiental e as de interesse dos grupos sociais constitui a bacia ambiental. Fonte: Rutkowski e Santos, 1998 (modificado)*

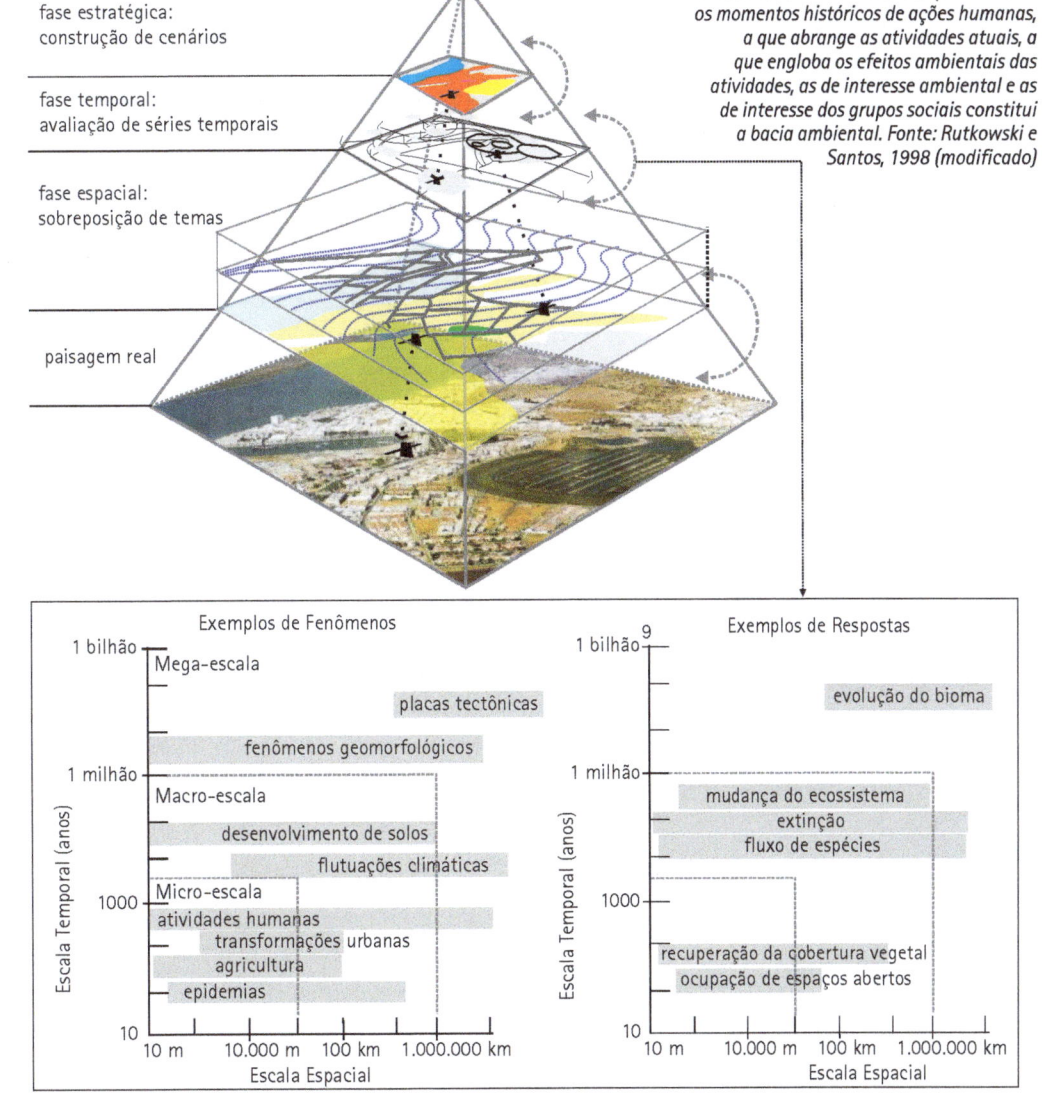

Fig. 3.7 *Representação dos planos de abordagem espacial e temporal que devem ser avaliados em um planejamento ambiental. Cada evento ambiental tem sua própria escala de tempo. Assim, por exemplo, o movimento das placas tectônicas, que muda a configuração dos continentes, ocorre na escala de bilhão de anos e sua abrangência espacial é de dezenas de milhões de quilômetros. Já as atividades humanas ocorrem em espaços e, principalmente, em tempos menores, como, por exemplo, a ocupação pelo cultivo da cana-de-açúcar nos últimos trinta anos, que ocupa a ordem de milhares de km. Cada intervenção ou evento gera uma resposta, que, por sua vez, tem sua própria escala temporal e espacial. No exemplo do cultivo da cana-de-açúcar, uma resposta ambiental imediata pode ser erosão e assoreamento, cuja abrangência pode exigir uma escala espacial maior.*

o dédalo da escala espacial

componentes (veja Cap. 7). Se o caminho é o planejamento, a tarefa é definir o nível de detalhe condizente com os objetivos propostos e instrumentos selecionados, e conduzir a alternativas viáveis e implementáveis.

A escolha das escalas espaciais em planejamento é intuitiva e obedece ao bom senso do coordenador e sua equipe multidisciplinar. Com grande freqüência, os membros da equipe trabalham com escalas diversas. Assim, a escolha da representação espacial final, que permitirá o cruzamento das informações, gera conflitos. Esquecem, com freqüência, que a escala espacial adotada dita a natureza dos resultados (Fig. 3.8).

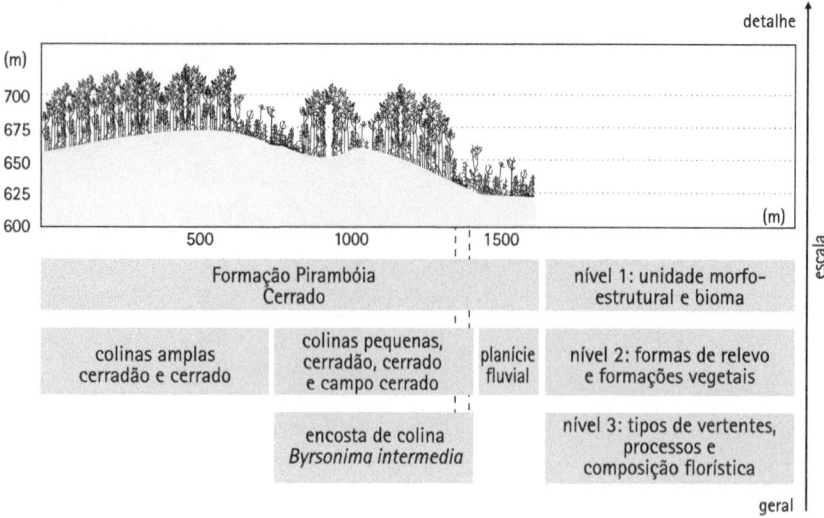

Fig. 3.8 *O grupo planejador deve estar de acordo sobre o nível da classificação do meio e adequar sua escala de observação a ele, conforme ilustra essa figura. Planejar em nível 3, por exemplo, implica em desenhar as encostas de uma colina e identificar nelas as espécies vegetais que ocorrem. É incompatível trabalhar com composição florística que exige uma escala de detalhe e unidades morfoestruturais que coadunam com escala de reconhecimento. Fonte: baseado em ilustração de Ruggiero e Pires Neto (modificado)*

O ponto fundamental é que não existe uma escala correta e única para diagnosticar populações, ecossistemas ou paisagens. Entretanto, isto não significa que não haja regras gerais quanto à escala, mas sim que ela deve ser avaliada com muito cuidado, caso a caso. Numa determinada seleção de escala pode-se estar, muitas vezes, perdendo informações importantes, utilizando um mapa pouco detalhado. Por outro lado, pode-se detalhar demasiadamente um mapa que posteriormente será reduzido, o que resulta no agrupamento ou mesmo na perda das informações que já foram levantadas. Assim, uma preocupação básica para escolher a escala de trabalho, ou para entender como a informação pode ser transferida, está em determinar o que se pode e o que não se pode ignorar como informação espacial. Em outras palavras, deve-se, previamente, julgar qual a informação imprescindível e qual a que pode ser perdida. Deve-se decidir sobre quais níveis de organização, o quanto da heterogeneidade espacial deve ser representada, o quanto serão representadas as medidas de direção, distância, forma e geometria dos elementos componentes do meio.

Na tomada de decisão sobre a escala, não se pode perder de vista que sistemas ecológicos são mantidos por uma rede de dependências que abrange diferentes níveis de organização, devendo ser observada em um *continuum* de escalas. Estudiosos da teoria da hierarquia demonstraram quais e como os processos mudam através das escalas. Descrevem, assim, a compreensão dos processos ecológicos por meio da análise da heterogeneidade espacial. Porém, nesse processo de decisão é importante reconhecer que o aumento do nível de heterogeneidade espacial e seu detalhamento em escala também aumenta a dificuldade de extrapolar informações .

Os conceitos de heterogeneidade e homogeneidade são dependentes da escala porque a variação da natureza dos componentes do meio pode ou não se expressar através dela. Nesta última década, muitos planejadores, preocupados em compreender os processos ecológicos e a heterogeneidade do espaço de planejamento, passaram a usar como estratégia os conceitos de paisagem (veja Cap. 7). Dois principais atributos da paisagem, a estrutura e a função, podem ser percebidos diferentemente em diferentes escalas, sendo importante para o planejador decidir sobre a mais apropriada para um determinado estudo. Esta decisão constitui um critério para seleção de escala.

Cendrero (1989) ressalta aspectos de ordem mais pragmática para a decisão na escolha da escala de trabalho. Lembra que os planejadores devem considerar, pelo menos, a quantidade de informações ou detalhamento que se quer evidenciar no estudo; a extensão espacial da informação que se quer mostrar; a adequabilidade de uma determinada base cartográfica conforme os objetivos específicos; a quantidade de tempo disponível, e os recursos que se dispõem para mapeamentos. Jordant et al. (1977) apontam que, para seleção da escala, além da atenção sobre a natureza, da precisão da informação requerida, da dimensão superficial do território e a da complexidade ecológica do meio, devem ser considerados a quantidade e qualidade de informações existentes, o tempo disponível para efetuar os mapeamentos e levantamentos de campo, e a competência e experiência da equipe envolvida no trabalho.

Em muitos planejamentos, é necessário fazer aproximações sucessivas de escala, sendo que, para cada aproximação, pode-se optar por uma diferente área de estudo, limitada por diferentes estratégias. Esta é a forma adotada, por exemplo, para representar fenômenos particulares, que necessitam de detalhamento (Fig. 3.5).

Deve-se também adequar a escala à etapa de planejamento. Assim, é usual que a decisão da escala de trabalho prenda-se à fase de diagnóstico. Porém, o prognóstico é um momento onde a escolha da escala também é muito importante, pois é necessário decidir sobre a melhor representação das predições, bem como elas serão interpretadas pelo grupo encarregado pela decisão.

Todas essas observações para a escolha da escala de trabalho, sejam de ordem teórica ou prática, têm o intuito de alertar os planejadores de que a eficiência na interpretação do meio e seqüente tomada de decisão está intimamente ligada à determinação de uma escala de trabalho que raramente é perfeita. Assim, é imprescindível que os limites da interpretação oriundos da escala sejam explicitados junto às alternativas estabelecidas no planejamento, para que os gerentes possam estimar as prováveis conseqüências ou erros de sua aplicação.

escalas usuais em planejamento

Existem muitas indicações na literatura sobre escalas ideais para interpretação dos espaços planejados. É de consenso que as escalas maiores possibilitam maior detalhe da informação, ao passo que as escalas menores, embora diminuam o tempo e o custo para o levantamento dos dados, generalizam e agrupam as informações. A melhor escala apresenta-se definida em literatura sob diversos pontos de vista que podem gerar conflitos pelas diferenças de interpretação.

De Pablo e colaboradores (1994) reconhecem três escalas de análise em planejamento: a local, a regional e a global. Cendrero (1989) expressa que a escolha da grandeza da escala se inicia com o tipo de planejamento proposto. Definiu o nível macro para planejamentos do tipo econômico e ecológico que, de forma geral, visariam ao desenvolvimento, à identificação de grandes impactos e avaliação dos recursos naturais existentes. Para planejamentos ligados à avaliação das potencialidades de uso e proposição de zoneamento, deveriam ser usadas escalas meso. O propósito da análise micro seria estabelecer um zoneamento detalhado, de forma geral em nível municipal, através de planos diretores (quadro 3.1). Outra proposta de relação entre o nível, tipo e representação de escala foi descrita nos trabalhos da FAO (quadro 3.2).

Os trabalhos que defendem essas concepções sugerem uma relação de proporcionalidade entre o espaço de trabalho e a escala. No Brasil, por exemplo, é possível identificá-la em vários tipos de planejamento. No entanto,

Quadro 3.1 Relação entre o nível, representação gráfica e tipos de escalas

PLANEJAMENTO	NÍVEL DE ESCALA	REPRESENTAÇÃO DA ESCALA	TIPO DE ESCALA
econômico e ecológico	macro	> 1:500.000	reconhecimento
zoneamentos	meso	1:250.000-1:25.000	semi-detalhada
planos diretores	micro	< 1:10.000	detalhada

Fonte: Cendrero, 1989 (modificado)

Quadro 3.2 Relação entre o nível, representação gráfica e tipos de escalas

NÍVEL DE ESCALA	REPRESENTAÇÃO DA ESCALA	TIPO DE ESCALA
macro	1:1.000.000 ou menor	exploratória
	1:100.000 até 1:1.000.000	reconhecimento
meso	1:25.000 até 1:100.000	semi-detalhada
micro	maior que 1:25.000.	detalhada

FAO, 1982 (modificado)

Quadro 3.3 Relações de comum ocorrência no Brasil entre abrangência territorial e escalas adotadas em planejamento

TERRITÓRIO PLANEJADO	ESCALA ADOTADA
área da bacia hidrográfica	1:5.000 a 1:1.000.000
território nacional	1:500.000 a 1:5.000.000
área de influência regional	1: 250.000 a 1:1.000.000
área de influência indireta ou área afetada indiretamente por impactos	1:50.000 a 1:100.000
área de influência direta ou área diretamente afetada por impactos	1:5.000 a 1:50.000
área de ação estratégica	1:10.000 - 1:500.000
limites municipais	1:50.000 - 1:100.000
centros urbanos subordinados à área de ação	1:500.000
raios de ação	1:2.000 a 1:100.000
corredores	1:2.000 - 1: 25.000
área de reassentamentos	1:2.000 - 1:25.000

Quadro 3.4 Exemplos de compartimentos do espaço, escalas apropriadas e tipos de dados

COMPARTIMENTO	AMPLITUDE DE ESCALA	TIPOS DE DADOS
região	1:1.000.000 a 1:3.000.000	domínio climático e bioma
distrito	1:500.000 a 1:1.000.000	relevo, geologia, geomorfologia e associações de formações vegetacionais
sistema	1:100.000 a 1:500.000	modelo de unidade geomorfológica, solo e vegetação
tipo	1:10.000 a 1:50.000	homogeneidade geológica e de associação solo/vegetação

Fonte: Ellenberg e Mueller-Dombois, 1974 (modificado)

Quadro 3.5 Espaços e tipos de informação

COMPARTIMENTOS	NÍVEL DE ANÁLISE
domínio	área sub-continental, de climas relacionados
divisão	região climática, de acordo com a classificação de Köeppen
província	região com vegetação definida pelo mesmo tipo de solo ou solos zonais
seção	áreas cobertas por tipos vegetacionais que representam clímaces climáticos potenciais
distrito	parte de uma seção com forma de relevo característica
associação de tipos	agrupamento de tipos com padrão recorrente de relevo, litologia, solos e estádios sucessionais da vegetação
tipo	grupo de fases vizinhas com séries ou famílias similares de solos, cobertos por comunidades vegetais similares de acordo com os tipos de habitats.
fase	grupo de sítios vizinhos pertencentes à mesma série edáfica e com tipos de *habitats* intimamente relacionados
sítio	um único tipo de solo e um único tipo de habitat

Fonte: Bailey, 1978 (modificado)

Quadro 3.6 Escalas e nível de análise do espaço

COMPARTIMENTO	ESCALA	DIMENSÃO MÉDIA DA CARTOGRÁFICA (km²)	NÍVEL DE ANÁLISE
região ecológica	1: 1.000.000	1.000	região climática
distrito ecológico	1: 250.000	60	fisiografia (relevo, geologia, geomorfologia e vegetação)
sistema ecológico	1: 125.000	15	geomorfologia, materiais geológicos, solos, corpos d'água, vegetação
tipo ecológico	1: 20.000	0,4	substrato edáfico e topográfico
fase ecológica	1: 10.000	0,1	homem, microclima e acidentes diversos

Fonte: Jordant et al.,1977 (modificado)

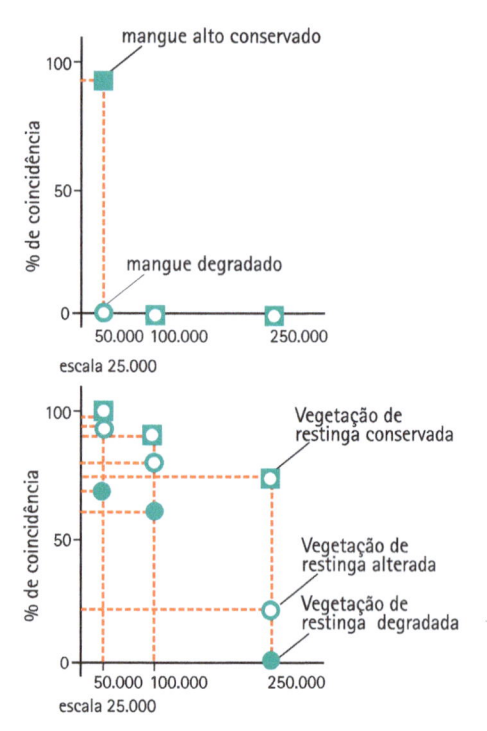

Fig. 3.9 *Esse estudo, realizado em Bertioga, procurou verificar a melhor escala de representação das várias fisionomias de mata atlântica. Tomando como referência a escala 1:25.000 foram testadas as escalas 1:50.000, 1:100.000 e 1:250.000. A figura mostra um exemplo da variação do percentual de coincidências de classes mapeadas para vegetação de restinga e mangue entre quatro diferentes escalas. A fisionomia mangue alto conservado é expressa adequadamente na escala 1:50.000, mas não nas outras escalas. Pequena diferença foi constatada nas escalas 1:50.000 e 1:100.000 no mapeamento de vegetação de restinga degradada; a escala 1:250.000 mostrou-se inadequada. Comportamento similar foi exibido pela vegetação de restinga alterada (ou em melhor estado de conservação que a degradada). Portanto, recomenda-se verificar a eficiência das escalas ao iniciar os trabalhos de planejamento na área de trabalho e adotar aquela cujo erro seja admissível.*
Fonte: Pedreira e Santos (1999 e 2003).

planejamentos de diferentes naturezas e objetivos selecionam escalas diferenciadas, criando amplitudes de expressão algumas vezes extensas, como no caso de bacia hidrográfica (quadro 3.3). Na análise desta relação, é importante reforçar que a compartimentação do espaço relacionada a uma amplitude de escala deve definir a resolução de informação que se pode extrair (quadro 3.4).

A divisão proposta por Ellenberg e Mueller-Dombois foi modificada ao longo do tempo por diversos autores, em função das diferentes percepções sobre o meio. Estas outras classificações geram conflitos de interpretação, uma vez que para uma mesma denominação de unidade compartimental são atribuídos diferentes amplitudes em escala e nível de análise. Desta forma, se um planejamento ambiental pretende selecionar uma das classificações existentes para usar como base de análise do espaço e escala do território, é importante adequar o objetivo a que ela se propôs com as características do meio estudado e dos objetivos a serem atingidos. Bailey (1978) é um exemplo dessa observação. Este pesquisador compartimentou o espaço em classes hierárquicas também a partir dos sistemas naturais, que englobam desde escalas continentais a escalas de detalhamento de uma unidade espacial do meio físico, mas que divergem da sistematização feita por Ellenberg e Mueller-Dombois (1974) (quadro 3.5).

A importância dessa relação é evidente até os dias de hoje, e foi reconhecida por alguns países e instituições governamentais, que adotaram classificações padronizadas, como o serviço florestal norte-americano e o sistema canadense de classificação, de acordo com os sistemas naturais. Esses exemplos selecionam espaço-escala por meio dos sistemas naturais, mas há sistemas de classificação hierárquica que incluem o homem como elemento do meio e se preocupam em recomendar a dimensão da unidade cartográfica espacial a ser representada (quadro 3.6).

Analisando o meio físico, Pires Neto (1992) recomenda as escalas de detalhe (1:50.000 ou maiores) para a resolução de problemas específicos, tais como riscos, ou para indicar a capacidade do terreno para fundações. Segundo Pires Neto, as escalas regionais (1:50.000 ou menores) são recomendadas para o planejamento geral, onde é necessária uma visão mais ampla dos diferentes aspectos do meio natural.

Deve-se ponderar se a escala escolhida reflete um número razoável de classes de mapeamento em cada tema. Silva (2000), por exemplo, preocupado com o planejamento do uso do solo, ressalta que escalas maiores tendem a gerar um aumento do número de classes de tipos de solos, o que dificulta a interpretação do meio. No entanto, reconhece que a simplificação gerou problemas pela perda de detalhes que reduziu a confiabilidade dos resultados. Na verdade, o importante é generalizar sem perder detalhes que possam ser relevantes aos objetivos do estudo.

A principal tarefa de um mapa de vegetação natural é mostrar a distribuição e variabilidade espacial dos diferentes tipos fisionômicos. Portanto, a escala deve ser selecionada em função da representação almejada. De forma geral, se a vegetação é a informação básica para o diagnóstico do meio, pretendendo identificar relações entre ela e o meio antrópico e formular propostas de manejo de recursos vegetais, devem ser usadas escalas maiores que 1:100.000.

Pedreira e Santos (1999 e 2003) mostram que, para a mata atlântica, em um trecho do litoral paulista, a escala de reconhecimento (escala 1:250.000) apresentou uma visão geral, enquanto que a escala extensiva (escalas 1:100.000 e 1:50.000) ressaltou a importância dos diferentes tipos fisionômicos da vegetação, e a escala intensiva (escala 1:25.000) reduziu substancialmente o grau de generalização, revelando as características particulares da área de estudo. A passagem da escala 1:100.000 para 1:25.000 permitiu a inclusão de oito diferentes classes de vegetação. Medidas do coeficiente de concordância entre os mapeamentos elaborados em diferentes escalas oscilaram entre 75% e 25%. As diferenças ocorreram não só pela passagem de uma escala a outra, mas também pela estratégia metodológica adotada para a representação do espaço e, ainda em função do tipo de vegetação, situação de fragmentação e estados de alteração mapeados (Fig. 3.9).

Uma mudança de escala induz à inserção ou perda do conhecimento sobre a diversidade de classes mapeadas ocorrentes na área de estudo. O resultado dessa limitação é nocivo ao planejamento. Se as diretrizes de planejamento deduzidas a partir desse tema basearem-se em escalas menores, elas serão genéricas. Afinal, diretrizes mais específicas originam-se do detalhamento do meio, só reconhecidas em escalas maiores. Como conseqüência, o planejamento tenderá a ser mais genérico e com menor grau de confiabilidade e probabilidade de acerto das propostas de planejamento e gestão. Também já foi dito que nem sempre o maior detalhamento em uma determinada escala de um tema significa que ela deva ser utilizada, pois os benefícios podem ser desprezados, por exemplo, em função do tempo político, tempo de processamento, análise das informações, capacidade da equipe e recursos disponíveis. Em alguns casos, os erros de omissão e inclusão em outras categorias, em função da escala de trabalho, podem não representar uma solução prejudicial ao planejamento.

Algumas vezes, a escala intensiva reflete melhor a interpretação da vegetação em relação às formas de relevo, mas as variações na estrutura da vegetação decorrentes de alterações antrópicas e de mudanças no ambiente físico, como variações no solo ou posição do lençol freático, não são detectadas nesta escala. Em grandes escalas, a cobertura vegetal tem a sua descrição baseada em características morfofisionômicas, eventualmente combinadas com um adicional descritor dominante ou um atributo do meio. Através de seus portes e estados de conservação, podem-se supor as interferências passadas e presentes, mas não se pode efetivamente concluir sobre elas.

Em suma, cabe ao planejador, frente aos seus objetivos e disponibilidades, identificar as fontes de erros e avaliar as razões de custo e benefício que julgar admissíveis ao desenvolvimento do planejamento.

Uma das maiores dificuldades oriundas dos mapas de vegetação é que eles não permitem, mesmo em escalas maiores, observar indicadores importantes de perturbação, como corte seletivo, rebrota, danos gerados nos estratos abaixo do dossel e recuperação em pequenas clareiras. Também não se podem ver características de estrutura e composição, tais como estratificação e composição de espécies, formas de vida, espécies dominantes e espécies raras. Estas características podem revelar a qualidade e o real valor ambiental do sistema que fica somente subentendido nos mapeamentos. Para definir áreas destinadas à conservação, por exemplo, o conhecimento da heterogeneidade e variação de *habitats* é um critério importante; porém, só pode ser interpretado diretamente em escala local. Além disso, é comum apresentar e discutir os tipos de vegetação presentes em um mapa em termos de área de cobertura na escala adotada, por meio de uma unidade de representação estática (km^2 ou ha). Embora esses valores sejam estimativos, deve-se atentar que, sob esta perspectiva, a vegetação é interpretada pela quantidade ou importância acumulada, ou seja, pelo estoque, como se fosse uma jazida, desprezando-se os movimentos e as forças que conduzem às mudanças ao longo do tempo. Se o planejamento é ambiental e envolve conceitos de recuperação, renovação e desenvolvimento sustentável, esta interpretação não basta. São necessárias outras avaliações, como da produtividade primária e dos fluxos de matéria e energia em relação ao tempo. Essa observação é válida também para outros temas usados em planejamento. Em outras palavras, é uma tarefa impossível retratar a dinâmica em uma representação cartográfica do espaço, não só por refletir um momento instantâneo que não permite avaliar as mudanças no tempo, mas também por não conseguir apresentar os fenômenos em escala adequada.

Quando se trata de avaliar a relação entre escala e tomada de decisão, sugere-se observar como exemplo os planejamentos para o litoral do Estado de São Paulo, que consideram diferentes representações das distâncias reais, tanto para os temas abordados como para os produtos finais, comumente nas escalas entre 1:50.000 e 1:250.000. Seja qual for a escala de representação, todos os trabalhos reconhecem as áreas de alto valor ambiental para a região e destinam zonas para a preservação e para a conservação sob manejo. No entanto, deve-se questionar a precisão de limites dessas áreas. Outras escalas ou outras estratégias de representação evidenciariam limites diferentes, resultando em outras decisões sobre a gestão dessas áreas. Este fato é mais contundente quando as propostas referem-se à recuperação, reabilitação ou restauração do meio[1]. Em planos de manejo para áreas de preservação ambiental, a questão da escala é ainda mais complexa quando se trata da análise das áreas do entorno de proteção. Por não serem áreas-alvo, muitos estudos tendem a estudá-las em escalas abrangentes. Esquecem-se de que nelas costumam

[1] Existem diferentes conceitos para os termos recuperação, reabilitação e restauração (veja: Lei nº 9.985 de 18/07/2000, Sánchez, 1995 e IBAMA, 1990). Sugere-se que sejam adotadas as definições: Recuperação - reconstituição de um ecossistema perdido ou degradado a uma condição de melhor estado de conservação que deve evoluir numa direção diferente de sua condição original. Restauração - reconstituição de um ecossistema ou de uma área degradada a seu estado original. Reabilitação - recomposição ambiental de uma área degradada diferente do ecossistema original, voltada à conservação do solo ou da água, mas dirigida a um novo tipo de uso.

Depois do "consenso" (a) Visão do Presente

...pelos técnicos que apresentaram o cenário para a população

(b) a Visão do Futuro

...pelos técnicos que apresentaram o cenário para a população

...pela população que ouviu os argumentos

...pela população que ouviu os argumentos

Fig. 3.10 *Construção de cenários presente (a) e futuro (b). Ilustrações elaboradas pelos alunos da rede pública e publicadas. Na visão do presente, algumas crianças desenharam uma realidade muito mais degradada do que foi a intenção apresentada pelo planejador. Na visão do futuro, quando supostamente estabeleceu-se o consenso e o planejador acreditou ter sensibilizado as crianças da importância da mata ciliar, a representação em muitos casos enfatizou um bosque e a pesca (a recreação). Por isso é vital que se meça o consenso entre os cenários, por meio da compreensão das representações sociais. Este trabalho fez parte do projeto de educação ambiental e sanitária do governo do Estado do Espírito Santo associado ao projeto de despoluição das bacias hidrográficas da região serrana. CESAN, 1997.*

ocorrer diversas atividades humanas em espaços reduzidos que, se somados, resultam em grandes impactos às áreas-alvo. Muitas vezes, mesmo as escalas de detalhe não conseguem definir a linha que demarca esses tipos de ação, seja porque é pontual, porque a informação não é mapeável ou porque trata-se de um processo dinâmico que torna os limites cambiantes. Além disso, é preciso ressaltar que o manejo será mais eficiente quanto melhor forem entendidos os processos e padrões ecológicos do meio. Para isso, é necessário controlar como a informação é transferida de escalas de detalhe para escalas mais abrangentes e vice-versa.

Esse conjunto de restrições não desqualifica a proposta de fazer planejamentos através de representações gráficas do espaço. Pelo contrário, reconhece-se que a escala espacial pode fornecer importantes informações sobre a organização fundamental das paisagens. Os pesquisadores Turner e Gardner, por exemplo, enfatizam em vários trabalhos que, em estudos de paisagem, conclusões ou inferências relativas a padrões e processos do meio podem ser tiradas, desde que se tenha um acurado conhecimento sobre o uso da escala.

As limitações impostas pelo manuseio de escalas não transparecem no documento técnico e podem ter reflexos nos debates públicos, conduzindo a deliberações impróprias ao ambiente.

Concluindo, o erro na escolha, tanto da área como da escala adotadas em um planejamento, sempre existe e é, até certo ponto, compreensível. O pecado está em não reconhecê-lo e não tornar público o quanto ele influi nas conclusões apresentadas.

O TEMPO

o significado do tempo

O planejamento ambiental não pode ser feito a partir de uma leitura estática do ambiente. Ele deve compreender os processos continuados que resultaram na apropriação dos recursos naturais, na perspectiva de desenvolvimento humano e na história natural regional. O estado atual de um ambiente não é o produto de impactos individuais independentes, desconectados do passado ou do futuro. Pelo contrário, é conseqüência das ações e efeitos combinados entre si, que acabaram por determinar o quadro de conservação ou degradação observado no período estudado.

Em planejamento ambiental o tempo é uma escala objetiva de análise que deve situar o presente, o passado e o futuro do espaço diagnosticado. A interpretação dos fenômenos do meio através do tempo visa a responder o quê, onde, quando, quanto e por que estão ocorrendo mudanças, tanto para o meio natural como antropizado. Cabe ao planejador identificar as forças que governam a trajetória das mudanças na paisagem e despender esforços nos caminhos críticos que afetam a qualidade do ambiente.

Usualmente, o tempo é representado por meio da construção de cenários, que nada mais são do que interpretações de momentos em uma paisagem dentro de uma escala temporal, visando auxiliar agentes de planejamento a compreender a dinâmica da área e os problemas ambientais conseqüentes.

construção de cenários e tipos de representação no tempo

Os cenários devem retratar um conteúdo concreto, construído não só a partir do diagnóstico da realidade

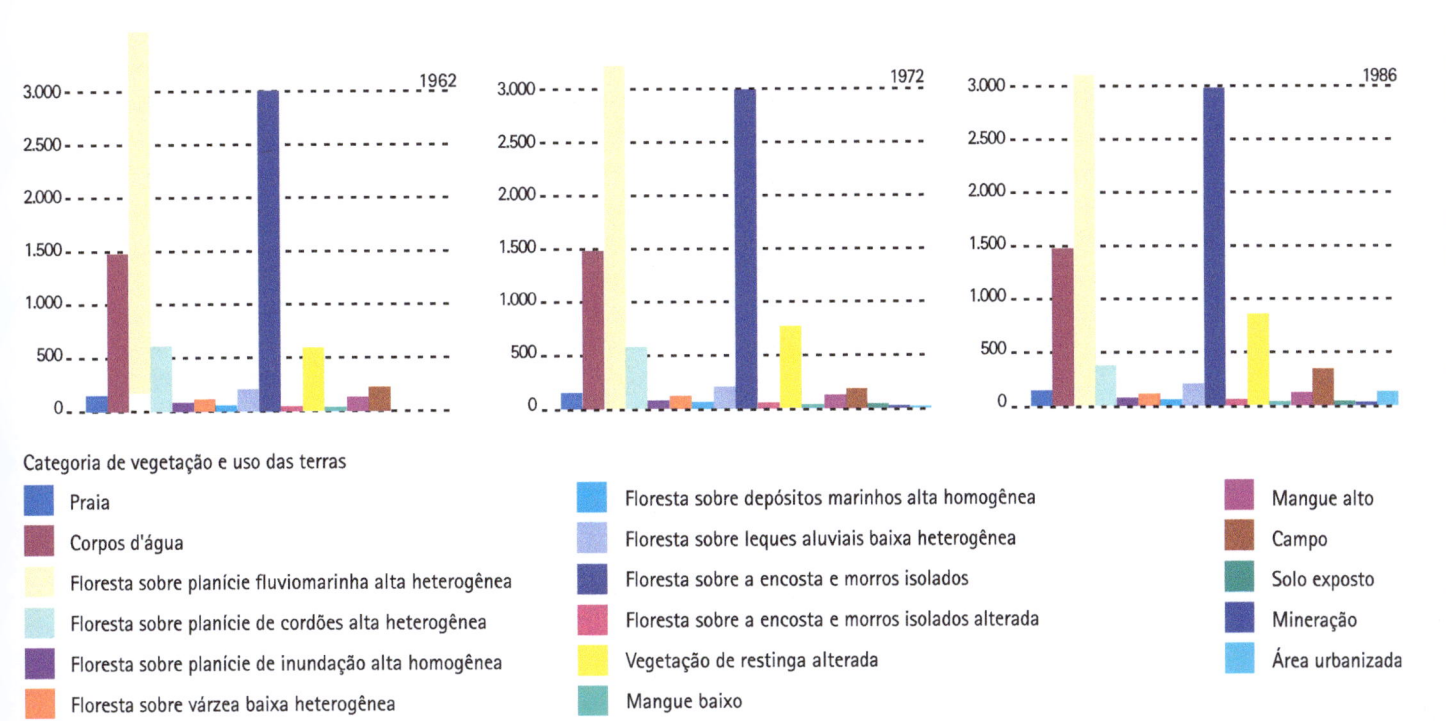

Área, Escala e Tempo
Paradigmas do Planejamento

Categoria de vegetação e uso das terras

- Praia
- Corpos d'água
- Floresta sobre planície fluviomarinha alta heterogênea
- Floresta sobre planície de cordões alta heterogênea
- Floresta sobre planície de inundação alta homogênea
- Floresta sobre várzea baixa heterogênea
- Floresta sobre depósitos marinhos alta homogênea
- Floresta sobre leques aluviais baixa heterogênea
- Floresta sobre a encosta e morros isolados
- Floresta sobre a encosta e morros isolados alterada
- Vegetação de restinga alterada
- Mangue baixo
- Mangue alto
- Campo
- Solo exposto
- Mineração
- Área urbanizada

Fig. 3.11 *Uma pesquisa realizada na região de Bertioga, litoral paulista, investigou a transformação de cobertura vegetal ocasionada pela mudança dos cenários históricos. A comparação entre as áreas cobertas por vegetação natural e usos da terra no período 1960 e 1990 permitiu identificar as fisionomias mais atingidas e relacionar os dados com marcos históricos. Até a década de 1940, as atividades estavam concentradas na linha litorânea e na pesca, que permitiu a conservação da vegetação natural. A partir desse período, inicia-se o turismo. Na década de 1970, a construção da rodovia Rio-Santos estimulou o crescimento do turismo, afetando principalmente a vegetação da planície de cordões, que foi o espaço privilegiado para a construção de condomínios. Nos 20 anos seguintes foram perdidos 69% da vegetação de restinga sobre cordões. Fonte: Girardi, 2000 (modificado)*

técnica, mas também das propostas governamentais e das realidades apreendidas pela cultura, pelos sentidos, pela memória, pela imaginação e pelo pensamento do homem da região. Devem revelar o passado, o presente e o futuro sob o ponto de vista das diversas vertentes envolvidas no planejamento ambiental (técnica, comunitária, política). Cada um desses cenários traz uma interpretação particular de um fato: o que foi (cenário passado), o que é (cenário real), o que será se medidas não forem tomadas (cenário futuro tendencial), como deveria ser (cenário futuro ideal, frente às potencialidades e restrições biofísicas), como gostaria que fosse (cenário futuro desejado, em função dos anseios dos agentes envolvidos) e o que pode realmente ser (cenário futuro possível, alternativo, frente às restrições biofísicas, às aspirações e às limitações socioeconômicas e administrativas). Em outras palavras, o que se quer destacar é que os cenários vão além da sobreposição de mapas de informações estáticas e além das restrições biofísicas tecnicamente descritas no tempo e espaço estudado. Os cenários reais devem apontar as preocupações prioritárias, tanto sob o ponto de vista técnico, como da população envolvida, e os futuros devem refletir suas expectativas. É necessário somar dados oriundos das **representações sociais**, da memória coletiva, da história institucional e das políticas regionais.

Uma preocupação básica para esse tipo de representação é o entendimento que os diversos agentes envolvidos têm sobre o tempo e o espaço, bem como sobre os conceitos ambientais aprendidos e internalizados. Cenários de consenso muitas vezes são fictícios, pois o entendimento baseia-se em referenciais distintos, como procura demonstrar o exemplo da Fig. 3.10. A tentativa de identificar paisagens junto aos agentes de planejamento revela, muitas vezes, que a área-alvo, como uma bacia hidrográfica, não é claramente entendida e que as questões ambientais são abordadas de forma segmentada, pontual e com base no senso comum. O próprio consenso sobre os conceitos tendencial, ideal e possível é difícil, mesclando as questões ambientais de diferentes tempos.

O Ministério de Meio Ambiente (2001), por exemplo, reconhece a existência de vários cenários, destacando o tendencial, com base em projeções históricas; o exploratório, em função de futuros alternativos, e o normativo, ou o que se espera que aconteça, pelo fomento das potencialidades desejáveis.

Apesar da complexidade intrínseca a esse tipo de levantamento, diversas experiências têm mostrado que a construção conjunta dos cenários ajuda o grupo de planejamento a modificar e ajustar o seu olhar sobre o espaço, o tempo e o meio, induzindo a uma maior compreensão dos problemas prioritários e levando a soluções comuns.

estratégias para construção de cenários

Alguns autores avaliam os cenários sob uma perspectiva histórica, estudando a evolução de uma paisagem ao longo do tempo. Pressupõe-se que o entendimento do passado permite compreender o presente e indicar tendências e velocidades de transformações futuras no meio. Seria, portanto, um poderoso instrumento de decisão. No entanto, essa construção pode resultar em diferentes respostas.

De forma, geral a estratégia é elaborar cenários históricos a partir da definição de períodos determinados por fatores marcantes, como momentos de transformação política ou ocorrência de expressivas interferências humanas. Girardi (2000), trabalhando para conservação da vegetação de restinga, é um exemplo do uso dessa estratégia. Analisou o processo de ocupação desde os seus primeiros indícios, acompanhando a seqüência de atividades humanas junto às áreas concentradoras de ação, mapeando o reflexo das ações humanas e registrando as mudanças de forma qualitativa ou quantitativa (Fig. 3.11).

A construção de cenários históricos é um bom instrumento de análise quando se pretende avaliar as causas e conseqüências das perdas ou alteração da cobertura vegetal natural em uma dada região. Vários autores trabalharam os cenários dentro de perspectivas diferentes. Alguns direcionam o foco do trabalho na expansão dos reflorestamentos, outros na dispersão de espécies vegetais ou animais, ou nas mudanças das atividades humanas com a diversidade da paisagem, ou, ainda, na evolução temporal dos usos da terra em relação à cobertura vegetal nativa em áreas legalmente protegidas.

A importância dos cenários históricos para decisão sobre a cobertura vegetacional foi ressaltada no trabalho de Girardi (2000). Ela mostra que uma área-nicho de vegetação preservada de restinga, que deveria ser destinada à preservação e pesquisa, poderia ser classificada como área alterada pelo homem e destinada a outros usos, se fosse avaliada somente por padrões de imagens atuais e não por cenários.

Sob o ponto de vista da ecologia da paisagem (veja Cap. 7), pode-se também avaliar perdas ambientais pela análise das mudanças na conectividade das paisagens. De maneira geral, são analisadas, como grandes vetores de transformação e fragmentação da paisagem, as rodovias e a agricultura. Como se evidencia, a reconstrução da história a partir de um único objetivo pode ser feita por meio da análise de um ou mais elementos da paisagem.

Em todos esses estudos, independentemente dos objetivos ou caminhos de avaliação traçados, a estratégia metodológica compreende uma combinação entre interpretação de uma série histórica de imagens de sensores remotos, de pesquisas de documentos históricos da região e de entrevistas estruturadas com lideranças locais. No Brasil, o tempo define-se, comumente, em função dos períodos com fatos históricos que resultaram em mudanças significativas nas atividades e comportamentos humanos, bem como na disponibilidade dos documentos e materiais cartográficos que registraram esses fatos. Essas limitações, principalmente em relação aos produtos de sensores remotos, costumam reduzir o tempo de avaliação em torno de vinte a cinqüenta anos.

O cenário atual pode ser entendido como a interpretação das correlações entre os fatores do meio físico, biótico, socioeconômico, tecnológico, jurídico e institucional, de forma a entender as pressões humanas, o estado do meio e as respostas presentes. É importante ressaltar que a construção do cenário atual é muito mais do que fazer um diagnóstico do meio. O cenário atual, quando bem elaborado, permite identificar os conflitos entre as perspectivas técnica, legal, institucional e da sociedade, sejam reais ou imaginadas pelos grupos sociais.

Vários planejadores interpretam o conceito de cenário restrito ao futuro. Os cenários futuros representam simulações de diferentes situações, prognósticos das condições ambientais em um tempo mais ou menos próximo. Nada mais são que quadros hipotéticos de um futuro plausível. Podem ser usados para auxiliar o planejador a identificar o quê poderia acontecer se determinados eventos ocorressem ou certos planos ou políticas fossem introduzidos. O cenário é, na verdade, uma medida do tipo e tempo de resposta possível a partir das propostas e das ações humanas. Muitos autores entendem cenário futuro como construção de modelos territoriais objetivos ou como forma de observar prováveis respostas e assim escolher possíveis alternativas. É no cenário futuro que os anseios das comunidades devem estar muito bem refletidos. Uma questão relevante é entender se na construção dos cenários futuros as simulações atendem, essencialmente, às demandas, ou trabalham em função do potencial e fragilidades dos terrenos.

Tanto quanto o cenário passado, o cenário futuro pode ser construído com diferentes objetivos e caminhos para a análise: avaliação de dispersão de espécies, prognóstico de impactos ambientais prováveis em função de diferentes situações de uso ou em decorrência das próprias ações apresentadas pelo planejamento. Seja qual for o tipo de cenário abordado, deve-se entender que ele é regido pelos fenômenos que induzem ou restringem a ocorrência de um fato que, por sua vez, pode ser lido por meio de um ou mais fatores críticos do meio.

Os cenários podem retratar as relações entre vocação da terra e decisões ao longo da história. A vegetação hoje preservada sobre restinga em Itaguaré (Bertioga, São Paulo) é, por exemplo, uma consequência do reconhecimento, pelos colonizadores, da baixa vocação da região para a agricultura. A decisão foi transformar Bertioga em um ponto estratégico para controlar possíveis invasões, e o plantio restringiu-se à banana, tradicionalmente plantada em espaço limitado, entre restinga e encosta.

Dentro dessa lógica de trabalho, é vital que o planejador estabeleça, de forma objetiva, os períodos históricos das grandes transformações induzidas pelas políticas e atividades humanas sobre os recursos naturais. São eles que nortearão as interpretações sobre a área e o objetivo do planejamento.

Outra perspectiva é estudar cenários para compreender fenômenos de interesse específico. Fuentes (1989), por exemplo, interpreta as mudanças na paisagem avaliando como a população vem, ao longo do tempo, enfrentando as adversidades do relevo montanhoso e da disponibilidade do suprimento de água. Em sentido oposto, pode-se avaliar as percepções e respostas da população em função das mudanças na paisagem ao longo do tempo. Assim, Scarabello Filho (2003) usa a estratégia de estimular o debate entre agentes locais de uma área de proteção ambiental, por meio da apresentação de cenários técnicos passados e presente. Seu objetivo é interpretar as reações sobre a "realidade" dos cenários apresentados e as percepções sobre as ações e políticas que conduziram a evolução dessa paisagem, bem como as conseqüências sobre eles (veja Cap. 9).

Existem muitos outros caminhos de análise a partir da construção de cenários, além dos exemplos aqui apresentados. Porém, o que se deve destacar é a capacidade de retratar mudanças, seja na estrutura resultante da combinação dos elementos que compõem o meio, seja nas funções e interações desses elementos. É um forte instrumento de análise para interpretar os rumos e as velocidades das alterações no espaço, bem como conduzir, tecnicamente, a uma reflexão sobre as implicações de projetos e políticas de desenvolvimento.

caminhos metodológicos para construção de cenários

Os cenários temporais podem ser descritos e/ou representados gráfica e cartograficamente. A escolha do procedimento dependerá do caminho metodológico definido no planejamento.

O zoneamento ecológico econômico brasileiro, que representa a proposta oficial de planejamento sob a perspectiva ambiental, pressupõe a construção de cenários futuros a partir dos métodos de análise dos impactos cruzados e da análise lógica intuitiva. Nessa proposta é enfatizada a necessidade de avaliar, em paralelo aos cenários, a projeção de políticas sociais, ambientais e econômicas, as ações propostas, o tempo de aplicação de cada ação e o pressuposto do acompanhamento gerencial das alternativas sugeridas.

Mais comumente, os cenários futuros são obtidos por meio de modelagem. Se a modelagem é matemática, os elementos e relações são representados por expressões matemáticas. É um método que considera tempo, espaço e interação entre um número significativo de fatores. Contudo, simplifica a realidade, dificulta o entendimento devido à complexidade matemática e depende demasiadamente de dados mensuráveis.

O cenário pode ser representado por meio de árvores de decisão, nas quais uma determinada alternativa pode significar o ápice de um trajeto de mudanças e conseqüências de um determinado espaço (Fig. 3.12). É um bom método quando

Árvore de decisão

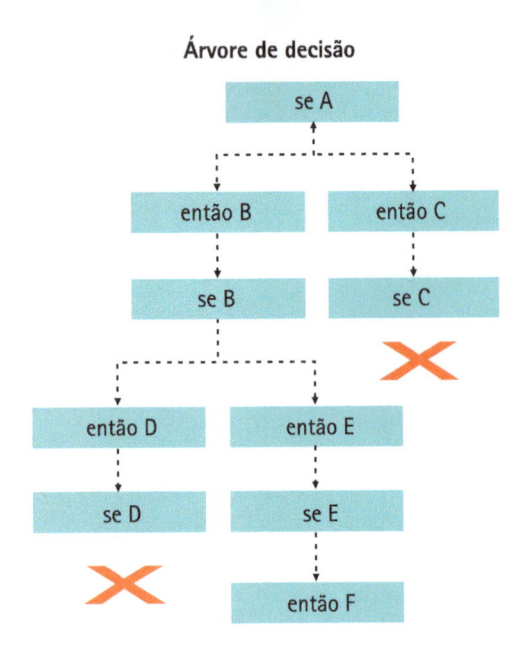

Fig. 3.12 *Exemplo hipotético de uma árvore de decisão.*

se refere à simplicidade conceitual, visualização de causa-efeito e apresentação simultânea de prováveis caminhos de mudanças a partir de uma alternativa. Porém, dependendo do número de variáveis envolvidas, pode tornar-se complexo.

Os sistemas especialistas podem produzir cenários por meio de simulação elaborada através de uma complexa árvore de decisão, a partir de dados qualitativos e heurísticos. Esses sistemas têm poder de previsão e estruturam convenientemente o problema e suas conseqüências, mas simplificam a realidade e podem adotar conceitos subjetivos.

Alguns autores, que associam planejamentos ambiental e estratégico, utilizam o método PES (Planejamento Estratégico Situacional) para a construção de cenários junto à população. Dentro dessa estratégia, o momento normativo do planejamento propõe o desenho das incertezas e surpresas do jogo social (deve ser / ser / tende a ser), de forma a conduzir à construção de programa direcional com cenários e planos de contingência.

Scarabello Filho (2003) constrói diversos cenários a partir de informações sobre o território, sobre a legislação e sobre os interesses e expectativas dos atores sociais da sua área de estudo. Esses cenários são cruzados por meio da sobreposição das informações espacializadas (método da sobreposição) e estruturados com base nos métodos dos Limites Aceitáveis de Mudanças (LAC) e do Gerenciamento de Impactos de Visitantes (VIM), os quais, por sua vez, destinam-se a sistematizar ou modelar o processo de avaliação da capacidade de carga.

Para o confronto entre cenários podem ser utilizados SIGs (Sistemas de Informações Georreferenciadas), que têm a capacidade de comparar séries de dados temporais. A detecção de mudanças se dá pela sobreposição de imagens ou mapas de diferentes datas, nos quais ressaltam-se as diferenças que são reclassificadas para extrair as alterações significativas. Uma maneira de discriminar as mudanças ocorridas entre imagens é obter uma classificação independente de cada imagem, registrando os resultados e localizando as células que apresentem diferenças. Outra maneira é inscrever as duas imagens no SIG e preparar uma imagem de diferença temporal, subtraindo os **DNs** das diferentes datas.

As técnicas usadas em SIG, de comparação aos pares, podem usar dados quantitativos ou qualitativos. Com valores quantitativos podem ser usadas técnicas como diferenciamento de imagens, índice Kappa e razão de imagens.

A técnica de diferenciamento de imagens, desenvolvida por Eastman e McKendry (1991), é simplesmente, a subtração entre células de imagens (pixel) ou mapas, duas a duas, resultando nas células de saída da imagem. Neste caso, os resultados das operações são valores contínuos de diferenças, que podem ser negativos ou positivos. Nos casos onde não ocorrerem mudanças, espera-se o valor 0 (zero).

Para a comparação de dados, muitos trabalhos têm utilizado o índice Kappa, que calcula a exatidão da classificação pela geração de matrizes de erro. Ou seja: em duas datas distingue e calcula as superfícies onde os dados de uma determinada área permanecem iguais (com a mesma classificação). O quadro 3.7 é um exemplo dos resultados que se podem obter, a partir da aplicação dessa técnica, em SIG.

De forma semelhante, pode-se utilizar o índice de concordância Kappa para comparar cenários de diferentes períodos. A quantificação das mudanças pode ser expressa pelo IM (Índice de Mudança): IM = I - ICK, (quadro 3.7b).

Quadro 3.7a Valores de coeficiente Kappa obtidos para os mapeamentos por polígonos

CRUZAMENTO ENTRE OS MAPEAMENTOS		COEFICIENTE KAPPA (%)
escala de referência	escala de mapeamento	
1:25.000	1:50.000	75,52
1:25.000	1:100.000	61,71
1:25.000	1:250.000	59,04
1:50.000	1:100.000	60,38
1:50.000	1:250.000	59,46
1:100.000	1:250.000	73,98

A comparação de mapas de uso e ocupação da terra em 4 escalas diferentes por meio do coeficiente Kappa, da mesma classificação, permite avaliar os benefícios proporcionados por uma escala mais detalhada. Fonte: Pedreira, 1998

Área, Escala e Tempo
Paradigmas do Planejamento

As técnicas que usam a lógica de subtrair as informações quantitativas das imagens pecam por tratar todas as mudanças de forma equivalente. Por exemplo, diferenças de biomassa vegetal entre 5 e 10 unidades não têm o mesmo significado de mudança entre 95 e 100 unidades, pois, no primeiro caso significam uma duplicação da matéria, enquanto que, no segundo, significam uma pequena mudança da mesma cobertura vegetal, apesar de a diferença ser sempre 5. Assim, a técnica razão de imagens é usada para representar valores relativos de mudanças entre imagens (Fig. 3.13), como descrito por Eastman e McKendry (1991).

Para comparar dados qualitativos devem ser aplicadas outras técnicas em SIG, sendo que a classificação cruzada é o procedimento mais usual. Ela compara a coincidência de área para uma mesma categoria de informação ou verifica se houve uma mudança de categoria, com o surgimento de uma nova classe, por meio de uma tabulação cruzada (quadro 3.8).

Os dados de perdas e ganhos das diferentes classes podem ser transformados em gráficos e interpretados pela sua sobreposição na linha do tempo (Fig. 3.14).

Quadro 3.7b Índice de mudança das categorias uso e ocupação da região agrícola de Andradina (SP)

Ocupação	PERÍODO DE 1990 A 1999					
	ICK 1990	IM1990	ICK 1999	IM1999	Diferença ICK	Diferença (ha) 90-99
Agropecuária	0.8676	0.132	0.9512	0.049	-0.084	-15544.7
Corpos d'água	0.942	0.058	0.61	0.390	0.332	16406.4
Outros usos	0.1613	0.839	0.3371	0.663	-0.176	-463.1
Urbano	0.8895	0.111	0.8302	0.170	0.059	197.3
Vegetação	0.6108	0.389	0.6272	0.373	-0.016	-596.1

ICK - Índice de coeficiente Kappa - IM – Índice de Mudança.

Fonte: Santos, 2003 (modificado)

05	09	95		10	12	100		0,5	0,75	0,95
10	82	100	/	05	87	95	=	02	0,94	1,05
12	95	108		14	98	106		0,86	0,97	1,02

Imagem 1 / Imagem 2 = Relação

Fig. 3.13 *Detecção de mudanças no uso e ocupação da terra na região de Andradina (SP) - razão de imagem. Fonte: Santos, 2003*

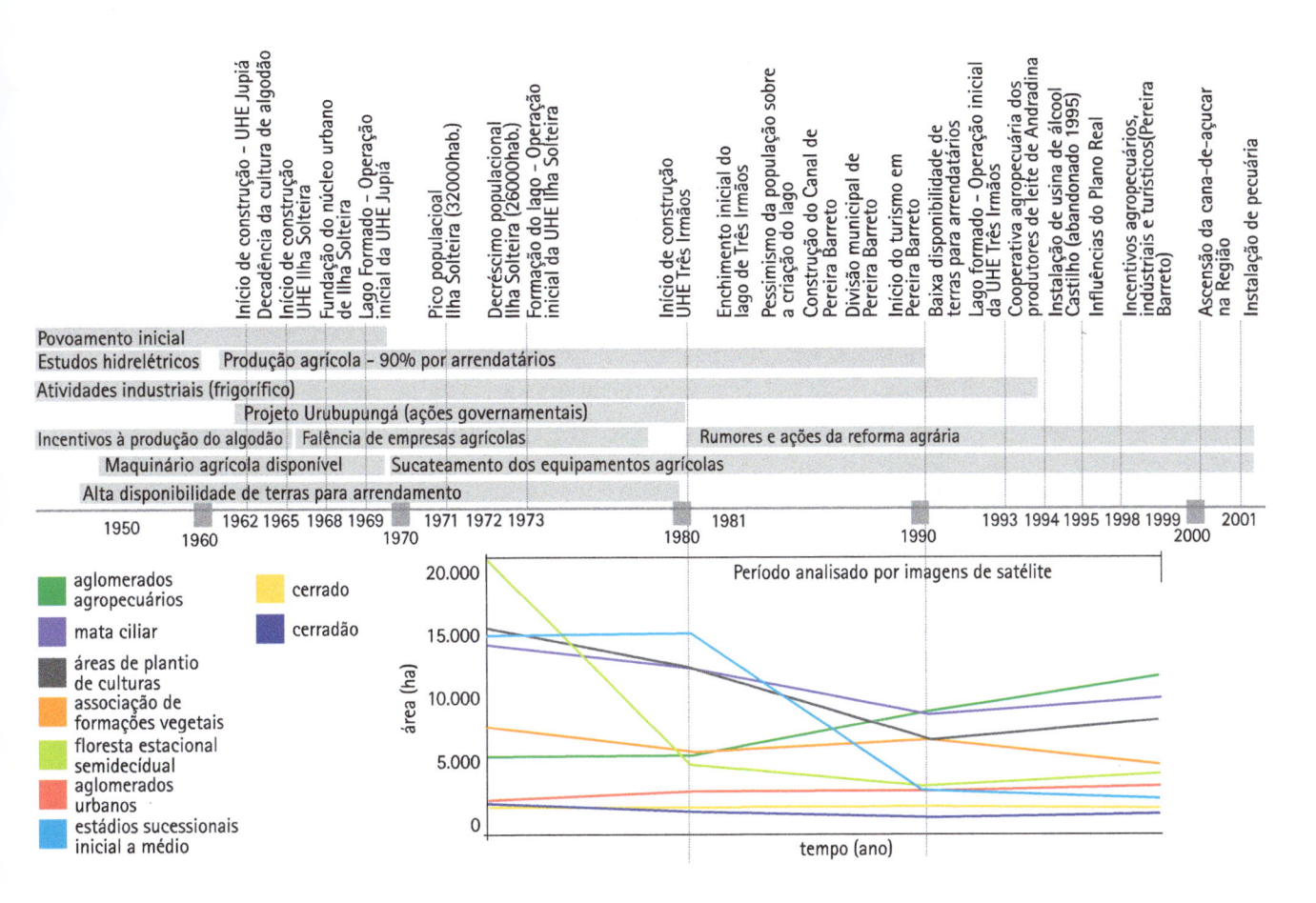

Fig. 3.14 *Representação das mudanças de diferentes classes de uso e ocupação da terra em relação à linha do tempo, na região agrícola de Andradina. Observar que a pastagem foi o mais efetivo agente transformador, sinergizada pela construção dos lagos que estimularam o êxodo rural com ocupação da mão-de-obra. A maior perda da floresta estacional semidecidual ocorreu na década de 1970, com a série de eventos históricos assinalados na figura. Fonte: Santos, 2003 (modificado)*

Quadro 3.8 Exemplo de aplicação da técnica de classificação cruzada.

1999 \ 1986	ÁGUA	PRODUÇÃO AGRÍCOLA	SOLO EXPOSTO	FLORESTA	TOTAL
ÁGUA	2842	3	4	0	2.849
PRODUÇÃO AGRÍCOLA	1	31.874	596	0	32.471
SOLO EXPOSTO	2	1.063	72.487	23	73.575
FLORESTA	0	8.742	328	53.221	62.291
TOTAL	2845	41.682	73.415	53.244	171.186

A matriz apresenta o número de células que coicidem em duas datas para cada tipo de uso, bem como as transformações entre diferentes usos, na região de Andradina.
Fonte: Santos, 2003 (modificado)

Estes exemplos apresentados mostram que é relativamente simples comparar imagens ou mapas de duas diferentes datas, seja com dados qualitativos ou quantitativos, e com possibilidade de utilizar diferentes técnicas. Porém, é muito mais complexo comparar um grande conjunto de dados de séries temporais, no qual múltiplas imagens estão envolvidas. O desvio de imagem é uma das técnicas que permitem tal procedimento. Essa técnica assume que as mudanças nas áreas são identificadas por desvio em relação à média de um longo período ou de condições características.

As técnicas de análise multicriterial também podem auxiliar na avaliação das mudanças no espaço ao longo de um tempo. São, basicamente, métodos de classificação que podem resultar em mapas ambientais. Trabalham com critérios e alternativas, que podem simular situações futuras no espaço considerado. São, no entanto, mais utilizados para tomada de decisão quando se têm diferentes propostas que devem ser comparadas e selecionadas (veja Cap. 8).

Sob o ponto de vista da ecologia da paisagem, a construção de cenários para planejamentos pode ser feita pela interpretação das mudanças ocorridas no uso da terra. As mudanças são refletidas nas alterações na proporção de tipos de uso da superfície, e pela interpretação do modelo de uso no espaço, em toda sua complexidade. Os pesquisadores Odum e Turner (1989) efetuaram estudos na alteração da paisagem por um período de 50 anos. Analisaram a evolução do ambiente natural e humano sobre regiões fisiográficas (montanhas, planície aluvial e planície costeira), caracterizadas pelos seus atributos naturais (altitude, precipitação) e que foram comparadas em relação às mudanças observadas. Estes autores mencionam que a simulação e previsão de mudanças nas paisagens podem ser proveitosas para a interpretação da qualidade do meio.

Deve-se ressaltar que, além das mudanças das atividades e usos na terra, existe a mudança nas percepções e respostas da população ao longo do tempo. Sob esse enfoque, as avaliações são apresentadas, geralmente, como modelos. Zube, Friedman e Simcox (1989), por exemplo, constroem um modelo que relaciona indicadores das mudanças físicas na paisagem (como área, tipo e taxa de mudança), contrastes (como o desagravo às mudanças) e percepções humanas das mudanças (como benefícios e perdas, acesso à informação, senso sobre a capacidade para influenciar ou controlar a mudança). De acordo com esses autores, a aplicação do modelo permite avaliar questões como a resistência, aceitação ou capacidade de adaptação da população à mudança.

Existem, além destes apresentados, muitos outros métodos e técnicas que podem auxiliar na construção de cenários. Apesar da diversidade, a prática de planejamento brasileiro tem selecionado métodos que enfocam demasiadamente as mudanças temporais e são ineficientes para debater a dinâmica espacial. Quando se deseja prognosticar e tomar decisões sobre a conservação, proteção e manejo, é vital que o histórico do meio natural e do homem esteja alicerçado no entendimento da dinâmica regional.

LEITURA RECOMENDADA

TURNER, M. G.; DALE, V. H.; GARDNER, R. H. **Quantitative methods in landscape ecology.** New York: Springer-Verlag, 1991.

OLSSON, E. G. A.; AUSTRHEIM, G.; Greene, S. N. Landscape change patterns in mountains, land use and environmental diversity, Mid-Norway 1960-1993. **Landscape Ecology,** Dordrecht, n. 15, 2000.

INDICADORES AMBIENTAIS E PLANEJAMENTO

As realidades se sucedem ao longo do tempo e deixam marcas, evidências, retratos em forma de paisagens. Elas, em si, são imutáveis. O que muda, ao longo do tempo do homem, é a interpretação que ele faz. As interpretações nada mais são do que a aspiração de se chegar cada vez mais próximo da verdade, ou seja, da "real realidade". Para os diversos caminhos da interpretação, pratica-se a observação e análise dessas marcas, dessas evidências e desses retratos deixados pela história, fragmentados nos elementos que compõem o meio. Esses, num primeiro momento, são identificados pelo "dado", ou seja, pelo princípio ou base imediata do conhecimento sobre o meio, ainda não construído ou elaborado. A decisão do planejador sobre a representação, valor e relação entre os dados é que conduz à determinação dos "indicadores". São as novas composições, infinitamente arranjadas, desse imenso fractal de indicadores que permitem o avanço do conhecimento sobre o ambiente e que permitem ter, por fim, a construção de reproduções cada vez mais representativas do todo e da verdade.

CAPÍTULO QUATRO

Teoria e Prática em Planejamento Ambiental

A QUESTÃO DO INDICADOR NO PLANEJAMENTO AMBIENTAL

Todos reconhecem que os planejamentos ambientais utilizam dados de diversas naturezas. E ainda compreendem que a decisão sobre o tipo de dado, o grau de detalhe e sua manipulação dependem de diversos fatores, como área do conhecimento envolvida, importância da temática para a região de estudo, ou mesmo, a disponibilidade do dado. No entanto, na leitura de diversos trabalhos, é comum surgirem questões que motivam duras críticas. As perguntas mais comuns são: Qual a lógica usada para selecionar esse dado? Como foi identificado o dado relevante? Que critérios definem esse conjunto de dados? Por que se decidiu comparar esses e não aqueles dados? Todos os dados apresentados são igualmente úteis para atender aos objetivos? Fornecem uma nova informação desejável? Quais foram os métodos usados para levantar e sistematizar esses dados? Por que este dado é citado como tal em um momento, informação em um outro momento e parâmetro em outro? Tais perguntas ocorrem devido à habitual ausência de informações detalhadas sobre as escolhas feitas durante o processo de planejamento, tanto em relação à seleção, quanto à coleta e agrupamento dos dados.

Estas questões são debatidas, no mundo inteiro, entre especialistas que têm a responsabilidade de definir indicadores e métodos para sua obtenção. Deve-se confessar que, apesar dos avanços obtidos nos últimos vinte anos, ainda há muito por fazer. Cada vez mais é necessário agrupar experiências e informações que conduzam a uma resposta eficiente de como obter conhecimento e usá-lo em planejamentos de diferentes características.

a natureza e o conceito das informações envolvidas no planejamento ambiental

Todo planejamento que visa definir políticas e decidir alternativas requer o conhecimento sobre os componentes que formam o espaço. Para tanto, é essencial obter dados representativos da realidade, bem formulados e interpretáveis, seja por meio de levantamentos secundários, seja por observações diretas. O dado é a base do conhecimento, o elemento da informação. O dado é a medida, a quantidade ou o fato observado que pode ser apresentado na forma de números, descrições, caracteres ou mesmo símbolos. Quando o dado passa a ter uma interpretação, então ele se torna uma informação. Por sua vez, quando a informação é uma propriedade — medida, observada ou avaliada — cuja variação deve alterar a interpretação do fenômeno que representa, sem lhe alterar a natureza, ela deve ser chamada de parâmetro. Um parâmetro pode ser constante ou variável. Variável é o nome que se dá ao parâmetro capaz de apresentar diversos valores ou aspectos distintos, conforme as circunstâncias do fenômeno analisado. Para cada dado, informação, parâmetro ou variável obtido em um planejamento, deve-se reconhecer a temporalidade e o espaço de abrangência. Em geral, os dados apresentados em planejamento estão presos a um pequeno período que não permite encadear e analisar todas as relações de mudanças ao longo do tempo. Além disso, suas temporalidades distintas, relevantes aos elementos definidos para o estudo, não são analisadas. Assim, são raros os trabalhos que debatem as implicações da ação de sobrepor, a um só tempo, dados originários de temáticas como processos geomorfológicos, do ciclo da água, de uso da terra e das mudanças sociais, com escalas temporais distintas (veja Cap. 3).

A perspectiva do trabalho multitemático em planejamento ambiental resulta na necessidade de se trabalhar com um conjunto de dados, informações ou parâmetros de diferentes naturezas. Assim, dependendo da temática ou do seu enfoque, podem ser selecionados dados quantitativos, se quantificáveis, ou qualitativos, se são descritivos das características, atributos ou peculiaridades. Podem também se apresentar como binários, cuja informação baseia-se na escolha entre dois elementos: sim ou não, existe ou não existe, zero ou um. Por outro lado, podem ser multicategóricos, ou seja, definidos por meio de muitas qualidades ou tipos. Em um intervalo finito de observação ou medida, os dados podem apresentar-se contínuos, se uniformemente distribuídos, ou discretos, se assumem valores finitos. O quadro 4.1 mostra exemplos desta variabilidade, por meio de um conjunto de temas de ocorrência comum em planejamento ambiental.

Espera-se que os planejamentos ambientais agrupem informações de diversas ordens. Porém, o importante nesse agrupamento é examinar o tipo de compatibilização a ser feita na sobreposição, comparação ou cruzamento dos elementos que compõem as temáticas. Assim, num cruzamento - como, por exemplo, do tipo de formação

Quadro 4.1 Exemplificação de tipos de dados usados em planejamento ambiental

TEMÁTICA DO PLANEJAMENTO	ELEMENTOS DA TEMÁTICA	EXEMPLO DE CLASSIFICAÇÃO DO DADO, INFORMAÇÃO OU PARÂMETRO
meio físico (geomorfologia/pedologia)	altitude (3 m, 3,3 m, 3,33 m, 3,333 m...)	quantitativos e contínuos
meio físico (clima)	graus de iluminação (2°, 3°, 4° etc.)	quantitativos e discretos
meio biológico (cobertura vegetal)	tipos de cobertura vegetal (floresta estacional, semidecídua, em estado degradado)	qualitativos e multicategóricos
meio socioeconômico (população)	presença ou ausência de população	qualitativos e binários
meio socioeconômico (população)	número de habitantes (1000 hab)	quantitativos e discretos

Fonte: Baseado em Orea, 1980 (modificado)

CAPÍTULO

vegetal, dados de qualidade de água e valores de temperatura - é necessário transformar as informações de forma a torná-las comparáveis. Essa transformação é comum para um sistema de análise binário, em que se definem limites aquém ou além de uma referência e responde-se, respectivamente, do modo sim ou não. Veja exemplo no quadro 4.2, que converte dados qualitativos multicategóricos e quantitativos contínuos em um único sistema de classificação de dados, ou seja, binária e numérica. Neste exercício, a equipe de planejamento estabeleceu uma referência ligada às prerrogativas de preservação do sistema natural que protege a presença da categoria Mata Atlântica em altitudes superiores a 1.000m.

Outra estratégia é atribuir valores (1 a n), dentro de uma escala fixa, para todas as categorias de dados avaliados (temas). Os dados podem ser transformados em números reais pela interpretação do valor do meio, analisando-se características como qualidade, potencialidade, fragilidade ou capacidade de suporte do meio. Observe alguns exemplos nos quadros 4.3 e 4.4.

É importante notar a capacidade da informação em expressar suas relações causais no meio planejado. Os dados em planejamento podem, simplesmente, significar a ocorrência de determinado fato, ou seja, determinar a existência ou não de um certo atributo no meio, sendo, nesses casos, apresentados como dados nominais. Em outras circunstâncias, o dado pode vir acompanhado da informação do seu lugar ou posição em relação a uma série ou uma seqüência de números ou fatos, sendo, então, qualificado como um dado ordinal. Se um dado é um número absoluto, que define quantitativamente um atributo, então ele representa um dado cardinal. O quadro 4.5 apresenta um exemplo dessa possível escala de avaliação.

Em planejamento, deve-se também reconhecer o nível hierárquico que o dado ocupa numa árvore de informações. Assim, por exemplo, as categorias podem ser entendidas como o conjunto dos grandes grupos genéricos ou temáticas de análise; os fatores como os elementos-objeto de análise que definirão os resultados; e os parâmetros, como as medidas dos fatores. O quadro 4.6 é um exemplo da construção dessa árvore, que permite a compreensão da estratégia para entrada dos dados e relação entre eles. Esta construção não deve ser entendida como forma definitiva, isto é, sua concepção não é rígida. Os tipos de árvore de dados, assim como o número e tipos de níveis hierárquicos, podem variar, dependendo muito da proposta de planejamento e equipe atuante. O importante é observar a ocorrência desses níveis, a relação que se pretende estabelecer entre eles e a localização dos dados que se compara, ou seja, se estão no mesmo nível ou em níveis diferentes.

Quadro 4.2 Exemplo da conversão de dados e informações

referência definida pela equipe de planejamento para conversão dos dados: destinação da mata atlântica em altitudes superiores a 1.000 m à preservação

CATEGORIAS DE INFORMAÇÕES CONVERTIDAS EM...		QUALITATIVO BINÁRIO E....	NUMÉRICO
qualitativos e multicategóricos	mata atlântica em bom estado de conservação	com valor à preservação	1
	mata atlântica em estado secundário avançado	com valor à preservação	1
	séries sucessionais inicial e intermediária	sem valor à preservação	0
	cerrado	sem valor à preservação	0
quantitativos contínuos	0 - 500m	sem valor à preservação	0
	500 - 1.000m	sem valor à preservação	0
	1.000 - 1.500m	com valor à preservação	1
	>1.500m	com valor à preservação	1

Quadro 4.3 Valores atribuídos à saúde: agentes de propagação de doenças infecto-contagiosas e parasitárias

TEMAS PARA O PLANEJAMENTO	VALORES*
recursos hídricos	7,50
solo	4,70
relevo	2,50
vento	2,00
cobertura vegetal	3,50
animais de criação	2,00
animais domésticos	2,80
animais silvestres	1,20
SUBTOTAL	25,60
infra-estrutura de saúde e educação	8,30
crescimento populacional	8,70
rede de abastecimento de água	9,00
rede coletora de esgotos	8,90
pavimentação	2,00
migração	14,00
irrigação e agricultura	8,30
represamento	8,50
agricultura não irrigada	1,50
indústrias	5,20
SUBTOTAL	74,40

* valores médios obtidos da opinião de pesquisadores que distribuíram 100 pontos, em função da importância dos temas para o planejamento voltado à saúde.

Fonte: Aguiar, 1995 (modificado)

Quadro 4.4 Valores atribuídos à saúde: níveis de criticidade e principais prejuízos à saúde pública

NÍVEIS DE CRITICIDADE	PRINCIPAIS CONFLITOS À SAÚDE PÚBLICA
3 - 5	inexistência de infra-estrutura sanitária, associada à presença de policultura
5	área industrial localizada em campo antrópico
4	assentamento urbano recente, desprovido de infra-estrutura sanitária, localizado próximo a área de concentração de nascentes

Fonte: Aguiar, 1995 (modificado)

Quadro 4.5 Tipos de dados e avaliação do meio

ESCALAS	CAPACIDADE DE AVALIAÇÃO
nominal	presença/ausência
ordinal	segundo/terceiro/quarto alta/média/baixa
cardinal	45°, 2.300m

Quadro 4.6 Tipos de informação para o planejamento

ELEMENTOS NATURAIS

- características gerais: tipo e forma de vegetação, tamanho de área
- fisionomia: altura e porte
- trilhas: localização e caracterização
- raridade do remanescente e características singulares: disposição no espaço, índice de isolamento, percentual (cobertura da mata na região/cobertura florestal total), diversidade de elementos naturais
- composição em espécies e características ligadas à biodiversidade: espécies diferenciadas da fauna e flora (protegidas legalmente, em extinção, ameaçadas de extinção e raras)
- sistemas atuais de segurança: aparato contra incêndio, placas informativas, vigilância, cercas e outros

ÁRVORE DE INFORMAÇÃO

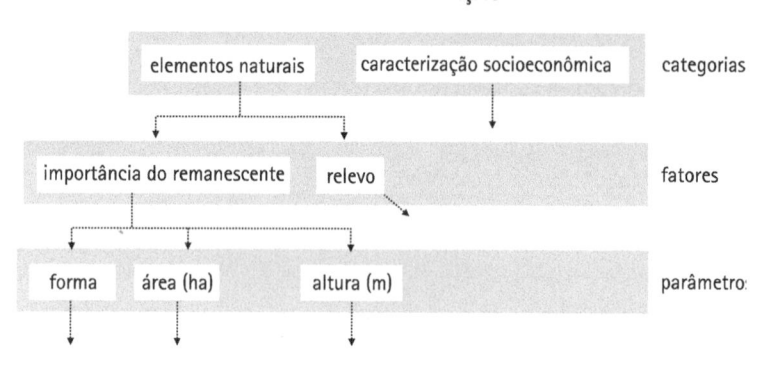

```
elementos naturais    caracterização socioeconômica      categorias
        ↓                       ↓
importância do remanescente   relevo                     fatores
        ↓          ↓            ↓
    forma     área (ha)     altura (m)                   parâmetros
```

CARACTERIZAÇÕES SOCIOECONÔMICAS

- desenvolvimento histórico da região: forma de apropriação do meio, patrimônio arquitetônico-cultural, processo de migração
- padrões socioeconômicos e culturais: faixa etária, renda familiar, atividade principal, tamanho da habitação, tipo de residência, estrutura familiar (número de integrantes), origem da população, opções de lazer e equipamentos de recreação e esportes, relação população local/meio natural
- preferências físicas e culturais: físicas (fatores regionais, variação climática, presença de água, atividades que podem ser desenvolvidas), psíquicas (familiaridade, contemplação, inspiração, ergonomia, segurança), atividades recreativo-desportivas e socioculturais
- ocupação: estrutura da aglomeração urbana existente e futura, caracterização geral e área média do lote, situação legal dos loteamentos, densidade de ocupação e terrenos ociosos, tempo de implantação dos loteamentos
- infra-estrutura atual: de serviços (água, manutenção, banheiros, atendimento médico, acessos e circulação, eletricidade, meios de comunicação), equipamentos de recreação (custos, durabilidade, espaço ocupado, necessidade das atividades estabelecidas, demanda equipamento/faixa etária), equipamentos socioculturais e comunitários, estabelecimentos industriais, transporte e segurança
- educação
- participação da comunidade – ONGs

Fonte: Thomaziello, 1999 (modificado)

Em suma, existem diferentes tipos de dados cujas informações podem ser comparadas, transformadas ou combinadas em um diagnóstico ambiental, mas é vital que se reconheçam os limites da sua interpretação e capacidade de avaliação do meio. Alguns planejamentos produzem informações temáticas extremamente detalhadas, mas que, em seguida, são cruzadas em um sistema de informações geográficas que só admite a entrada de dados por meio de um sistema binário, booleano, do tipo zero ou um. Neste caso, as informações podem ser extremamente simplificadas. Se as decisões basearem-se nos cruzamentos produzidos, as alternativas definidas a partir dessa entrada de dados também estarão simplificadas. Dessa forma, é provável que se despenda tempo, energia e dinheiro, sem reflexão nem tino. Sob essas condições, as informações produzidas passam a ter valor *per si*, restritas ao diagnóstico, mas não alimentam propostas do planejamento. Alguns planejadores esquecem que a essência do planejamento está na tomada de decisão e não na produção do inventário e construção do diagnóstico ideal.

Concluindo, a construção de imensos bancos de dados sobre o meio analisado não resulta, obrigatoriamente, num bom planejamento ambiental. O planejador deve ter o bom senso de selecionar dados que sejam objetivos, representativos, comparáveis e de fácil interpretação e, assim, construir uma base sólida para tomada de decisões. Portanto, as informações devem ser apresentadas na forma de indicadores, reconhecidos como a mais importante ferramenta do processo de planejamento ambiental.

INDICADORES AMBIENTAIS
o conceito

Nos últimos anos, diversas instituições vêm, exaustivamente, discutindo os conceitos e os preceitos do indicador e muitas definições têm sido formuladas. De forma geral, pode-se dizer que indicadores são parâmetros, ou funções derivadas deles, que têm a capacidade de descrever um estado ou uma resposta dos fenômenos que ocorrem em um meio. Conforme já ressaltado pela OECD (*Organization for Economic Cooperation and Development*) (1994), quando um parâmetro é entendido como indicador, o seu valor transcende o número ou a característica em si, adquirindo um outro significado. Suponha um valor x de um parâmetro ligado à água. Esse valor pode ter diferentes significados quando analisado sob a forma de indicador de qualidade em diferentes regiões. Não se pode esquecer que, para um dado ou informação, há diferentes visões, linhas de interpretação, usos e destinações, (quadro 4.7). Em outras palavras, o significado que se dá ao número ou à característica excede sua própria capacidade de expressá-lo.

Os dados de um parâmetro indicador devem vir acompanhados de perguntas sobre o estado, as pressões e as respostas do meio. Devem responder sobre as características, propriedades e qualidades do meio e estar intimamente associados aos objetivos e ao objeto do planejamento.

Bons indicadores devem ter a capacidade de gerar modelos que representem as realidades. Um indicador deve vir enriquecido de entendimento técnico, político, social e, conforme alerta Gallopin (1997), de conhecimento lógico e epistemológico. Para a EPA (*Environmental Protection Agency*) (1995), indicadores medem o avanço em direção a metas e objetivos.

Se esses conceitos forem observados, os indicadores selecionados em um planejamento ambiental deverão, inclusive, refletir os condicionantes da interpretação dada aos seus valores, sejam eles técnicos, históricos, sociais, ou mesmo lógicos, matemáticos, ou linguísticos. Deverão identificar as relações e esclarecer sobre seus vínculos. Esta ênfase sobre o termo é para esclarecer, definitivamente, que não se pode apontar qualquer dado quantitativo como um indicador. Existem conceitos, regras e métodos para selecioná-los.

Deve-se alertar que a maior parte da literatura trata os indicadores de maneira ampla, visando obter paralelos entre as condições ambientais de diferentes países, quase sempre voltados à interpretação da sustentabilidade – social, econômica, política ou do meio natural. Buscam criar uma base comum, capaz de responder sobre a eficiência e a eficácia das medidas tomadas. Nem sempre essa literatura ajuda o planejamento ambiental voltado a pequenas áreas, como um município ou um conjunto deles.

Quadro 4.7 Caracterização de um parâmetro como indicador

Parâmetro	Dado	Informação	pH como indicador
pH	pH=6,2	caráter ácido	características do meio → interpretação em função do meio
			em regiões de depósito calcário, espera-se encontrar pH básico → ocorrem impactos provavelmente originados de atividades humanas
			em regiões cobertas por Mata Atlântica, espera-se pH ácido → provavelmente não ocorrem impactos

(Interpretação)

a função

Os indicadores são fundamentais para tomadores de decisão e para a sociedade, pois permitem tanto criar cenários sobre o estado do meio, quanto aferir ou acompanhar os resultados de uma decisão tomada. São indicativos das mudanças e condições no ambiente e, se bem conduzidos, permitem representar a rede de causalidades presente num determinado meio. Os indicadores são empregados para avaliar e comparar territórios de diferentes dimensões e de diversas complexidades.

Podem ser usados para avaliar e projetar as tendências ao longo do tempo, bem como as respostas dadas pelos governos e pelos cidadãos. Podem, assim, ser úteis para prognosticar futuros cenários e nortear ações preventivas.

Num planejamento ambiental, se os indicadores forem bem selecionados, reduz-se o número de parâmetros e medidas sobre o meio, diminuindo e norteando a amostragem. Esta função é de especial importância no planejamento, pois deve-se lembrar que, na maioria dos casos, o processo de decisão requer agilidade e eficiência no emprego de recursos, sendo inaceitável a medição de todas as variáveis ambientais. Se os indicadores forem bem estruturados, facilitarão a integração dos aspectos ambientais, simplificando o manejo do banco de dados e a apresentação das informações, sem prejuízo para a qualidade da interpretação.

Não se deve jamais esquecer que a principal característica dos indicadores é sua capacidade de quantificar e simplificar a informação.

o número

Quais e quantos são os indicadores? Apesar de todos os esforços, até o presente momento tem sido difícil responder a esta questão. Os pesquisadores reconhecem que são inúmeras as informações e não existem grupos de indicadores definitivos, que devam ser sempre adotados, seja considerando um pequeno território, seja comparando continentes. Mesmo dentro de uma escala universal, não existe consenso sobre quais ou qual é o conjunto ideal de indicadores a ser adotado. O procedimento usual é, então, observar o conceito e aplicá-lo para a situação em que se insere o planejamento. A título de ilustração, o anexo I apresenta uma lista de fatores e parâmetros que podem vir a ser usados como indicadores, mas que, sem dúvida, não pretende ser exaustiva.

Reconhece-se, de fato, que o número de indicadores a ser utilizado num planejamento está fortemente ligado à escala e ao espaço físico em que se está trabalhando. Winograd (1995) indicou esta relação, conforme mostra o quadro 4.8. É óbvio que para cada dimensão há indicadores específicos, que podem ser avaliados em função das limitações impostas pelo grau de generalização.

Em planejamento ambiental é comum priorizar os indicadores do meio natural em detrimento daqueles que expressam aspectos sociais, culturais e econômicos. Não que estes sejam relegados no processo, mas são normalmente inseridos à medida que se apresentam mais relacionados aos elementos do meio natural, como água, solo ou flora. Fidalgo, uma estudiosa de indicadores, ressalta o exemplo de Bakkes e colaboradores. Esses autores usam o termo

Quadro 4.8 Mudança no número de indicadores ambientais em função da escala e área de planejamento

DIMENSÃO	NÚMERO DE INDICADORES	EXEMPLOS DE INDICADORES QUE PODEM SER AVALIADOS
global	10 a 20	emissão de CO_2
regional	50 a 100	emissão de CO_2, principais atividades humanas
bacia hidrográfica	250 a 500	emissão de CO_2, principais atividades humanas, tipos de uso da terra, tipos de cobertura vegetal
unidade de produção agrícola	1000 a 1500	emissão de CO_2, principais atividades humanas, tipos de uso da terra, tipos de cobertura vegetal, ocorrência de gado, emissão de monóxido de carbono, equipamentos rurais e urbanos.

Fonte: Baseado em Winograd, 1995, e Fidalgo, 2003 (modificado)

indicadores socioeconômicos-ambientais para deixar claro aos leitores que a seleção e manejo dos dados populacionais e socioeconômicos de um trabalho de planejamento foram orientados segundo sua relação direta com os subsistemas ambientais naturais. Assim, é importante evidenciar que não se pretendeu esgotar as possibilidades de avaliação dos subsistemas populacional e socioeconômico (ou seja, aqueles que se referem a aspectos relativos ao homem).

Não se pode dizer que este é o melhor caminho. Para imbuir o planejamento ambiental de lógica e reflexão ainda é necessário muito trabalho de pesquisa e empenho sobre a decisão relativa ao número e tipo de indicadores ideais ao processo.

a qualidade

É senso comum que um indicador é de qualidade quando tem a capacidade de medir, analisar e expressar, com fidelidade, o fenômeno ao qual se refere. Em planejamento ambiental este conceito aplica-se a partir de um amplo espectro de considerações. Nessa área do conhecimento, a qualidade de um indicador ambiental deve ser medida por meio de um conjunto de características que denotam sua relevância, mensurabilidade, confiabilidade, tempo de resposta ao estímulo, integridade, estabilidade, solidez, relação com as prioridades do planejamento, utilidade para o usuário, eficiência e eficácia. Muitos pesquisadores, tentados a obter o indicador ideal, seja para planejamentos ou para medidas do desenvolvimento sustentável, enumeram muitos critérios ou características desejáveis que permitam avaliar sua qualidade.

Especificamente para planejamento ambiental, estas características devem ser verificadas por um mínimo de 27 requisitos.

A fonte de informação é o primeiro deles. Se o dado for secundário, deve-se observar a confiabilidade da sua origem: se de órgão oficial, instituição creditada, organização não governamental, jornal, entrevista de rua etc. Em outras palavras, se existe e qual é o grau de responsabilidade do profissional ou dos organismos sobre a informação, o que significa se o indicador está teórica e tecnicamente bem fundamentado.

Deve-se observar a forma de coleta e elaboração do dado pelo organismo em questão: se o indicador foi adequadamente documentado e se houve atualização da informação em intervalos regulares.

Se o dado for primário, deve-se observar a clareza e objetividade dos procedimentos para sua obtenção, bem como sua repetibilidade, gerando dados que possam ser comparados.

A precisão e exatidão da informação é outro aspecto a se considerar a partir da análise do rigor empregado na determinação do valor, medida ou informação, e pode ser completado pelo erro ou desvio associado. Em suma, o indicador deve ter validade científica, em função da sua elaboração e explicitação quanto ao modo de obtenção e medida.

É recomendado que o indicador apresente limiares ou valores de referência associados, para que o usuário possa estabelecer comparações e julgar a relevância do seu valor.

Deve-se tomar o cuidado para que um indicador não apresente redundância, ou seja, que diferentes dados coletados não expressem a mesma informação. É um erro comum em planejamento destacar um fenômeno da mesma forma por diferentes dados que, em conjunto, representam realmente uma só informação.

As informações devem ter conformidade temporal, ou seja, deve-se averiguar o tempo decorrido entre a coleta do dado e a realidade que se deseja representar. Neste aspecto, é evidente que, para cada temática, há um intervalo de tempo aceitável, que deve ser julgado pelo seu especialista.

A representatividade refere-se à capacidade de retratar os problemas da área de estudo, ou de atender às metas e aos objetivos definidos no planejamento, e a tradução refere-se à capacidade do indicador de permitir a perfeita distinção dos limites entre condições aceitáveis e inaceitáveis, seja do ponto de vista científico, técnico ou legal.

De modo geral, não é conveniente um indicador que dê respostas descomedidas, como tudo ou nada, ou mesmo um valor de variabilidade natural extrema. Algumas vezes, a informação é pertinente, mas não tem a conveniência da escala cartográfica ou a abrangência geográfica necessária. Em outras palavras, deve haver, em primeiro lugar, compatibilidade entre a escala da informação e a escala adotada para o estudo. Além disso, a abrangência da informação deve cobrir, efetivamente, a área de planejamento, mesmo sob a forma de estimativa. Também é interessante que se incluam no planejamento os indicadores voltados ao futuro monitoramento da área de estudo pelo gestor, com escalas e abrangências compatíveis às ações de acompanhamento, avaliação e controle do meio.

A informação é mais confiável se ela tem alta sensibilidade às mudanças. À medida que ocorrem as alterações no ambiente, mesmo que pequenas, a resposta do dado é imediata, mudando seu valor; e se for de natureza preventiva, que seja capaz de sinalizar a degradação antes da ocorrência de sérios danos. Deve existir similaridade nas escalas de tempo e suscetibilidade entre as mudanças do meio e o indicador. Se esta sensibilidade às mudanças se mantém ao longo do tempo, pode-se gerar séries temporais de dados (lineares, cíclicos ou sazonais), comumente entendidos como ótimos tradutores dos fenômenos de diferentes dinâmicas em um determinado tempo. Quando for importante a análise da evolução, os indicadores devem ter a capacidade de expressar as mudanças em uma escala de tempo compatível com os problemas.

Outro importante item de avaliação é a conectividade do indicador com outros do meio, ou seja, os elos de ligação entre as diversas informações e as respostas integradas às suas mudanças. Além disso, é importante observar se um indicador é integrador, se tem a capacidade de sintetizar informação de vários outros indicadores. Também é importante observar o tipo de relação no espaço que pode ser interpretado pelo indicador. Assim, por exemplo, um indicador pode expressar relações determinísticas, nas quais causa e efeito estão condicionados um ao outro, prevendo-se relações constantes entre fenômenos encadeados; relações aleatórias, nas quais causa e efeito são multidimensionais e podem depender de fatores sujeitos ao acaso; relações estratégicas, quando o resultado da causa e efeito, bem como seu desencadeamento, depende da estratégia dos organismos e ambiente envolvidos; ou relações de incerteza, quando causa e efeito representam muitas possibilidades, com resultados imprevisíveis.

Deve-se considerar se a informação é prescritiva - aquela que é analítica e apresenta recomendações ao desenvolvimento de alternativas -, constituindo um bom indicador. Em contrapartida, a informação de natureza descritiva restringe-se à descrição das propriedades do meio, sem a pretensão de fornecer subsídios diretos à tomada de decisão.

No que se refere a dados espacializados, deve-se considerar o indicador que tem capacidade de linha divisória, que apresenta limites bem definidos no espaço, de forma a facilitar, geográfica e operacionalmente, o gerenciamento das propostas do planejamento.

Finalmente, deve-se considerar três importantes aspectos, de ordem não técnica, sobre os indicadores escolhidos. Primeiro, em relação à sua disponibilidade, ou a pronta recuperação da informação sobre o indicador, sem perda de tempo que impeça ou dificulte o planejamento. Em segundo, a acessibilidade ou a facilidade de obtê-lo, e em terceiro, o custo eficaz, que corresponde ao valor ideal para obtenção da informação em função da quantidade de dados, da unidade de área e da escala de trabalho. Em suma, pretende-se que haja uma relação custo/benefício razoável.

Diante da lógica, essas três últimas características são óbvias. No entanto, a experiência prática não mostra isso. Não é difícil encontrar exemplos de planejamentos cujos técnicos, por estarem numa determinada instituição ou conhecerem caminhos específicos, têm acessos privilegiados à informação ou fazem uso de banco de dados de alto custo. Decorrido um tempo, na revisão do planejamento, ou no próprio estágio de implantação e monitoramento, uma nova equipe não dá seqüência ao estudo anterior, não por desacreditá-lo, mas por não ter acesso ao banco de dados ou possibilidade financeira de continuar dentro da mesma linha. Em geral, a opção que resta é iniciar o processo do tempo zero, o que acarreta um atraso substancial para a qualidade ambiental na região.

Quando existe participação popular, uma questão primordial a ser considerada é a compreensão do indicador, ou sua facilidade em informar o grupo de pessoas que tomará as decisões quanto aos rumos do planejamento, bem como sua capacidade de atrair atenção, despertando o interesse da comunidade sobre ele.

A observação desse conjunto de propriedades deve favorecer a seleção mais lógica e rigorosa dos indicadores, permitindo uma melhor exposição dos fatos, aproximando-se da realidade local e gerando maior confiabilidade na aplicação de modelos, cenários ou sistemas de informação. No entanto, como afirma a própria OECD, não existe o indicador ideal, aquele que atende, na prática, a todas estas características de forma absoluta. Assim, é necessário analisar o contexto, de forma a selecionar o grupo de indicadores que melhor o qualifique. O melhor conjunto dependerá dos objetivos do trabalho, das características do espaço trabalhado e da possibilidade de obter os dados. Para cada estudo regional deve haver um conjunto particular de indicadores. Nem todas as 27 propriedades apresentadas são importantes em um mesmo estudo.

Quando se tem um conjunto de indicadores de qualidade heterogênea costuma-se, na prática, atribuir pesos diferentes a cada um deles, diretamente proporcionais ao valor médio de qualidade, atribuído em função da análise do conjunto de características apresentadas. No entanto, essa estratégia sempre se baseia em uma análise subjetiva, motivo de crítica por parte de muitos planejadores.

Hoje, grupos que trabalham com o ideal do desenvolvimento sustentável reúnem esforços no sentido de padronizar um conjunto de indicadores, de forma que possam ser usados e comparados por diversos países, na busca de políticas integradas. No entanto, a diversidade das características dos ambientes, do conhecimento, dos conceitos, das metodologias de medidas e do conteúdo de bancos de dados locais tem dificultado tal empreitada. Acredita-se que, para se atingir os chamados indicadores ideais, um longo caminho na pesquisa ainda deva ser trilhado.

a organização

Em planejamento ambiental, as informações obtidas por meio dos indicadores selecionados, obrigatoriamente devem ser sistematizadas, ordenadas e agrupadas. Devem conduzir à síntese para que realmente possam subsidiar a decisão. Se por um lado esta asserção parece óbvia, por outro pode-se afirmar que não é assim que são feitos vários planejamentos ambientais no Brasil. De forma geral, reúne-se um vasto número de indicadores que levam a um grande banco de dados, cujas informações vão se somando ou se confrontando duas a duas, por uma seqüência que raramente é descrita. No entanto, essa seqüência é relevante e pode afetar os resultados do planejamento. Fica por conta do leitor a responsabilidade de interpretar a organização dos indicadores e a estruturação dos dados.

Uma proposta de organização é pensar os diferentes níveis de informação dentro de uma pirâmide (Fig. 4.1). Em sua base estão concentrados os dados que, agregados, informam sobre os indicadores. Esses, por sua vez, são sintetizados em índices, organizando-se, dessa forma, conjuntos dependentes, com níveis crescentes de informação, sendo o ápice a forma mais simples de representar um conjunto complexo de dados. Quanto mais próximo do ápice, mais estruturada é a informação resultante da combinação de dados. Apesar de ser um conceito de fácil entendimento, não é tão fácil sua aplicação, pois a separação entre uma camada e outra nem sempre é evidente.

Dessa proposta, o uso de índices como representação da síntese de informações é amplamente aceito pela comunidade científica. Uma única medida para cada temática identificada no planejamento pode interessar a muitos pesquisadores. De uma maneira geral, o índice, mais que o indicador simples, é capaz de simplificar, quantificar, comunicar e expressar de forma resumida os fenômenos complexos, a partir da agregação de dados e informações.

Cabe discutir a conceituação de índice. Os índices são entendidos como o resultado da combinação de um conjunto de parâmetros associados uns aos outros por meio de uma relação pré-estabelecida que dá origem a um novo e único valor. Nesta associação são atribuídos valores relativos a cada parâmetro que compõe o índice, e a relação pode ser estabelecida por meio de estatística, formulação analítica ou cálculo de razão matemática.

Cumpre ainda distinguir entre índice e indicadores agregados. Se a associação entre parâmetros (ou indicadores) não envolve ponderações ou outras técnicas analíticas, estamos diante de indicadores agregados. Um indicador simples é o nome dado àquele que representa um único parâmetro.

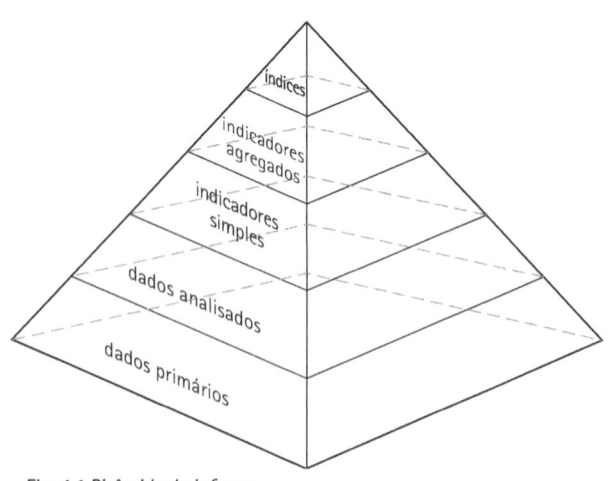

Fig. 4.1 Pirâmide da informação. Fonte: Winograd, 1995, e Fidalgo, 2003 (modificado)

Da mesma forma que se relaciona número de indicadores e escala, deve-se estabelecer a relação entre escala, nível de informação adequada e adequação para o uso de índices. Fidalgo (2003), baseada em um site da International Center for Tropical Agricultural, específico sobre indicadores, resumiu estas relações, conforme apresenta o quadro 4.9.

No Brasil, a construção da pirâmide de dados para todos os temas envolvidos num planejamento não é aplicada na prática. Alguns indicadores agregados ou índices são construídos especialmente em função do conhecimento ou da percepção do problema ambiental. Em geral, técnicos e especialistas aceitam a proposição de índices, mas preferem trabalhar com informações detalhadas. Os índices são mais utilizados em função do público e dos tomadores de decisão, que não se interessam por detalhes e preferem quadros resumidos dos principais fatos. Por outro lado, alguns grupos sociais têm dificuldade em compreender o significado do índice ou do indicador agregado, podendo prejudicar a interpretação e a tomada de decisão.

Quadro 4.9 Relação entre escala, nível de informação e uso.

ESCALA	NÍVEL DE INFORMAÇÃO	USO
global	índices e indicadores agregados	acompanhamento de temas prioritários e áreas com problemas negociação e definição de políticas e ações
regional/ continental	índices, indicadores agregados e indicadores simples	identificação e acompanhamento de temas prioritários e áreas com problemas definição de estratégias e ações
nacional	índices, indicadores agregados e indicadores simples	identificação e acompanhamento de áreas com problemas definição de estratégias e ações análise de causas, efeitos e respostas potenciais
local	indicadores simples dados analisados	identificação de temas prioritários análise, acompanhamento e verificação de ações e respostas

Fonte: Fidalgo, 2003, modificado de Winograd, 1995

Para o Brasil, também é importante considerar que a elaboração de índices significa um custo elevado, raramente viável. A proposta de Heinemann e colaboradores (1999) é mais próxima de nossa realidade. Esses autores sugerem que a pirâmide seja construída, mas que exista no topo somente um indicador simples (e não índice) global do sistema, que pode ser monitorado a baixo custo. À medida que se forma, a pirâmide revela níveis de custo cada vez mais altos. Assim, quanto mais se trabalha em níveis menores, mais o trabalho é viável economicamente. Qual o limite de decisão para a passagem de nível? Depende da capacidade do planejador de avaliar a necessidade de mudança de patamar, para revelar as características e relações dos fenômenos estudados necessárias ao planejamento.

Outra limitação do uso de índices no Brasil é a dificuldade de promover a associação clara entre metas do planejamento e a interpretação do índice selecionado. Como já foi afirmado por alguns autores, quando não se puder expressar a relação clara entre índice e objetivos, o melhor é utilizar dados e indicadores simples para identificar problemas e áreas prioritárias de ação.

Apesar de bem aceito, não se deve jamais esquecer as limitações advindas do uso dos índices. Às vezes eles não são cientificamente válidos ou tecnicamente robustos. Os componentes e os critérios de ponderação são escolhidos pela importância subjetiva dada por aqueles que os definem. É importante lembrar que mudanças na escolha dos componentes ou da ponderação podem apresentar diferentes respostas. Manipulados, de boa ou má fé, podem resultar na interpretação indevida dos fatos.

ESTRATÉGIAS METODOLÓGICAS PARA A ESTRUTURAÇÃO DOS INDICADORES
a coleta de dados

Planejamentos ambientais utilizam dados secundários e primários. Como já citado, os secundários são obtidos por meio de levantamentos nos mais diferentes tipos de organismos ou instituições. Apresentam-se desde a forma de trabalhos de pesquisa até simples cadastros ou apontamentos. Já a coleção de dados primários é feita por procedimentos metodológicos, orientados para responder a uma pergunta sobre o meio e/ou para testar uma hipótese não respondida pelas informações de levantamentos anteriormente realizados.

A coleta de dados sobre os indicadores selecionados, sejam de natureza primária ou secundária, exige procedimentos metodológicos que devem ser claramente explicitados pela equipe de trabalho. Sem dúvida, cada área de conhecimento dentro do projeto tem suas próprias estratégias de trabalho, mas é importante que o grupo tenha a preocupação de, minimamente, compatibilizá-las. O quadro 4.10 ilustra alguns métodos que auxiliam na busca de informações.

Uma vez adotado o método (ou métodos) de coleta de dados é importante a descrição do seu procedimento, para prevenir limitações de interpretação que advêm de falhas de sua capacidade de representação. Assim, por exemplo, a descrição da coleta por inventário deve incluir, pelo menos: (a) os critérios de seleção dos indicadores, (b) a estratégia para **compilação** de dados ou informações (tabela, gráfico), (c) o tipo e características da amostragem de campo, (d) a justificativa do nível de detalhamento adotado, (e) as limitações ou impasses ocorridos durante os levantamentos e (f) as fontes bibliográficas ou instituições que deram suporte ao levantamento.

Para o coordenador do planejamento ambiental é de grande valia organizar os indicadores a partir de um protocolo que comporte em uma coluna as questões-chave do planejamento e, na outra, questões relativas aos indicadores

Quadro 4.10 Algumas estratégias comumente usadas no levantamento de dados para planejamento ambientais

ESTRATÉGIA	CARACTERIZAÇÃO	APLICAÇÕES
tipo predominante de levantamento de dados: secundários		
inventário	Levantamento sistemático sob uma estrutura pré-definida de coleta de dados de cada indicador (como tabulamentos ou diagramas), visando a seu conhecimento.	Provê informação estruturada sobre o indicador na forma de catálogos, registros ou listagens. Deve permitir integração. É obtido por levantamentos secundários, mas pode também originar-se de amostragem de campo (observação direta) ou imagens orbitais (observação indireta).
estatísticas oficiais	Informações compostas de elementos numéricos sobre o indicador ambiental, com regularidade temporal, que representam sob forma analítica ou gráfica os acontecimentos, suas tendências e limites dos fenômenos.	Provêm informações detalhadas e precisas obtidas, comumente, a partir de documentos como censos e anuários. Permitem identificar a qualidade do indicador, sua evolução e tirar conclusões ou fazer predições com base no conjunto de dados.
tipo predominante de levantamento de dados: primários		
inquirição	Obtenção de informações sobre o indicador por meio de uma série de questões ou perguntas, estruturadas ou não, apresentadas ao questionado na forma escrita, como entrevistas, ou mesmo como consulta a registros.	Permite tabular respostas e levantar informações com relativa rapidez e baixo custo. No entanto, perguntas mal formuladas podem conduzir à obtenção de informações inadequadas ou respostas não verídicas.
observação	O coletor de informações passa a fazer parte do meio avaliado e por observação de eventos específicos, seja dos elementos naturais ou relativos à vida das pessoas, obtém os dados necessários sobre os indicadores pré-selecionados.	Esta técnica confere melhor entendimento e maior credibilidade dos dados. Porém, consome muito tempo e recursos, necessitando muitas vezes de total disponibilidade do coletor.
avaliação ecológica rápida+	Esta técnica determina, a partir de visitas de campo expeditas, informações observáveis em uma transecção pré-estabelecida pela equipe, como presença de comunidades e habitats em paisagens distintas, ou presença de espécies raras, ameaçadas de extinção e endêmicas.	Esses levantamentos são mais comumente usados para coletar informações sobre indicadores de qualidade do meio e do estado de conservação ou da presença de elementos de grande expressão ambiental. Podem permitir a distribuição das informações em mapas ou croquis, desde que se tenha a localização das transecções.
amostragem de campo #	Levantamentos a partir de transecções, sistema de malhas etc.	Permite levantar ou aferir dados *in loco* de forma sistematizada e/ou estatística, dependendo do caminho metodológico traçado. Seus resultados podem auxiliar como dados de entrada no delineamento do espaço.
tipo predominante de levantamento de dados: múltiplos		
listagem*	Esta técnica refere-se mais à forma de organização do dado do que propriamente ao tipo de coleta. Os dados podem ser coletados como uma relação de indicadores seguidos de questões, fontes de informações e/ou maneiras de obtenção da informação que, quando respondidas, resultam no conjunto de dados necessários ao desenvolvimento do trabalho.	Esta técnica é mais usada pelo coordenador da equipe, que, por meio desta abordagem, torna seu grupo mais objetivo no encaminhamento dos levantamentos e controla a quantidade e a qualidade da informação. Se bem estruturada, pode orientar a análise do banco de dados, auxiliando na etapa do diagnóstico.
matriz*	Matrizes de dados são levantamentos organizados por meio de listagens bidimensionais, tendo em um eixo os indicadores e no outro os principais problemas ambientais a serem analisados. A obtenção dos dados deve permitir reconhecer não só o valor do dado ou da informação, mas o seu grau de relação com os problemas ocorrentes.	De forma semelhante às listagens, a construção de uma matriz auxilia o coordenador e a equipe a ordenar os dados de forma interpretativa, auxiliando na etapa de diagnóstico.
redes de interação*	As redes representam uma forma de relacionar as informações obtidas por levantamentos primários ou secundários. Os dados são encadeados em gráficos ou diagramas na estrutura de um modelo de interação.	Esta forma de representação dos dados levantados permite apontar suas interações, facilitando a interpretação do diagnóstico e prognóstico ambiental.

+ Desenvolvida pelas ONGs norte-americanas Conservation International e The Nature Conservancy
# Descritas em IBGE, 1999
*Adaptações de métodos utilizados em estudos de impacto ambiental (veja Cap. 6).
Fonte: Santos e Pivello, 1997 (modificado)

como o que avaliar, como avaliar, sua relação com o problema, origem da informação, em qual espaço temporal e físico etc., como se faz usualmente em auditorias ambientais (quadro 4.11). Esta é uma forma preliminar de organização que pode resultar numa súmula dos preceitos para seleção e organização do banco de dados.

a estruturação dos indicadores organizados

Uma vez definido o conjunto de indicadores a ser adotado num planejamento e a estratégia para os levantamentos, pelo menos duas observações devem ser feitas. Primeiro, da necessidade de rearranjar grupos de indicadores de acordo com o propósito da medida ou observação do meio. Assim, é comum agrupar indicadores que se destinam a expressar as condições de qualidade ou estado do meio. Outro grupo pode ser formado pelos indicadores que reflitam as políticas setoriais, outro pelas pressões ou impactos das atividades humanas sobre o meio, outro pelas relações sociais, outro pelas qualidades ambientais da área, e assim por diante. Algumas vezes, os indicadores são organizados pela natureza da informação, como fisiográfica, topográfica, econômica, cultural, legal. Outras, pelas questões-chave do planejamento, como impactos econômicos, saúde, valor visual das paisagens, recreação. Se por um lado essas estratégias de agrupamento auxiliam o processo de planejamento, por outro, muitas vezes tornam-se ambíguas, pois alguns indicadores podem se sobrepor em dois ou mais grupos, superestimando seu papel.

O quadro 4.6 é um exemplo de estruturação das informações que se baseia na Árvore de Batelle. Este exemplo é formado por indicadores simples que se agrupam em categorias, mas não conduzem a índices ou indicadores agregados que representem, efetivamente, esses conjuntos. Diferentemente, o SCOPE (*Scientific Comitee on Problems of the Environment*) (1995) pretendeu organizar os dados de forma a garantir a obtenção de indicadores agregados. Desta forma, reuniu os indicadores simples em 4 grupos ou categorias: esgotamento das fontes de recursos, contaminação, riscos para o meio e bem estar humano, sendo que cada um deles era representado por um valor final do conjunto de indicadores trabalhados.

A forma mais usual de organizar os indicadores, principalmente quando o planejamento fundamenta-se em princípios de desenvolvimento sustentável, é por meio da estrutura da OECD, que

Quadro 4.11 Protocolo para estruturação dos indicadores

fator ambiental	o que checar (o quê?)	como checar (como?)	razão principal da ocorrência (por quê?)	espaço físico ou temporal (onde e quando?)
cobertura vegetal	• espaço territorial protegido • presença de formações vegetacionais protegidas e pressionadas pelas atividades nas bordas da área • implantação do reflorestamento ciliar exigido por lei • definição de uma área de conservação como medida compensatória da perda de cobertura pelo enchimento do reservatório • controle das interferências antrópicas sobre a cobertura vegetal (corte de madeira, extrativismo, perda de espécies protegidas por lei, ameaçadas de extinção, bosqueamento etc) • interferência na vegetação resultante da elevação do nível freático • existência de cobertura vegetal que pode ser classificada como expressiva ou singular e não está sob tombamento • utilização de espécies exóticas (como grama introduzida nos taludes) que hoje competem com as espécies regionais lindeiras	• mapeamento de uso e ocupação da terra e das áreas protegidas • mapeamento fotográfico • levantamento em campo	• Código Florestal, protege margens (que atenua erosão) fixa duna e faixa de proteção ao longo de ferrovias e rodovias, protege sítios de excepcional beleza, asila exemplares da fauna e flora ameaçados e assegura bem-estar público, pouso de aves de arribação, encosta com 45 graus, linha de cumeeira, faixa marginal dos corpos d'água, Reserva Particular do Patrimônio Natural, Reserva Ecológica, ARIE, Áreas Naturais Tombadas, Reservas Biológicas, Reservas Extrativistas, Estações Ecológicas, APA, Parques, Cavidades Naturais Subterrâneas, áreas circundantes às unidades de conservação (raio de 10 km), Mata Atlântica, Reserva da Biosfera, Refúgio de Vida Silvestre, Horto Florestal, Floresta Nacional/Estadual/Municipal, Santuário da Vida Silvestre e outras unidades. • Atos legais para: mangue, restinga, mata atlântica de encosta e topo, estádios sucessionais de mata atlântica, cobertura de influência fluvial ou lacustre (brejos, várzeas), floresta estacional.	região do litoral do Estado de São Paulo a cada 3 anos

recomenda a adoção de três grupos de indicadores: do estado do meio e dos recursos naturais (ar, água, recursos vivos), das pressões das atividades humanas sobre o meio (energia, transporte, indústria, agricultura) e das respostas da sociedade e dos agentes responsáveis pelo resultado das pressões e condições do estado. O Banco Mundial, por exemplo, usa essa estratégia para criar uma matriz na qual um dos eixos reúne as categorias de indicadores agregados e no outro, os três grupos indicados pela OECD.

Essas propostas metodológicas aqui expostas são caminhos simples de organização de dados. Hoje, vários pesquisadores preocupam-se em estruturar os indicadores e parâmetros correlatos na forma de modelos que orientem a seleção de indicadores e permitam melhor entendimento e descrição dos sistemas ambientais estudados.

a classificação de indicadores

Diversos autores enfatizam a importância da construção de um modelo para classificar e sistematizar conjuntos de indicadores. De forma geral, esses modelos são capazes de representar as relações de causa e efeito, explicitando os âmbitos que compõem o meio, ou seja, o natural, **o antrópico, o antropizado,** o institucional, o econômico e o social. Sob o enfoque de desenvolvimento sustentável, eles expressam metas (como exploração a partir da capacidade suporte, respeito às necessidades humanas básicas), agrupam indicadores por setores governamentais (como saúde e transporte) e preocupam-se em apontar temas de interesse comunitário (como lixo e emprego).

O modelo mais citado em planejamento é o de Pressão-Estado-Resposta desenvolvido pela OECD, publicado em 1994 e revisado em 1998. A base de sua construção é a causalidade: as atividades humanas exercem pressão sobre o ambiente, alterando a quantidade e a qualidade de recursos naturais, ou seja, mudando o seu estado. As mudanças afetam a qualidade do ambiente. A sociedade responde a essas mudanças ambientais com políticas ambientais, econômicas ou setoriais (a resposta da sociedade), almejando deter, reverter, mitigar ou prevenir os efeitos negativos da pressão do homem sobre o meio. Para cada fator de causalidade deve haver um conjunto específico de indicadores ambientais que responderão por suas características internas, ou de relação com os outros dois fatores vizinhos. Assim, o modelo organiza-se em três blocos de indicadores, ou seja, de pressão, de estado (ou condições do meio) e das respostas sociais (Fig. 4.2).

Os indicadores ambientais de cada fator de causalidade são reordenados por afinidade temática. Assim, por exemplo, em relação ao fator pressão, pode-se categorizar indicadores dentro dos setores de transportes, energia e agricultura. Como fator estado pode-se reunir os indicadores nos temas biodiversidade, eutrofização, contaminação tóxica, paisagens culturais, degradação do solo etc. Para o tema biodiversidade seria possível ter os indicadores diversidade de espécies, complexidade estrutural dos remanescentes vegetacionais, espécies raras, endêmicas, em extinção etc.

Desta forma, em cada compartimento do modelo representado por um fator de causalidade abre-se uma rede múltipla e sistematizada de indicadores. Os grupos ordenados dentro do compartimento devem ser capazes não só de diagnosticar os fatores de causalidade como relacioná-los. Assim, cada setor do compartimento pressão, com seu conjunto específico de indicadores ambientais (como, por exemplo, transporte), deve estar ligado às políticas setoriais do fator resposta (políticas em transporte). A Fig. 4.3 é um pequeno exemplo de aplicação desse modelo em um trabalho que teve por objetivo quantificar e qualificar indicadores usuais em planejamento ambiental.

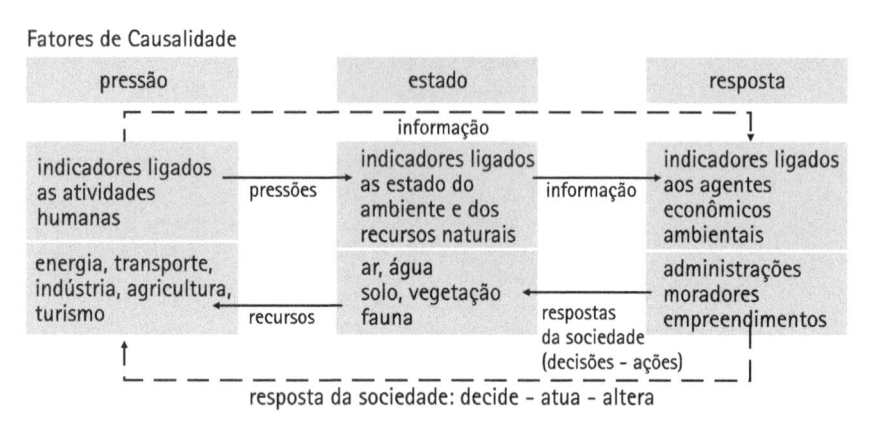

Fig. 4.2 Modelo pressão-estado-resposta (PER). Fonte: Adaptado de OECD, 1994

Esse modelo é bastante atraente, pois estabelece uma forma clara e sistemática de organizar um conjunto grande de indicadores, fatores e elementos do meio. No entanto, sugere, pela própria construção, uma interação linear entre os fatores, o que não se concretiza na maioria dos ambientes. De forma geral, as relações são intrincadas e complexas. É difícil para os planejadores definir um indicador dentro de um único fator de causalidade, pois muitas vezes, em um determinado tempo, ele mede pressão e, em outros, resposta. Em outras palavras, os efeitos de determinadas ações são causas de outros. Outras vezes, é difícil definir dentro do modelo um determinado indicador. De acordo com o Development Watch, por exemplo, o termo pressão deveria ser substituído pelo termo força condutora que, segundo os planejadores, é mais abrangente e apropriado para reunir indicadores econômicos, sociais e institucionais que se relacionam às atividades humanas, processos e padrões de impacto.

Também é importante considerar que indicadores de pressão sobre o ambiente referem-se somente às ações humanas sobre o meio. Nesse contexto, o efeito reduz-se à definição de impacto como conseqüência da atividade do homem e não abre espaço para as mudanças causadas pelos eventos naturais, que podem ser fortes fontes de pressão. As temáticas ou setores indicados pela OECD também não costumam se ajustar a planejamentos regionais, dado o seu enfoque global ou generalizado de apresentação. Alguns planejadores têm tentado listar temáticas globais em função das características regionais, mas não têm alcançado o sucesso esperado. Enfim, para planejamento ambiental, o modelo Pressão-Estado-Resposta é interessante, mas alguns ajustes sempre devem ser feitos, seja na estrutura do modelo ou em sua interpretação.

Estudiosos do assunto, como Gouzee, Hammond e suas equipes (1995), também adaptaram o modelo Pressão-Estado-Resposta por meio do agrupamento dos indicadores ambientais em índices relacionados a quatro temas: recursos renováveis e não-renováveis (indicadores da apropriação de matéria e energia pelo homem), poluição e contaminação (indicadores da introdução de elementos no meio e alterações no fluxo de resíduos e poluentes pelo homem), capacidade de resposta do meio às intervenções humanas (indicadores da diminuição da capacidade do meio em fornecer benefícios ao homem ou dar suporte à vida) e ameaças à saúde e ao bem-estar humano (indicadores da exposição do homem aos fatores de risco e conseqüências à saúde). Esses autores priorizaram os indicadores de pressão.

Winograd (1995) também adaptou o modelo da OECD pela inclusão de outras categorias de indicador (modelo Pressão/Estado-Impacto/Efeito-Resposta). Além da tríade pressão-estado-resposta, considerou indicadores dos impactos sobre o ambiente e a sociedade, e indicadores dos progressos para a sustentabilidade, que procuravam identificar as possíveis pressões, efeitos e respostas, em cenários alternativos simulados. Um ano depois da apresentação desse modelo, Winograd e Urib propuseram a substituição dos indicadores dos progressos para a sustentabilidade por indicadores de gestão, com o intuito agora de observar os instrumentos e mecanismos de gestão, a capacidade institucional e a execução de normas, planos e projetos, bem como as políticas a serem criadas .

Smeets e Weterings (1999) sugerem uma adaptação do modelo Pressão-Estado-Resposta para Força Condutora-Pressão-Estado-Impacto-Resposta. A descrição de impacto é semelhante à de Winograd, ou seja, quando o estado do ambiente muda, ocorrem impactos na saúde humana e sobre os elementos da natureza, gerando respostas da sociedade sobre as forças condutoras, as pressões, ou o estado. Força condutora é o agente que induz ao desenvolvimento da sociedade e às correspondentes mudanças no estilo de vida, níveis de consumo e padrões de produção. E tais mudanças causam pressões ao ambiente. Este modelo reduz um pouco o problema da linearidade causa-efeito, dada a apresentação das interações entre a resposta da sociedade e os outros compartimentos do modelo. Amplia ainda a tipologia para os indicadores, que passam a ser agrupados em indicadores: descritivos (que diagnosticam as forças, pressões, estados, impactos e respostas), de desempenho (que comparam e medem a distância entre as condições reais e as almejadas), de eficiência (que indicam a relação positiva ou negativa entre o processo e o produto e sua matéria-prima, de fonte natural ou das emissões e resíduos gerados por unidade de produto esperado) e de bem-estar total (que integram as dimensões econômica, social e ambiental numa medida única de bem-estar).

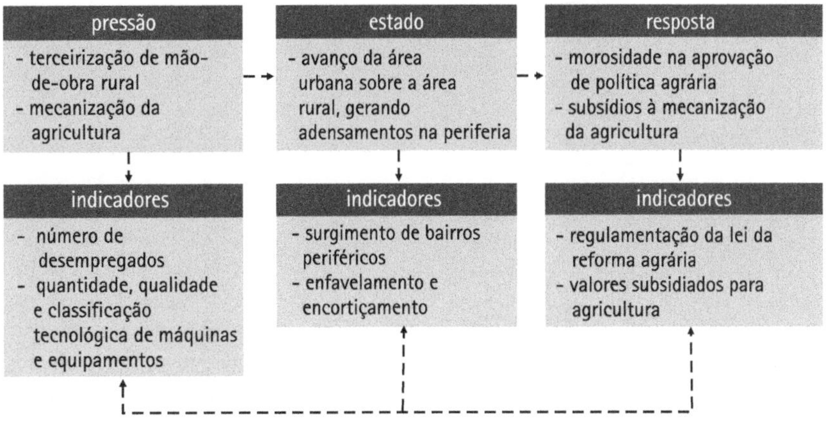

Cairns e colaboradores (1993), preocupados com o monitoramento do meio, sugerem a construção de um modelo a partir da compartimentação dos indicadores classificados em: indicadores de conformidade (respondem se os objetivos previstos ao monitoramento estão sendo atingidos), indicadores de diagnóstico (reconhecem as causas de desconformidade) e indicadores de prevenção (identificam problemas antes que acarretem impactos ao meio).

pressão	estado	resposta
- terceirização de mão-de-obra rural - mecanização da agricultura	- avanço da área urbana sobre a área rural, gerando adensamentos na periferia	- morosidade na aprovação de política agrária - subsídios à mecanização da agricultura

indicadores	indicadores	indicadores
- número de desempregados - quantidade, qualidade e classificação tecnológica de máquinas e equipamentos	- surgimento de bairros periféricos - enfavelamento e encortiçamento	- regulamentação da lei da reforma agrária - valores subsidiados para agricultura

Fig. 4.3 Ilustração da aplicação do modelo PER

O modelo tridimensional de Fidalgo, 2003, baseado em Bakkes e colaboradores (1994) propõe classificar os indicadores em três eixos comparados entre si como uma matriz tridimensional (Fig. 4.4), com vistas ao planejamento. O primeiro eixo refere-se aos objetivos e propósitos em cada etapa do trabalho (diagnóstico, prognóstico, monitoramento), o segundo eixo contém temas envolvidos (recursos hídricos, vegetação natural, acidificação, eutrofização) e o terceiro eixo refere-se às relações de causa e efeito, conforme descrito pela OECD.

Apesar do esforço dos pesquisadores em adaptar ou melhorar o modelo pressão-estado-resposta, até o presente momento as dificuldades de sua aplicação prática continuam. A revista científica Ecological Modelling vem, nos últimos anos, apresentando publicações nessa direção, mas sempre destacando discussões sobre a ambigüidade de classificação dos indicadores e sobre a dificuldade em obter indicadores ajustados aos modelos e em evidenciar as relações no espaço. Além disso, segundo afirma a própria OECD, há uma vontade ou necessidade de preponderar o uso de indicadores de pressão em detrimento dos de estado, pela dificuldade em obter a informação, em tempo real, das condições do meio ou pelo seu custo, o que desequilibra a interpretação do modelo. Apesar das dificuldades da aplicação dos modelos, deve-se reconhecer que essas classificações permitem, com maior eficiência, atribuir e avaliar as medidas ou alternativas indicadas nas etapas finais do planejamento. Assim, por exemplo, julga-se um bom planejamento ambiental aquele que atua fortemente sobre os indicadores de pressão, pois isso significa atuar sobre as fontes dos problemas. Assim, a melhoria do estado do ambiente é uma conseqüência esperada e a sociedade investirá menos para mitigar impactos. Se as alternativas finais incidem sobre os indicadores de estado, então são apresentadas muito mais medidas remediadoras ou minimizadoras dos problemas identificados. Futuramente, estes problemas poderão acentuar-se, uma vez que não foi controlada a fonte geradora. É dessa forma, por exemplo, que se constroem planejamentos que atuam sobre as demandas e não sobre os limites potenciais do meio. É também dessa forma que se criam planejamentos que não visam a mudar políticas, encontrar soluções junto à sociedade, nem trabalhar sobre os princípios de eqüidade social e equilíbrio ambiental, como dita o ideal do desenvolvimento sustentável. Esses modelos permitem, no mínimo, identificar os indicadores usados no estudo e observar, com objetividade, os seus caminhos decisórios, comumente só percebidos nas entrelinhas do trabalho.

a ponderação

Como visto nos itens anteriores deste capítulo, as etapas de trabalho em relação aos indicadores compreendem (a) sua identificação, (b) a identificação dos parâmetros que respondem pela análise do indicador, (c) a avaliação da qualidade do dado ou informação que responde sobre os parâmetros e indicadores, (d) a seleção do método para coleta dos dados que compõem os parâmetros e indicadores, e (e) a aplicação de um método para estruturação e classificação dos indicadores. Com grande freqüência, a qualificação e classificação dos indicadores denotam que é necessário atribuir graus diferentes de importância aos parâmetros ou aos próprios indicadores. Essa prerrogativa se expressa, preferencialmente, por meio da atribuição de pesos ou expoentes às informações obtidas, de forma que se criem graus de importância relativa. A ponderação, algumas vezes, supera seu objetivo de expressar, de forma quantitativa, a importância dos indicadores voltados ao diagnóstico. Pesos podem também ser atribuídos para valorização de critérios que avaliam as diferentes alternativas levantadas nas comparações finais do planejamento.

A decisão sobre os valores do peso ou expoente a ser aplicado aos parâmetros e indicadores depende da aplicação de métodos de ponderação. Apesar da existência de inúmeros métodos, a valoração das informações é sempre uma difícil

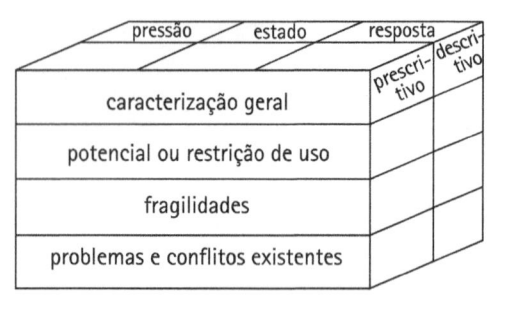

Fig. 4.4 Ilustração do modelo tridimensional baseado em Bakkes. Fonte: Fidalgo, 2003 (modificado)

tarefa. A maioria dos métodos admite que os valores atribuídos aos elementos ponderados são subjetivos, de forma comum enunciados pelos chamados opinadores – especialistas a quem se confia a tarefa de tal decisão. Desta maneira, o resultado é dependente de fatores como o tipo de formação do opinador, o grau de informação que ele tem sobre os elementos a serem valorados ou até mesmo em função das características de sua personalidade, como tendências pessoais de atribuir valores sempre altos, ou sempre baixos. Deve-se considerar que existem valores que são dados dentro de uma visão da importância técnica do elemento, outros valores em função de sua importância socioeconômica, outros em função das expectativas pessoais, outros porque, intuitivamente, o opinador deixa-se afetar pelo custo gerado pela ação corretiva deduzida do elemento, e assim por diante. Por esta razão é muito comum que os valores atribuídos por um grupo de indivíduos estejam em conflito com os valores que outro grupo estabelece. A eficiência da valoração dependerá, sobretudo, da rigidez do método em identificar estas deficiências e corrigi-las o máximo possível, como também do número e diversidade de indivíduos que atuam como opinadores, de forma a obter melhores médias.

A APLICAÇÃO E OS LIMITES NO USO DE INDICADORES

Muitos autores alertam sobre os erros cometidos durante o levantamento e interpretação de indicadores ambientais. Os indicadores ambientais devem ser entendidos como parte do processo de planejamento, e não um fim em si mesmos. É preciso tomar muito cuidado, priorizando o uso da informação e não sua simples obtenção. Aqueles que buscam construir um banco excessivo de dados, sem estruturá-los e organizá-los devidamente, poderão terminar seu trabalho na etapa do diagnóstico, o que, sem dúvida, frustra o planejamento ambiental.

Os indicadores são apenas instrumentos de análise que podem levar a leituras errôneas ou necessitar de informações complementares. Se interpretados dentro de seu contexto, se retratarem as condições de pressão, de qualidade ou o estado do meio e das respostas da sociedade, esses possíveis erros serão minimizados.

Em planejamento, é importante lembrar sempre que os indicadores devem ser compreendidos pelo usuário ou por quem fará parte do processo de decisão. Sua função de comunicação é imprescindível para o planejador que pretende trabalhar para e junto aos grupos sociais.

Hoje, a maior falha no uso de indicadores é a incapacidade dos planejadores de avaliar sua eficiência e eficácia nos resultados do planejamento. Como medir, objetivamente, se uma informação é de boa qualidade, bem formulada e representativa da realidade? Como se mede a relação esperada entre o conjunto de indicadores utilizados e as alternativas propostas? Os resultados fazem jus à qualidade dos dados? Estas são questões atuais às quais se deve estar atento. Para reduzir essas subjetividades é necessário definir, num futuro próximo, um conjunto sólido de critérios que permita aos planejadores ou aos órgãos oficiais e agências de planejamento elaborarem tais julgamentos (veja Cap. 8).

Pelas considerações apresentadas, é claro que não se tem ainda uma verdadeira compreensão da realidade de uma área planejada, bem como das conseqüências advindas de ações humanas, ou mesmo das alterações naturais. O produto do diagnóstico é parcial, sujeito a erros e de difícil avaliação, uma vez que não sabemos julgar com precisão os caminhos para a seleção e a qualidade dos indicadores que levaram a esse resultado. Estar sujeito a essas considerações reforça o conceito de que planejamentos devem ser permanentemente revistos e adequados às transformações não diagnosticadas ou mal interpretadas no trabalho inicial. São as retroalimentações e a interpretação contínua ao longo do tempo que constroem alternativas cada vez mais sólidas e ligadas ao mundo real.

LEITURA RECOMENDADA

OECD (Organization for Economic Co-Operation and Development). **Towards sustainable development: environmental indicators.** Paris, 1998.

BAKKES, J. A. et al. **An overview of environmental indicators: state of the art and perspectives.** UNEP/Environmental Assessment Technical Reports, 94-01; RIVM/402001001. UNEP/Dutch National Institute of Public Health and Environmental Protection (RIVM). Nairobi, 1994.

TEMÁTICAS E TEMAS USADOS EM PLANEJAMENTO AMBIENTAL

Para compreender um território com uma visão holística, o planejamento ambiental faz uso das diversas disciplinas construídas ao longo da história da Ciência, que por sua vez, desconstruíram o todo em partes ou elementos, constituindo cada qual uma temática ou tema para estudo. Não se pode perder de vista que cada disciplina desenvolveu sua própria história, conceitos e métodos. Juntar partes de cada uma pensando formar uma metadisciplina que retome o conceito do todo indivisível é, no mínimo, um terrível engano.

CAPÍTULO CINCO

O objetivo do planejamento ambiental é estabelecer normas para territórios complexos e, para tanto, ele precisa estar suficientemente ligado à realidade em seus múltiplos aspectos. Tem que interpretar o meio em relação à sua composição, estrutura, processo e função, como um todo contínuo no espaço. Por essa razão, seu diagnóstico procura compreender o meio de forma global, por intermédio do levantamento de dados ligados a diversas disciplinas. A tendência é apresentar as disciplinas numa seqüência que represente a evolução das transformações e a velocidade de mudança no espaço estudado. Assim, o inventário principia pelos elementos climáticos e geológicos e caminha em direção às disciplinas que falam da ação do homem no espaço. Os temas que abordam as características dos objetos e das ações humanas fundamentam o debate de todos os outros temas do planejamento. Afinal, eles revelam a coerência (ou incoerência) entre a estrutura espacial, dinâmica populacional e condições de vida da população e, ainda, traduzem o significado social e político do que foi descrito como estado do meio pelos temas do meio físico e biológico.

Existe uma vertente de planejamento cuja preocupação central é o estabelecimento de políticas baseadas na análise da tecnologia desenvolvida e distribuída na sociedade e a velocidade de mudança a ela associada. Alguns planejadores esforçam-se em associar esta vertente com a de cenários construídos por meio de imagens de sensores remotos e dados estatísticos. Nessa tentativa, muitos conceitos, premissas e métodos se chocam, sendo um caminho em que muito há de se caminhar.

Na sistematização da apresentação das disciplinas é necessário compreender que existem, pelo menos, dois níveis de informação a serem considerados: o das temáticas e o dos temas. O tema refere-se a uma determinada matéria que contém conceitos e métodos particulares. Cada tema é um núcleo próprio de dados que gera uma composição específica de informações. Nesta proposta de sistematização, o clima, a geologia, a vegetação, o uso da terra, a renda e a educação da população são exemplos de temas. Algumas vezes, o tema é subdividido em subtemas, como, por exemplo, o clima, dividido em precipitação e temperatura.

Os temas podem ser derivados, ou seja, pode-se construir um conjunto de informações que abranjam dois ou mais temas. Assim, por exemplo, a declividade é um tema derivado, pois seus dados de entrada originam-se dos resultados obtidos por outro tema – curvas de nível. Conceitua-se temática como um conjunto de temas que, quando associados, permitem uma análise que é a síntese de uma fração particular do meio.

A interdisciplinaridade nos planejamentos ambientais brasileiros foi inicialmente criada mais por exigência da prática que por teoria e método, resultando numa metadisciplina formada de partes do conhecimento. Na realidade, apesar de várias tentativas e avanços nessa questão (veja Cap. 7), até hoje não se tem clareza conceitual e metodológica acerca do caminho para se unir os temas, de forma a recriar, efetivamente, a paisagem global e as suas múltiplas relações de estado, pressão e resposta. Vários planejadores sugerem adotar o termo transdisciplinaridade ao invés de interdisciplinaridade, justamente porque reflete melhor a necessidade de vincular os temas numa única direção, sempre relativizando a importância de um em relação aos outros. A transdisciplinaridade exige procedimentos e conceitos simples, comuns e pré-estruturados, de forma que possam ser entendidos pelas diferentes disciplinas. Além disso, deve-se manter o conhecimento especializado original, para preservar a qualidade do trabalho. Pode-se dizer que até o presente momento, esse é um discurso teórico, pressuposto em pesquisa e prática.

Nessa questão também é vital ter o cuidado de não cair no enciclopedismo e acreditar que a apresentação de um número infindável de temas e informações resulte, automaticamente, em um produto que reflita o meio indivisível.

obtenção de dados de entrada → análise integrada → elaboração de informações e indicadores

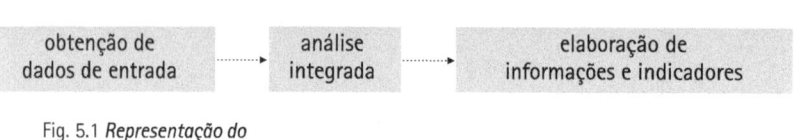

Fig. 5.1 *Representação do tratamento metodológico comumente adotado em diagnóstico ambiental*

DIAGNÓSTICO E TEMAS AMBIENTAIS

O diagnóstico é um momento do planejamento que envolve, pelo menos, três fases, cada qual compreende um processo: a seleção e obtenção dos dados de entrada, a análise integrada e a elaboração de indicadores que servirão de base para a tomada de decisão (Fig. 5.1).

Os dados, informações ou parâmetros de entrada, de diferentes naturezas (veja Cap. 4), costumam ser agrupados em temas simples e derivados, que facilitam a compreensão e a descrição do meio. Não existe um único conjunto de temas para todos os planejamentos ambientais. Assim, não há uma padronização pré-estabelecida de conteúdo temático (quadro 5.1). No entanto, alguns deles são muito freqüentes, como os que retratam as pressões humanas e o estado do meio em seus diferentes planos (Fig. 3.7).

O estado do meio costuma ser avaliado por temas relacionados aos aspectos físicos (climatologia, geologia, geomorfologia, pedologia, hidrologia) e biológicos (vegetação e fauna). As pressões são verificadas pela avaliação das atividades humanas, sociais e econômicas (uso da terra, demografia, condições de vida da população, infra-estrutura de serviços). Já as respostas da sociedade às pressões podem ser observadas pelos aspectos jurídicos, institucionais e de organização política. É óbvio que esta sistematização é simplista e, se por um lado facilita a interpretação, por outro costuma gerar polêmica sobre a representatividade dos elementos que compõem o espaço, bem como sobre a adequação da atribuição de um dos papéis de força motriz, ou pressão, ou estado, ou impacto ou resposta para cada tema.

No Brasil, apesar de se reconhecer que o sucesso de um planejamento depende dos temas escolhidos, é muito raro encontrar justificativas sobre sua seleção, e do conteúdo de cada um deles. A prática mostra que é comum essa decisão basear-se na disponibilidade dos dados de entrada. Quando o planejador reconhece a importância de um determinado tema que não foi apresentado, acaba por propor a realização de

Sobre os 11 planejamentos:
Quanto à localização geográfica, quatro dos 11 planejamentos situam-se no Centro-Oeste envolvendo uma área superior a 1,3 milhões km^2. São o Zoneamento Agroecológico do Estado de Mato Grosso; o Zoneamento Geoambiental e Agroecológico da Região Nordeste de Goiás; o Plano de Conservação da Bacia do Alto Paraguai; e o Zoneamento Ambiental da Borda Oeste do Pantanal.
Dois planejamentos situam-se na região Nordeste, totalizando uma área de 223 mil km^2. São o Diagnóstico da Qualidade Ambiental da Bacia do Rio São Francisco, Sub-bacias Oeste Baiano e Sobradinho, e o Plano de Manejo da Reserva Biológica de Barra do Una.
Três dos planejamentos situam-se na região Sudeste, totalizando apenas 9 mil km^2. São o Macrozoneamento do Complexo Estuarino-lagunar de Iguape e Cananéia; o Plano de Gestão Ambiental do Parque Estadual Intervales; e o Plano da Bacia do Alto Tietê.
Um planejamento é da região Sul – o Plano de Manejo do Parque Nacional do Iguaçu, com 2 mil km^2, e um, na região Norte: Zoneamento Ecológico-econômico da Área Sul do Estado do Amapá, com 25 mil km^2.

Quadro 5.1 Resultado da análise de 11 planejamentos ambientais sobre os temas abordados em seus diagnósticos

TEMA	DADOS, SUBTEMAS	PROPORÇÃO, %
clima 91%	precipitação	91
	temperatura	82
	classificação climática	73
	umidade relativa do ar	55
	insolação / nebulosidade	45
	ventos	36
	balanço hídrico	36
	radiação solar	18
	massas de ar	18
	pressão atmosférica	9
geologia 100%	unidades geológicas (descrição da estrutura, litologia e/ou evolução ou dinâmica)	100
	ocorrência de minerais de interesse econômico	64
	hidrogeologia	36
geomorfologia 100%	unidades geomorfológicas (descrição dos tipos de relevo, formas de relevo, padrões de drenagem, altitude, declividade, processos de erosão e acumulação e/ou fragilidades e potencialidades)	100
pedologia 100%	classes de solos	100
	vulnerabilidade à erosão	55
	potencial ou restrição de uso	36
recursos hídricos 73%	caracterização das bacias hidrográficas, da rede de drenagem e/ou dos aqüíferos	73
	quantidade de água	55
	qualidade de água	45
	uso e consumo de água	45
	fontes de poluição	36
arqueologia 36%	sítios arqueológicos (localização ou identificação de áreas de ocorrência potencial)	100
fauna 64%	espécies (identificação de locais de ocorrência, habitat, dieta, abundância, status, endemismo, espécies migratórias e de importância econômica)	100
vegetação 100%	tipos de vegetação	100
	espécies (riqueza, status, importância econômica, endemismo)	45
	capacidade de proteção do solo a processos erosivos	18
uso e ocupação das terras 100%	histórico e uso atual	100
	localização de áreas degradadas	82
	localização de áreas protegidas (unidades de conservação e áreas indígenas)	73
atividades econômicas 100%	setor primário	100
	setor secundário	64
	setor terciário	64
	(histórico e evolução do setor, caracterização da produção ou serviço, infra-estrutura disponível, trabalho e geração de renda)	
estrutura fundiária 82%	distribuição dos estabelecimentos	55
	condição do produtor	45
	projetos de colonização e assentamentos	36
	situação fundiária das UCs	27
	situação jurídica das áreas indígenas	9
	ocupações de terra (localização)	9
aspectos culturais e da organização social e política - 64%	cultura popular	45
	cultura indígena	9
	cultura quilombola	9
	organização social e política	27
demografia e condições de vida da população 82%	demografia	–
	saúde	64
	trabalho e renda	64
	educação	55
	condições de moradia	36
	outros (lazer, propriedades de veículos, de aviões, etc.)	45
infra-estrutura de serviços 82%	saneamento	82
	saúde	73
	transporte	73
	energia elétrica	55
	educação	36
	comunicação	36
	infra-estrutura das ucs	27
	lazer	27
	habitação	18
	segurança pública	18
aspectos jurídicos e institucionais 82%	legislação ambiental	55
	programas ou projetos ambientais existentes	36
	identificação de instituições e sua atuação	27

Fonte: Fidalgo, 2003 (modificado)

estudos, pesquisas ou monitoramentos "mais pormenorizados". São raros os planejamentos que optam por realizar levantamentos de dados primários, ao menos em áreas reduzidas (mas estatisticamente significantes), de forma a fortalecer o diagnóstico e, em conseqüência, as decisões.

Além disso, existe uma fragilidade muito grande nos planejamentos quanto à apresentação das relações entre estado, impacto e resposta. Assim, por exemplo, seleciona-se um tema básico – como curvas de nível –, para extrapolar um resultado indicador da inclinação do terreno - declividade. As relações desse indicador com o potencial agrícola e com a erosão são quase sempre muito claras. No entanto, quanto se trata de relacioná-lo com a conservação da fauna, ou diversidade da flora, o mais comum é que esses elos passem despercebidos. Sob essas condições, as interpretações da complexidade do meio ficam pobres. Nesse caso, é mais razoável trabalhar com um número menor de temas, mas que apresentem dados de entrada espacial e temporalmente bem definidos e relacionados.

Essas limitações adicionam-se a outros procedimentos usuais inadequados (apresentados em outros capítulos) que, em conjunto, têm distanciado o planejamento ambiental do rigor exigido pela ciência. Se assim ocorre, o planejamento não pode ser visto como matéria de pesquisa científica.

Em planejamento ambiental é aconselhável que os temas ou indicadores sejam representados no espaço, pois esta estratégia facilita a interpretação, integração e manejo das informações por meio de documentação cartográfica. Podem ser mapeados quaisquer elementos do meio, seja físico, biótico, social, econômico ou cultural. Porém, a capacidade de representação dos fenômenos está diretamente limitada à subjetividade do dado de entrada, à abrangência no espaço ou ao tipo de informação. Assim, mapeamentos auxiliam a compreensão sobre o meio, mas não podem ser entendidos como ferramenta única para a tomada de decisão.

GEOLOGIA

A maior parte dos planejamentos ambientais apresenta dados referentes à geologia, quase sempre espacializados em mapas cujo objetivo é fornecer informações litológicas e estruturais do substrato rochoso da área planejada e subsidiar os estudos relativos à ocorrência de minerais e materiais de importância econômica, tanto de rochas quanto de depósitos inconsolidados.

De forma geral, o substrato rochoso e o clima são os primeiros tópicos a serem tratados em planejamento. Essa estrutura se deve ao fato de que os estudos geológicos apresentam as informações mais remotas sobre a formação, a evolução e a estabilidade terrestre, e auxiliam muito na construção dos cenários passados e atuais. Os planejamentos utilizam dados secundários e, algumas vezes, sistematizam e ajustam mapas geológicos existentes por meio da interpretação de imagens de sensores remotos e trabalhos de campo.

No Brasil, o padrão é compilar cartas topográficas e geológicas, ajustando-as com imagens de radar ou satélite TM. Desta forma, a sistematização dos dados envolve atualização e uniformização da legenda do mapa e transferência dos dados para uma base geo-referenciada. As informações mapeadas costumam ser modeladas em SIG (Sistema de Informação Geográfica) (veja Cap. 8). São, simultaneamente, levantados dados em empresas de mineração sobre ocorrências de lavras e garimpos e no DNPM (Departamento Nacional de Produção Mineral), sobre as solicitações de pesquisa e licença de lavra. Os trabalhos de interpretação e campo são entendidos como complementares, sendo comum o produto final ter uma escala determinada pelos mapas geológicos existentes, ou seja, entre 1:500.000 e 1:250.000 (Fig. 5.2).

Esses estudos costumam indicar as unidades geológicas, sua estrutura, estratigrafia, litologia e evolução. As informações servem para a análise dos tipos e da dinâmica superficial dos terrenos. Elas subsidiam as interpretações sobre o relevo, solo e processos de erosão, entre outros dados. Como produto, definem e valorizam a composição, disposição, origem e evolução das rochas e minerais; indicam minérios; e ainda permitem ao pesquisador deduzir a permeabilidade do solo, o tipo de vegetação e a disponibilidade de água superficial e subterrânea e de recursos minerais. Acima de tudo, essas informações demonstram a capacidade de suporte das ocupações e ações humanas sobre o meio físico. Alguns estudos definem as características mecânicas das rochas para relacioná-las com a capacidade de suporte às macroestruturas. Os aspectos geotécnicos caracterizam o comportamento físico-mecânico dos materiais e deduzem suas respostas às interferências humanas. Algumas vezes, apresentam índices que auxiliam a interpretação, como, por exemplo, o índice de resistência das rochas ao processo natural de erosão. Outros apresentam mapas espeleológicos, com a localização de grutas, cavernas, tocas e abismos. Outras vezes, quando educação ambiental tem um grande peso no planejamento, a interpretação das formações geológicas e do substrato rochoso também deve estar voltada para a definição de programas educacionais.

Por meio dessas estratégias, diferenciam-se várias unidades de mapeamento, pressupondo-se que, em cada uma delas, haja uma semelhança cronolitoestratigráfica, de forma que o comportamento da unidade frente a uma atividade seja similar.

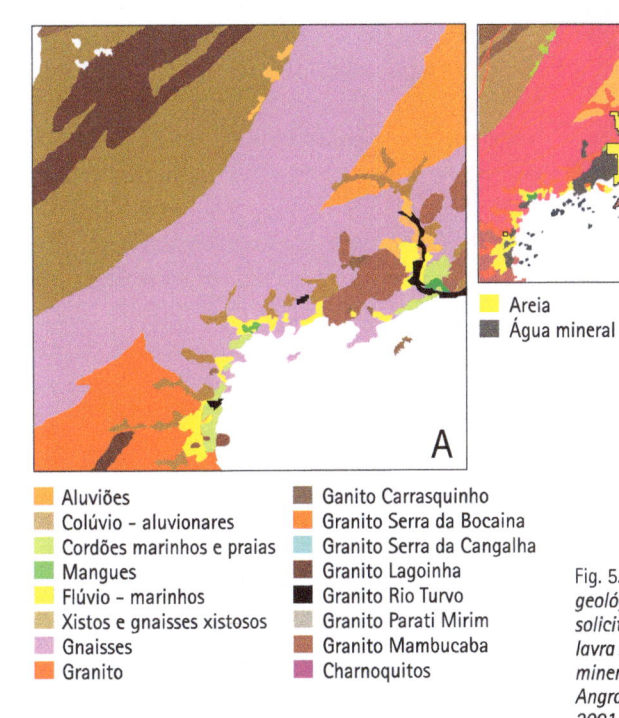

Fig. 5.2 *Trecho de mapa geológico (A) e mapa de solicitação de licenças de lavra sobre região de potencial minerário (B) na região de Angra dos Reis. Fonte: MMA, 2001 (modificado)*

Como as mudanças geológicas ocorrem em uma grande escala temporal, os dados geológicos são mais estáveis, ou seja, seus processos dinâmicos são mais contínuos no tempo e espaço, sendo uma informação confiável como unidade espacial. Além disso, são dados secundários de fácil obtenção e não exigem ter data recente. Por outro lado, a transformação do dado geológico em informação ou indicador não é tão simples assim. É necessário um ótimo geólogo que consiga traduzir ou transcodificar o dado acadêmico para uma linguagem que permita entender o substrato geológico quanto à sua dinâmica físico-química, relações com outros elementos do meio, potencialidades e limitações no espaço superficial e no subsolo.

CLIMA

O clima, o substrato rochoso e o relevo são os temas de maior hierarquia para caracterizar e ordenar as paisagens. Como tema de diagnóstico, o estudo do clima busca esclarecer a influência desse elemento na vida, na saúde, na distribuição e nas atividades humanas da área planejada (quadro 5.2). Em larga escala temporal, os dados permitem reconhecer a influência do clima sobre o solo, a fauna e a flora, auxiliando na compreensão do cenário atual.

Sob esses princípios, o clima deve ser relacionado aos outros temas e, para tanto, são necessários dados de longo prazo e inúmeras variáveis. No entanto, é bastante raro um planejamento ambiental que considere todo o conjunto de condições meteorológicas (precipitação, temperatura, umidade, pressão atmosférica, radiação solar, insolação e ventos) de sua área de estudo. A maioria dos trabalhos prende-se a duas variáveis apresentadas como subtemas: a precipitação e a temperatura (quadro 5.1). Alguns dados são levantados em função de especificidades locais, como a caracterização de períodos de cheias e secas, ilhas de calor ou inversão térmica.

Sempre que possível, o planejador utiliza séries históricas de dados obtidos em postos pluviométricos e estações metereológicas espalhados pelo País. A literatura reconhece a necessidade de utilizar médias de pelo menos 30 anos de registros contínuos. Infelizmente,

Quadro 5.2 As relações de causa e efeito entre fatores climáticos e condições específicas do meio podem orientar sobre os tipos de doenças que ameaçam uma população

FATOR	CAUSA/EFEITO	POTENCIAL PARA DESENVOLVIMENTO DOS AGENTES PATOGÊNICOS
precipitação	altas precipitações determinam a formação de criadouros de insetos-vetores e a manutenção de larvas de ovos de helmintos.	*Aedes aegypti* *Aedes albopictus* *Anopheles spp* *Ascaris lumbricoides* Larvas de ancilostomatídeos *Strongyloides stercolaris*
vento	a direção e velocidade do vento controla a dispersão de poluentes, promovendo maior sensibilidade da população aos agentes.	agentes alergênicos predispondo a agente oportunista.

Fonte: Aguiar et al., 1999 (modificado)

esta é uma condição rara. Falhas corriqueiras são a inexistência de estações completas, ausência de dados dos últimos 10 ou 20 anos, ou a falta de continuidade de dados recolhidos de diferentes séries temporais. Também é comum que os dados refiram-se a uma só variável, ou não possam ser extrapolados para toda a área de estudo, ou correspondam a uma pequena faixa da área, ou, ainda, que os dados de duas estações abrangendo a área de estudo tenham séries diversas. Raramente são aplicados testes para a seleção das séries históricas.

Mais do que a redução do número de variáveis, o grande problema para o planejamento em relação ao clima é a ausência de séries confiáveis, que tenham representatividade e que sejam espacial ou temporalmente reproduzíveis.

Os planejamentos se esforçam em apresentar, pelo menos, os subtemas precipitação e temperatura, que são fenômenos essenciais do ciclo hidrológico. A evapotranspiração, apesar de seu grande interesse prático para agricultura e atividades florestais, raramente é apresentada como informação. O mesmo pode-se afirmar para **radiação** e **insolação**, que podem responder a questões importantes para o planejamento, como adequação e temporalidade do turismo, construção ou crescimento de cultivos agroflorestais. O vento, raramente caracterizado (direção, intensidade e velocidade), afeta os fenômenos de dispersão de contaminantes, polinização, produção de energia, prejuízos à vegetação.

De forma geral, o planejamento trabalha em nível de macroclima e mesoclima, ou seja, utiliza dados atribuídos a grandes regiões ou zonas climáticas, ou descreve o clima geral e as alterações resultantes dos aspectos da paisagem, como relevo e altitude. São raros os trabalhos que descrevem o microclima. Portanto, o tema clima costuma apresentar os dados sistematizados em macro ou mesoescala. No Brasil, esta decisão deve-se, basicamente, à ausência de dados pontuais e suficientemente abrangentes a uma região. A ausência de estações meteorológicas e a deficiência das estimativas amostrais – pelo custo ou pela falta de tempo para pesquisa - são as causas desse problema. Em conseqüência, apesar do reconhecimento da importância do tema para tomadas de decisão, principalmente no que se refere ao uso da terra, as informações são generalizadas e muito pouco utilizadas para o ordenamento do espaço e o levantamento de alternativas regionais. Como forma de atenuar tais limitações, costuma-se descrever as feições locais que afetam diretamente a caracterização realizada em escala mais generalizada. Assim, assinalam-se as barreiras naturais que podem mudar ou gerar fenômenos, como a variação topográfica do relevo, produzindo o efeito orográfico e intervindo na orientação das massas de ar; os vales e depressões, que interferem no movimento dos ventos locais; as encostas e vertentes, cuja exposição e orientação alteram a distribuição da radiação; massas de água, que alteram umidade e temperatura; cor, tipo e rugosidade da vegetação e solo, que alteram radiação; e presença de núcleos urbanos.

Os dados de entrada para o diagnóstico são obtidos de órgãos oficiais como o INMET (Instituto Nacional de Meteorologia), a ANA (Agência Nacional de Águas) ou o INPE (Instituto Nacional de Pesquisas Espaciais). Eles são sistematizados, agrupados, trabalhados estatisticamente e apresentados em gráficos, tabelas ou mapas interpolados ou com **isolinhas**. Podem ser apresentados mapas de isolinhas como isoietas (isolinhas de precipitação pluviométrica) e isotermas (isolinhas de temperatura), bem como características de duração do fenômeno (por exemplo, número de dias em que a média de temperatura é maior que 12º C) e freqüência (como freqüência média de dias de chuva ou seca). São menos comuns dados de freqüência acumulada (por exemplo, precipitações acumuladas em um determinado período de tempo) e relação intensidade-duração-freqüência (intervalos de recorrência ou retorno relativos à precipitação), entre outros (Fig. 5.3).

Gráficos e diagramas são muito utilizados para representar a variação, os ciclos e a variabilidade dos parâmetros ao longo do tempo. Quando se tem dados consistentes, são apresentados os diagramas de **balanço hídrico** ou climodiagramas, que informam sobre a quantidade, o excedente e o déficit hídrico durante as diferentes estações (Fig. 5.3). Muitas dessas informações são transformadas em índices, cuja complexidade é função do número de subtemas que agrupam.

Os resultados estimam riscos de seca, inundações, períodos propícios ou inadequados a culturas agrícolas, probabilidade de perda de colheita, rendimento de colheitas. As informações hidroclimatológicas subsidiam planos de irrigação, alternativas para conservação do solo, obras de engenharia e avaliação dos impactos decorrentes da mudança de uso do solo.

Temáticas e Temas Usados em Planejamento Ambiental

Fig. 5.3 *Ilustração dos passos e possíveis resultados apresentados em planejamento sobre o tema clima.*

ETAPA 01 - Coleta de dados - exemplo de ficha de coleta de dados

	jan	fev	mar	abr	maio	jun	jul	ago	set	out	nov	dez	ano
Temperatura Média (°C)													
Temperatura Máxima (°C)													
Temperatura Mínima (°C)													
Precipitação Total (mm)													
Evaporação Total (mm)													
Umidade Relativa (%)													

ETAPA 02 - Sistematização dos dados - exemplo de gráficos

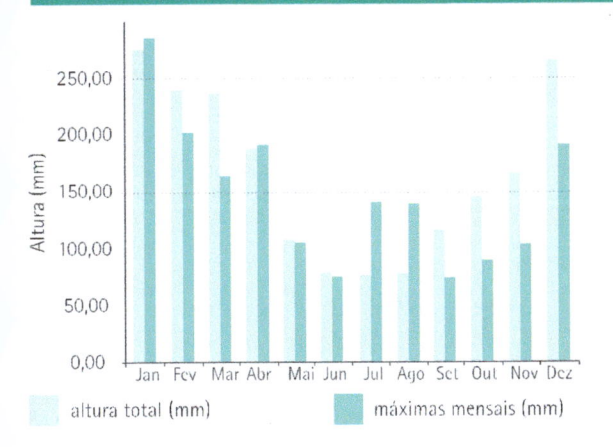

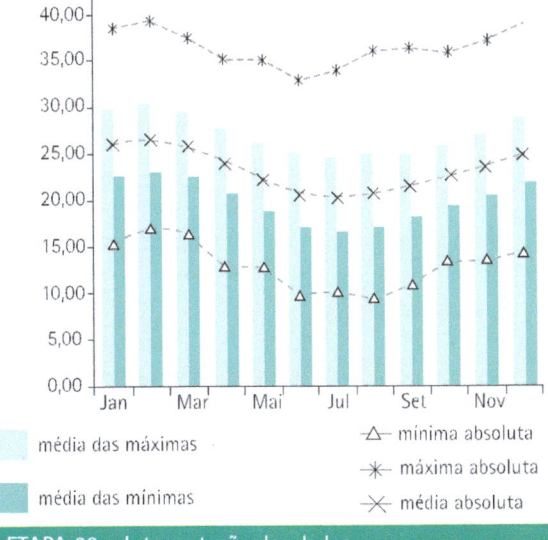

Umidade relativa do ar - Estação Experimental Cunha (1981 - 1991) - SMA

mês	médias máximas	médias mínimas	média das médias
jan	92,59	60,25	80,53
fev	91,10	56,63	78,59
mar	93,60	59,10	82,27
abr	93,93	60,00	81,86
maio	95,12	57,34	82,21
jun	94,24	54,32	78,55
jul	94,27	50,08	78,36
ago	94,05	49,60	77,69
set	93,38	54,51	79,88
out	92,63	59,21	81,27
nov	92,63	57,00	80,23
dez	93,51	61,02	81,73

Temperatura do ar - Estação Angra dos Reis (1961-1990) (INMET)

- média das máximas
- média das mínimas
- mínima absoluta
- máxima absoluta
- média absoluta

Freqüência média de direção do vento (%) - No inverno

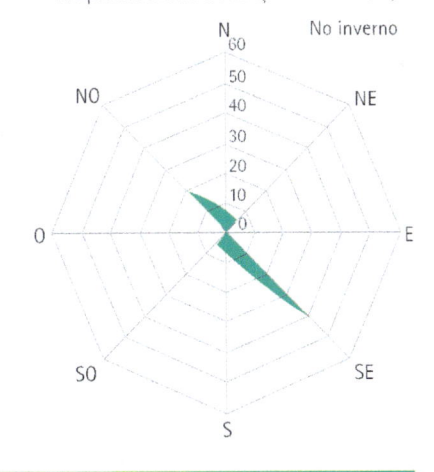

ETAPA 03 - Interpretação dos dados

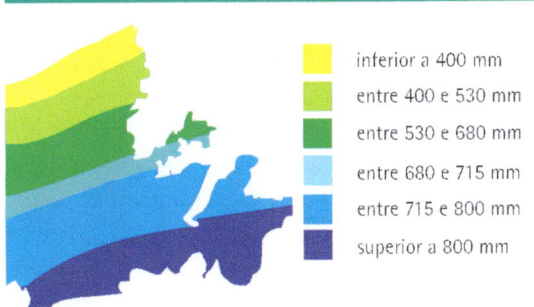

- inferior a 400 mm
- entre 400 e 530 mm
- entre 530 e 680 mm
- entre 680 e 715 mm
- entre 715 e 800 mm
- superior a 800 mm

Precipitação acumulada entre abril e setembro - período de seca em Ubatuba, SP. Fonte: MMA, 2001 (modificado)

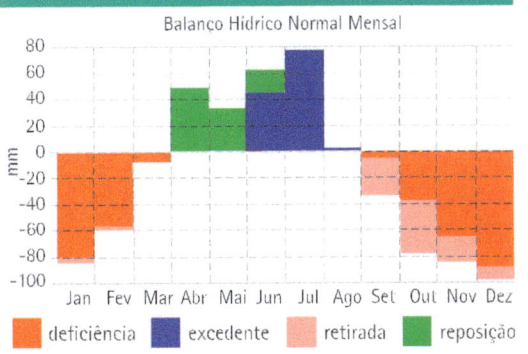

Balanço Hídrico Normal Mensal

- deficiência
- excedente
- retirada
- reposição

Representação gráfica completa do balanço hídrico climatológico. Fonte: EMBRAPA, 2004

CINCO

GEOMORFOLOGIA

Para estudos integrados da paisagem, os dados de geomorfologia são considerados imprescindíveis. A análise do relevo permite sintetizar a história das interações dinâmicas que ocorreram entre o **substrato litólico**, a **tectônica** e as variações climáticas. O estudo da conformação atual do terreno permite deduzir a tipologia e intensidade dos processos erosivos e deposicionais, a distribuição, textura e composição dos solos, bem como a capacidade potencial de uso. Associados a outros elementos do meio, os dados de geomorfologia podem auxiliar na interpretação de fenômenos como inundações e variações climáticas locais. São informações vitais para avaliar **movimentos de massa** e instabilidades dos terrenos.

Quadro 5.3 Exemplos de prováveis relações entre relevo e outros elementos do meio

TIPO GEOMORFOLÓGICO	DECLIVIDADE	SOLO	PROCESSOS FÍSICOS	VEGETAÇÃO	PROVÁVEL UNIDADE DE PLANEJAMENTO
escarpa	15°-55°	de solo residual a rocha exposta	movimentos de massa, ocorrência de processos de rastejo, escorregamentos planares, queda de blocos, entalhe fluvial de forma generalizada e intensa	floresta preservada	destinada à unidade de conservação
planície fluvial	0°-5°	argilas, silte, areia	depósito fluvial	mata ciliar	destinada à reabilitação das margens

Quadro 5.4 Planilha de campo utilizada para avaliação dos parâmetros descritores do relevo

PARÂMETROS DESCRITORES DO RELEVO

formas de relevo descrição:	colinas
	morrotes
	morros
	montanhas
	escarpas
tipo de relevo e declividade descrição:	plano (<5%)
	suavemente ondulado (5%-15%)
	ondulado (15-25%)
	abrupto (25-45%)
	muito abrupto (>45%)
classes de declividade das encostas descrição:	a (0-3%)
	b (3-6%)
	c (6-12%)
	d (12-30%)
	e (30-45%)
	f (>45%)
tipo de declividade descrição:	acentuada
	moderada
estabilidade de taludes descrição:	baixa
	média
	alta
diferenças de altitudes descrição:	pequenas
	grandes
	peculiaridades
formas derivadas dos interflúvios descrição das formas e da ação dos agentes externos (vento, água):	forma do interflúvio
	grau de complexidade
	ocorrência de movimentos em massa
inclinação de encostas (face N, S, L) descrição:	similares
	encostas diferenciadas (face?)

descrição da complexidade topográfica: uniforme, associação complexa de formas, associação simples de formas
listagem dos potenciais ou restrições/outras características (afloramentos, picos, bacia ou incidência visual, facilidade natural de acesso, rochas instáveis, precipícios etc) para propostas de manejo, educação e turismo:
qualificação das paisagens e dos mirantes:
atribuição de valor ambiental ao sistema de relevo (1, 2, 3, 4, 5):

Cada tipo ou forma do relevo está associado a um conjunto fisionômico característico e a composições específicas de cobertura vegetal e distribuição da fauna, permitindo ampla correlação. Ainda através do modelo do terreno, pode-se obter informações sobre os fenômenos hidrológicos, declividade, velocidade de drenagem ou mesmo sobre a disponibilidade de água para as plantas (quadro 5.3).

Os dados geomorfológicos permitem interpretar uma questão indispensável para o planejamento ambiental: a relação entre as configurações superficiais do terreno, a distribuição dos núcleos ou aglomerados humanos e dos usos do solo em função das limitações impostas pelo relevo. Assim, uma **escarpa** representa uma barreira para a ocupação urbana e para o surgimento de elos de ligação entre comunidades que estão em vertentes opostas, uma linha de costa com portos naturais sugere uma vocação pesqueira para a região, enquanto vales amplos representam espaço e disponibilidade de água para agricultura e abastecimento humanos. Estas deduções são possíveis porque se sabe que os principais atributos do meio físico são interdependentes, de maneira que a ocupação da terra e os usos do solo estão subordinados a essas combinações.

Cabe ressaltar mais uma razão para incluir esse tema em planejamento ambiental. Sempre se espera que o planejamento apresente um conjunto de medidas que devam ser administradas num espaço definido, por limites claramente determinados. As formas de relevo ou suas linhas de configuração são limites fáceis de observar, que auxiliam a ação do gerenciador em campo.

Em virtude desse conjunto de características, é muito comum que o relevo seja o tema de referência para os estudos em planejamento ambiental e determinador dos espaços gerenciais. Tema de referência é a raiz do planejamento, a informação básica para a qual convergem os outros temas que, em grupo, elaboram o diagnóstico. Cada equipe pode selecionar um tema de referência, dependendo dos objetivos e metas do planejamento. A geomorfologia é o mais comum entre eles.

De maneira geral, o relevo é expresso por unidades espaciais (ou compartimentos geomorfológicos) que correspondem ao domínio e à região geomorfológica (como planaltos, depressões), aos tipos de relevo (como planícies, morrotes, morros e montanhas) ou aos sistemas de relevo. Essas unidades são mapeadas e, para tanto, são compilados dados existentes e executados levantamentos complementares de campo sobre o substrato rochoso, os limites do relevo e da cobertura detrítica. São utilizadas cartas topográficas (para observação das curvas de nível, altitude, exposição de encostas, rede hidrográfica etc), mapas geológicos e geomorfológicos existentes (como as cartas do Projeto RADAMBRASIL, para auxílio à interpretação) e imagens de sensor remoto (para definição das linhas topográficas, limites do tipo, formas de relevo etc). A escala de trabalho é variável. Existem representações desde a escala 1:1.000.000 até escalas de detalhe (1:25.000 a 1:10.000), embora seja mais comum o uso de escalas entre 1:250.000 e 1:50.000. Em alguns casos, é necessária uma escala específica que represente uma determinada associação. Assim, por exemplo, pode-se desejar relacionar os tipos de vegetação que ocorrem nos topos de montanhas e fundo de vales com a situação topográfica local. Neste caso, é claro que o nível de detalhamento deverá estar em consonância com a proposta do mapeamento fitofisionômico.

A partir dessas escalas podem ser avaliados inúmeros parâmetros. A planilha de campo descrita no quadro 5.4 exemplifica os mais usuais.

Os mapas geomorfológicos representam, num primeiro momento, as formas de relevo que definem as unidades mapeadas. Num segundo momento, para cada uma das unidades costuma-se descrever a morfologia do relevo, a morfometria e processos morfogenéticos (relativos a gênese e tamanho), a dinâmica atual, os padrões de formas e das vertentes, a configuração do sistema de drenagem e o grau de dissecação, conforme mostra o quadro 5.5 e Fig. 5.4. A análise dos terrenos permite descrevê-los quanto a suas fragilidades e potencialidades naturais (quadro 5.6), bem como em relação às conseqüências da intervenção humana.

O pesquisador Ross propõe que os mapas sejam apresentados em grupamentos taxonômicos de sucessivas ordens (ou táxons). O primeiro táxon é a representação de unidades morfoestruturais, representadas por características litológicas e geotectônicas, as quais, evidentemente, estão associadas às suas gêneses. Tem-se como exemplo de morfoestrutura as bacias sedimentares ou as plataformas. O segundo táxon refere-se às unidades morfoesculturais,

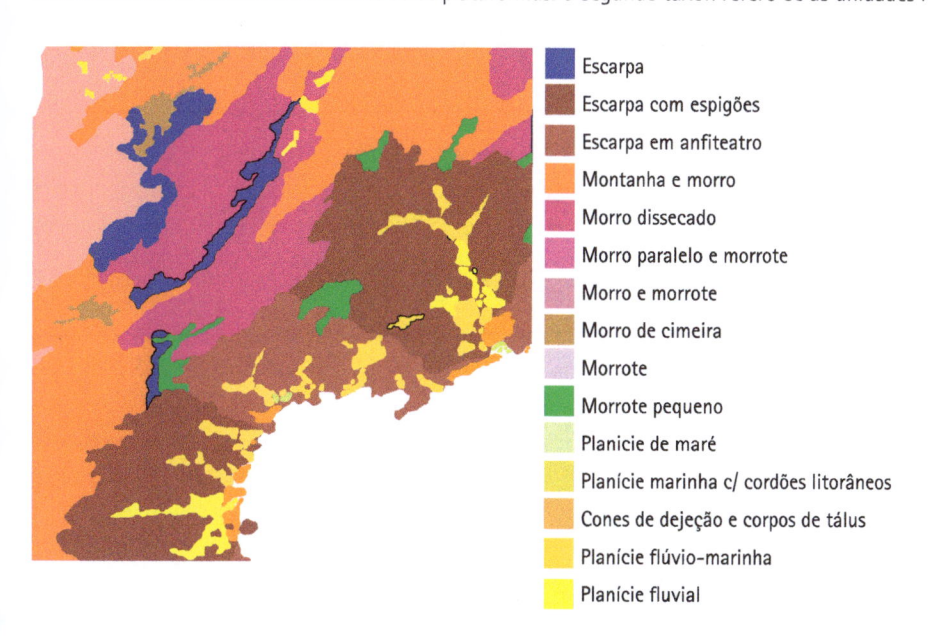

Fig. 5.4 *Ilustração de mapa de tipos de relevo, idealizado para o plano de manejo do Parque Nacional da Serra da Bocaina. Este mapa foi a base para a superposição dos outros no processo de construção e delimitação das unidades ambientais. Fonte: MMA, 2001 (modificado)*

PRINCIPAIS FEIÇÕES DOS PLANALTOS ISOLADOS DO PLANALTO DA BOCAINA

planalto	escarpas limítrofes	intervalo topo (m)	cota máxima (m)	altura média de topos (m)	observações
cabeceiras do rio Paraitinga e mirante	Serra da Bocaina (1.875m) Alto da Vaca Branca	1.500 a 1.850	1.842	1.680	O rio Paraitinga corre, em um grande trecho, em cotas abaixo de 1.500 m e vale aberto. Predominam relevos serranos e montanhosos. Na sua extremidade oeste, ocorre pequeno planalto situado acima de 1.800 m, no encontro da Serra da Bocaina com a Serra do Quebra-Cangalha.

Quadro 5.5 Exemplo da descrição do relevo em relação aos tipos, morfologia, morfometria e processos morfogenéticos

TIPOS DE RELEVO	MORFOGRAFIA, SUBSTRATO ROCHOSO, COBERTURA E SOLOS	DINÂMICA SUPERFICIAL
colinas médias amplitude: 30 a 105m comp. de rampa: 400 a 1.650m inclinação: 5% a 25% altitude: 410 a 480m	formas subniveladas; topos amplos, convexos a sub-horizontais; perfil de vertente contínuo, segmentos retilíneos e convexos; vales erosivos abertos; canais em rocha alterada e sã; padrão de drenagem subdendrítico a sub-retangular de média a baixa densidade; são sustentadas por arenitos muito finos a médios, ocasionalmente com lentes de siltitos arenosos e argila, podendo apresentar cimentação carbonática, e basaltos; solos de alteração arenosos a areno-siltosos e a solos superficiais areno-silto-argilosos nos sedimentos arenosos e de textura argilosa, e argilo-arenosa nos basaltos. Os solos predominantes deste relevo são representados pelos latossolos vermelho-escuros (latossolos vermelhos – sp) e apresentam-se associados aos podzólicos e areias quartzosas de textura média e arenosa/média. Também aparecem os podzólicos vermelho-amarelos (argissolos vermelho-amarelos - sp), que se apresentam com textura arenosa/média, na média vertente, associados aos latossolos vermelho-escuros de baixa fertilidade.	Erosão laminar, ravinas e boçorocas são freqüentes e intensas. Ocasionalmente pode ocorrer rastejo. O embate de ondas provoca pequenos escorregamentos que formam margens abruptas, com pequenas falésias.
planícies fluviais declividades: <2%	formas planas com planície de inundação e baixos terraços. Podem apresentar margens abruptas, devido à erosão lateral do canal. Associam-se áreas alagadas e pantanosas. São formadas por areia fina a muito fina, silte, argila, argila orgânica e camadas de cascalho em arranjos diversos. Apresentam solos aluviais, hidromórficos e areias quartzosas (solos glei pouco húmicos)	Nos baixos terraços a erosão laminar e em sulcos são processos de baixa intensidade e localizados. Nas planícies de inundação ocorre erosão lateral do canal e deposição de sedimentos finos por decantação durante as cheias.

Fonte: CESP, 2001, e Brasil, 2001 (modificado)

associadas ao padrão morfológico conseqüente da influência ativa e externa do clima atual e passado. São representadas pelas formas geradas sobre as morfoestruturas, por meio do desgaste erosivo promovido por ambientes climáticos diferenciados tanto no tempo quanto no espaço. São reconhecidas, em seu estado atual, pelas características de semelhança de formas, altimetrias, idade e gênese. São exemplos os planaltos ou as serras. O terceiro táxon reúne as unidades morfológicas, ou seja, os tipos de relevo que têm um grau estreito de semelhança nas características de rugosidade topográfica, interpretadas pela altimetria dos topos, dominância de declividades das vertentes, morfologia dos topos e vertentes, dimensões interfluviais e entalhamento dos canais de drenagem. Este último táxon apresenta duas naturezas – de acumulação e de erosão –, cada qual evidenciando formas específicas, como formas dos topos em denudação ou formas de planície para deposição (quadro 5.7 e Fig. 5.5). O quarto táxon refere-se à forma de relevo individualizada (como morros de topos arredondados), o quinto representa os setores de vertentes (como vertente retilínea, escarpada, convexa, etc) e o sexto refere-se a formas particulares em trechos das vertentes, geradas por processos erosivos e acumulativos atuais (ravinas, voçorocas, terracetes de rastejo, deslizamentos, corridas de lama, depósitos aluvionares, bancos de assoreamento, cortes, aterros, desmontes etc).

Como sugerido no quadro 5.7, a cada unidade geomorfológica podem-se também atribuir índices ou ponderações que expressem, para o planejamento, um valor interpretativo. Pode-se, por exemplo, relacionar à unidade um índice que reflita a dissecação do relevo – que, por sua vez, traduz a fragilidade dos terrenos, a susceptibilidade do território a processos erosivos, a erodibilidade ou a fragilidade a processos de escorregamentos.

É necessário repetir que os dados geomorfológicos são a base para a elaboração dos mapas de susceptibilidade a deslizamentos ou movimentos de massa, cujo resultado é importantíssimo para alternativas de minimização de riscos de acidentes. Em suma, as informações sobre o relevo, somadas aos dados geológicos e de solo, permitem avaliar os tipos de terreno, com suas relações de fragilidades e potencialidades naturais, bem como as conseqüências da intervenção humana. Cada unidade de terreno representa, então, a síntese dos elementos físicos que a constituem.

Quadro 5.6 Tipos de terrenos e suas relações de fragilidades e potencialidades naturais ou conseqüentes da intervenção humana

TIPO DE TERRENO	RELEVOS ASSOCIADOS	FRAGILIDADES E POTENCIALIDADES
montanhosos e escarpados do planalto	montanhas e morros escarpas	encostas de alta declividade; alta susceptibilidade à ocorrência de processos erosivos; severas restrições ao uso agropecuário; favoráveis à proteção e abrigo de fauna e flora e, também, a turismo e recreação
morros e morrotes de planaltos isolados	morros e morrotes paralelos morrotes pequenos morrotes de cimeira morros dissecados	encostas de média declividade e segmentos de alta declividade; moderada a alta susceptibilidade à ocorrência de processos erosivos; favoráveis ao uso agropecuário, com medidas severas de implantação e manejo

Fonte: Santos et al., 2001 (modificado)

SOLOS

Uma vez que o solo é o suporte dos ecossistemas e das atividades humanas sobre a terra, seu estudo é imprescindível para o planejamento. Quando se analisa o solo, pode-se deduzir sua potencialidade e fragilidade como elemento natural, como recurso produtivo, como substrato de atividades construtivas ou como concentrador de impactos.

Já se disse que o solo é um tema importante para explicar o fenômeno de erosão e assoreamento, cuja compreensão é primordial ao planejamento. Em área rural, esses fenômenos estão muito ligados à agricultura, reconhecida por alterar substancialmente o meio, gerando impactos severos e rompendo o equilíbrio natural. Sem dúvida, o solo é o elemento conectivo entre essa atividade e o meio. As ações da agricultura devem pressupor os limites do solo e destinar seu uso ou ocupação em função de suas possibilidades de aproveitamento racional. Para o espaço urbano, a mesma lógica pode ser usada quando se pensa, por exemplo, na implantação e operação de obras civis, nas quais a característica do material de superfície pode definir a aptidão (ou restrição) para diferentes usos, como estradas, sistemas de tratamento, construção de canais, sistemas de drenagem etc.

É por essa razão que os solos são tipificados em função de suas potencialidades e fragilidades frente às atividades humanas e às intempéries naturais. O esforço é dirigido para a sua conservação, seja em relação à necessidade de preservação do recurso sob o enfoque da produtividade, seja em virtude da vulnerabilidade ou baixa fertilidade que caracteriza a maioria dos solos brasileiros.

Os planejamentos costumam identificar e espacializar a distribuição das unidades de solos, identificadas em campo ou compiladas de outros levantamentos e mapeamentos pré-existentes. São bastante utilizados os levantamentos pedológicos elaborados pelo Projeto RADAMBRASIL (1983) e por pesquisadores de órgãos oficiais como EMBRAPA, EMBRAPA/SOLOS - CNPS, IAC (Empresa Brasileira de Pesquisa Agropecuária, EMBRAPA/SOLOS – Centro Nacional de Pesquisas de Solos e Instituto Agronômico de Campinas). As compilações são feitas em diferentes escalas, quase sempre entre 1:50.000 e 1:1.000.000 (Fig. 5.6), comumente como mapas de síntese (1:250.000 a 1:1.000.000). A interpretação de imagens de sensores remotos e o reconhecimento de campo permitem detalhar e auxiliar no mapeamento das informações, quase sempre apresentando perfis ou ilustrações dos tipos de solo, bem como sua relação com os outros elementos naturais da paisagem (Fig. 5.7). Algumas vezes, são realizadas análises de laboratório que ajudam a pormenorizar as características dos tipos de solo.

Para a interpretação dos solos são utilizadas características relacionadas aos fatores determinantes de suas propriedades físicas e químicas e aos elementos motores da pedogênese. Esses são os elementos definidos no planejamento como os parâmetros descritores dos tipos de solo, conforme exemplifica a planilha de campo

Quadro 5.7 Breve descrição das formas de relevo de acordo com a proposta apresentada por Ross (2000) e índices de dissecação do relevo

formas estruturais	Dst	superfície estrutural tabular; superfície aplainada de topo parcial ou totalmente coincidente com a estrutura geológica, limitada por escarpas e retrabalhada por processos de pediplanação
formas erosivas	Dep	superfície pediplanada; superfície de aplainamento elaborada por processos de pediplanação
	Dpd	pedimento; forma de relevo efetuada por recuo paralelo de vertente, resultando encostas de declive fraco, ligando dois planos altimétricos diferentes
	Det	superfície erosiva tabular; relevo residual de topo aplainado, provavelmente testemunho de superfície aplainada e geralmente limitado por escarpas erosivas
formas de acumulação	Apf	planície fluvial; área aplainada resultante de acumulação fluvial, periódica ou permanentemente alagada
tipos de dissecação das formas erosivas	Da	formas aguçadas; relevos de topos contínuos e aguçados com diferentes ordens de grandeza e aprofundamentos de drenagem, separados geralmente por vales em "v"
	Dc	formas convexas; relevo de topo convexo, com diferentes ordens de grandeza e de aprofundamento de drenagem, separadas por vales de fundo plano e / ou em "v"
	Dt	formas tabulares; relevos de topos aplainados com diferentes ordens de grandeza e aprofundamentos de drenagem, separados por vales de fundo plano

MATRIZ DOS ÍNDICES DE DISSECAÇÃO DO RELEVO

dimensão interfluvial média (classes) / grau de entalhamento dos vales (classes)	muito grande (1) > 3.750m	grande (2) 1.750 a 3.750m	média (3) 750 a 1.750m	pequena (4) 250 a 750m	muito pequena (5) < 250m
muito fraco (1) (< de 20 m)	11	12	13	14	15
fraco (2) (20 a 40 m)	21	22	23	24	25
médio (3) (40 a 80 m)	31	32	33	34	35
forte (4) (80 a 160 m)	41	42	43	44	45
muito forte (5) (> 160 m)	51	52	53	54	55

dados morfométricos dos padrões de formas semelhantes: o primeiro dígito indica o grau de entalhamento dos vales e o segundo dígito indica a dimensão interfluvial média.
Fonte: Borges et al., 1997, Ross, 2000, e Santos et al., 2002 (modificado)

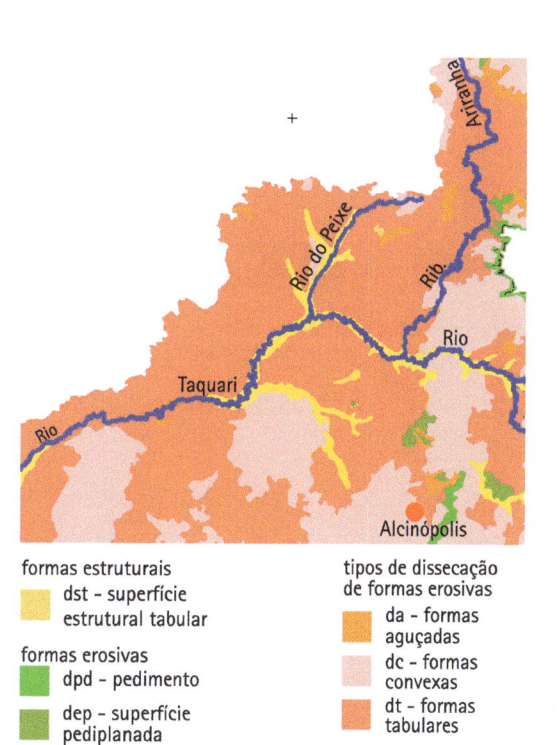

Fig. 5.5 *Unidades geomorfológicas de acordo com a classificação do quadro 5.7. Trata-se de um trabalho de zoneamento ambiental da bacia hidrográfica do alto curso do rio Taquari, MT e MS, onde o principal impacto é a erosão com forte assoreamento no baixo curso. A classificação empregada foi de grande valia para o entendimento da dinâmica do processo impactante. Por exemplo, se a forma estrutural dt for identificada como uma unidade $dt1_x2$, será interpretada de acordo com o quadro 5.7 como uma forma erosiva tabular com índice de dissecação muito fraco. Neste mesmo caso, a altimetria é < 20m e a dimensão interfluvial varia entre 1.750m e 3.750m, indicando processos erosivos de baixa intensidade. Fonte: Silva, 2000 (modificado)*

formas estruturais
 dst - superfície estrutural tabular
formas erosivas
 dpd - pedimento
 dep - superfície pediplanada
 det - superfície erosiva tabular
drenagem
 corpos d'água
tipos de dissecação de formas erosivas
 da - formas aguçadas
 dc - formas convexas
 dt - formas tabulares
formas de acumulação
 apf - área de planície fluvial

do quadro 5.8. De forma geral, os mapas apresentam uma classificação que relaciona um conjunto de características para cada tipo de solo. Mapas destinados a representar uma característica isolada são raros.

No Brasil, a definição e a descrição das legendas dos mapas de solos variam bastante. Muitas vezes, as classes estão relacionadas às suas características de formação ou composição, outras, às suas qualidades, como restrições e aptidões de uso agrícola ou vulnerabilidade aos processos erosivos. As informações de qualidade são apresentadas na forma de mapas derivados, pois associam diferentes elementos como tipo de solo, escoamento de águas, relevo e precipitação. Obviamente, os planejamentos apresentam alternativas norteadas pela classificação adotada para caracterizar os solos ou pelo mapa derivado selecionado. Outras escolhas de classificação ou de derivação poderiam induzir outras alternativas, em relação aos tipos ou à forma de uso e ocupação, para a área planejada.

A grande limitação no uso do mapa de tipos de solo é a interpretação do significado da homogeneidade de uma determinada unidade: a cada escala de representação há um conjunto de unidades, com um nível específico de detalhamento (Fig. 5.8). Além disso, quando ocorre um padrão intrincado de tipos de solo em pequenas áreas, a representação cartográfica é feita através da categoria "associação", que merece uma atenção especial no momento de sugerir alternativas para essas áreas.

A situação é mais complexa quando se observam os mapas derivados, obtidos com diferentes critérios e métodos. Porém, o maior impasse concentra-se no hábito de qualificar o solo por características físico-químicas ligadas à fertilidade ou aos fatores limitantes para agricultura. Apesar de se reconhecer que o solo apresenta atributos físicos, químicos e biológicos interligados, só se privilegiam algumas características físico-químicas. Os atributos biológicos, a fauna do solo e as relações entre eles são raramente considerados. De fato, pouco se discute sobre a função ecológica do solo.

DECLIVIDADE

A declividade é avaliada em planejamento com o objetivo de observar as inclinações de um terreno em relação a um eixo horizontal.

Construído a partir da análise das distâncias entre curvas de nível, a declividade, gradiente do declive, é um tema derivado, que representa, de forma contínua,

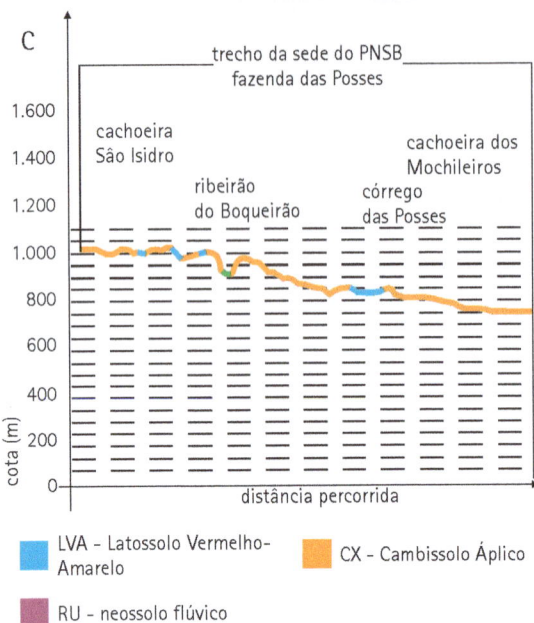

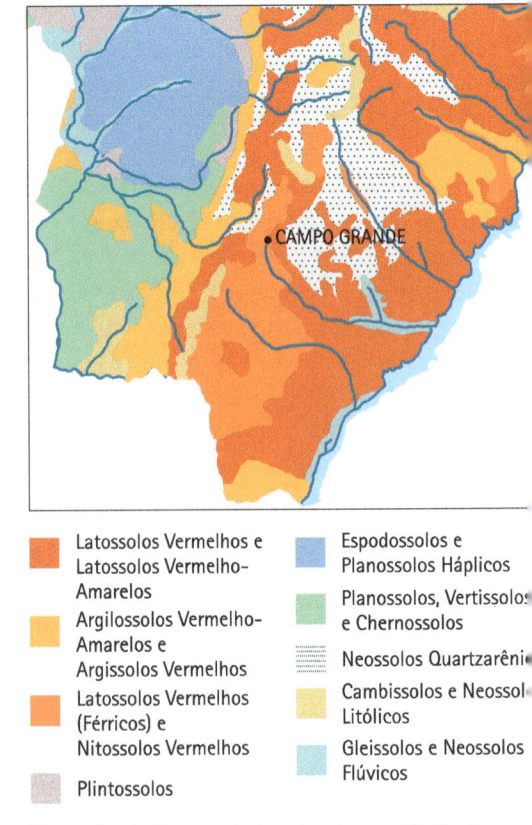

Fig. 5.6 *Trecho de mapa de tipos de solo na região Centro-Oeste. Fonte: Lepsch, 2002.*

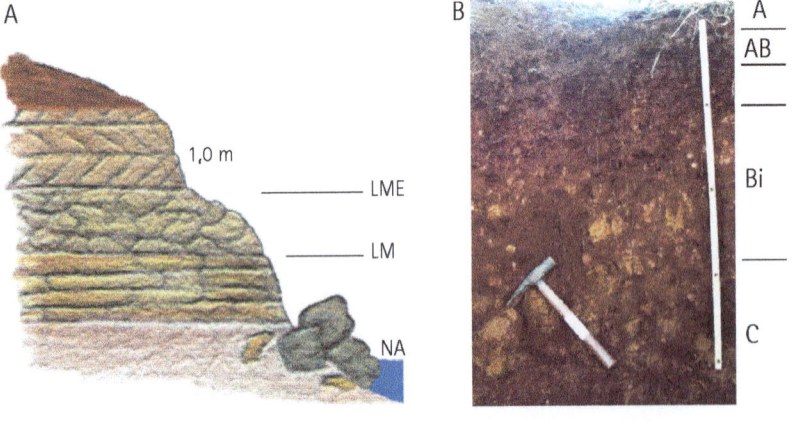

Fig. 5.7 *Tipo de ilustração: (A) seção na margem do rio Paraná, em Ilha Solteira, contendo solos litólicos, blocos e camadas de laterita maciça, rocha fraturada formando blocos angulosos, solo argiloso; (B) perfil do cambissolo. Nota-se fragmentos de rocha semidecompostos no horizonte B incipiente (Bi); (C) representação esquemática do trecho da trilha do ouro no Parque Nacional da Serra da Bocaina, ressaltando a variação dos solos em escala métrica. Esse detalhamento dos solos associados às respectivas fisionomias vegetacionais conduziu a uma interpretação mais acurada do meio. Isso permitiu refinar a delimitação das áreas a serem preservadas.*

a inclinação e as formas do terreno. Este tema permite inferir informações como formas da paisagem, erosão, potencialidades para uso agrícola, restrições para ocupação urbana, manejos e práticas conservacionistas. Para tanto, pressupõe-se que a área pertencente a uma determinada classe, representada em ângulo de inclinação ou percentagem de declividade (quadro 5.9), possui uma certa homogeneidade que responde de maneira semelhante frente a uma atividade ou pressão humana.

Em geral o mapa de declividade é produzido pela transformação dos dados vetoriais das curvas de nível em dados matriciais (Fig. 5.9A) que, por sua vez, são interpolados em softwares específicos para a geração do Modelo Numérico de Terreno – ou MNT (Fig. 5.9B). A partir das informações de altitudes contidas nos MNTs processados, são criados os mapas de declividade em porcentagem (Fig. 5.9C), que resultam em classes de declividade (Fig. 5.9D).

Existem várias propostas de faixas de declividade, de acordo com os objetivos do planejamento. Pode-se, por exemplo, adotar as faixas pressupostas nos sistemas de capacidade de uso dos solos ou outras motivadas pela preocupação com o relevo, erosão e urbanização.

Pressupõe-se que uma área pertença a uma determinada classe de declividade quando exibe uma certa homogeneidade de resposta frente a uma atividade ou pressão humana. Esta é uma dedução muitas vezes equivocada. Não se pode esquecer que a homogeneidade do terreno representada em mapa está pré-determinada e limitada pela escolha dos intervalos entre curvas de nível, o que pode resultar num bom ou mau produto para as tomadas de decisão no planejamento. No Brasil, a maior parte dos planejamentos ambientais define o mapa de declividade a partir das bases cartográficas oferecidas pelos órgãos oficiais. Algumas dessas bases estão disponíveis somente em escalas generalizadas (1:100.000, às vezes até 1:250.000) e, conseqüentemente, com grande eqüidistância entre as curvas de nível (50 a 100 metros). Nestes casos, a probabilidade de erro é alta, principalmente em áreas de relevo suave a moderado. Também é necessário lembrar que a declividade deve ser sempre analisada junto a outros parâmetros, como tipo e conteúdo de água de solo e cobertura vegetal. É a interpretação conjunta que permitirá deduzir, por exemplo, a estabilidade da classe de declividade para deslizamentos ou a capacidade de suportar ações como urbanização.

Quadro 5.8 Exemplo de planilha de campo para os parâmetros descritores dos tipos de solo

tipo de rocha:	
tipo de solo:	
profundidade do solo (m)	muito raso (<0,25)
	raso (0,25-0,50)
	moderado a profundo (0,50-1)
	profundo (1-2)
	muito profundo (>2)
espessura do horizonte	O
	A
	B
	C
características e subdivisões dos horizontes	O o
	O d
	A 1
	A2 A3
textura (% de argila/silte)	muito argiloso (>60)
	argiloso (35-60)
	médio (<35)
	siltoso (>50)
	arenoso (<15)
estrutura	prismática
	colunar
	angular
	laminar
	granular
consistência	plasticidade e pegajosidade
	friabilidade
	dureza ou tenacidade
matéria orgânica (%)	< 2
	2 - 4
	4 - 10
	>10
fertilidade aparente	alta
	média
	baixa
presença de	fragmentos finos
	fragmentos grosseiros
	matacões (30cm diâmetro)
	afloramentos rochosos
quantidade de matacões/ afloramentos	raro: cob. 1-10% superf. solo
	pouco abundante: cob. 10 - 50% sup. solo
	abundante: cob. >50%
pedregosidade	sem pedras
	pedras abundantes (15-50% volume solo)
	pedras muito abundantes (>50% volume solo)
permeabilidade	baixa
	média
	alta
estabilidade estrutural (% de agregados)	baixa
	média
	alta
salinidade	baixa
	média
	alta
produtividade aparente	baixa
	média
	alta
quantidade de serapilheira	baixa
	média
	alta
riscos de deslizamento	nulo
	baixo
	médio
	alto
riscos de inundação	nulo
	baixo
	médio
	alto
erosão	laminar
	em sulco
	voçoroca
	eólica
	depósitos de erosão colúvio
	deslizamento em massa
	desbarrancamento
erosão – freqüência/ profundidade	severa
	moderada
	ligeira
	freqüente
	ocasional
	superficiais: <10cm
	rasos 10-15cm
	profundos >15cm
características peculiares	mudança textural abrupta
	presença de nódulos, cerosidade...
	toxicidade de...
	saturação de bases
	baixa capacidade de troca
	excesso de sais, carbonatos...
	deficiência de oxigênio
	presença de turfas, várzeas, brejos, lagos de várzeas
perda potencial do solo (t/ha/ano):	
outras observações:	
valor do sistema solo (0 a 5):	

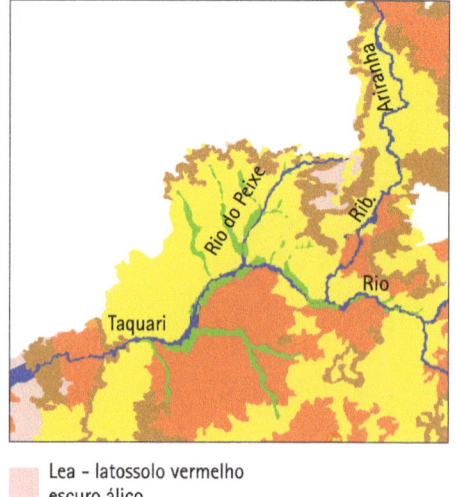

Teoria e Prática em Planejamento Ambiental

Fig. 5.8 *Mapa de solos da região do alto curso do rio Taquari, MS e MT cuja unidade latossolo exibe 5 diferentes sub-ordens que apresentam diferentes associações e propriedades. Mapeamento realizado na escala 1:50.000.*

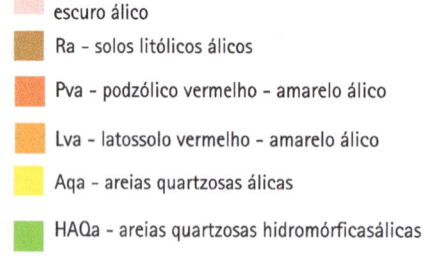

- Lea - latossolo vermelho escuro álico
- Ra - solos litólicos álicos
- Pva - podzólico vermelho - amarelo álico
- Lva - latossolo vermelho - amarelo álico
- Aqa - areias quartzosas álicas
- HAQa - areias quartzosas hidromórficasálicas

A — Representação matricial das curvas de nível em eqüidistâncias de 20 metros. (curva mestra, curva secundária)

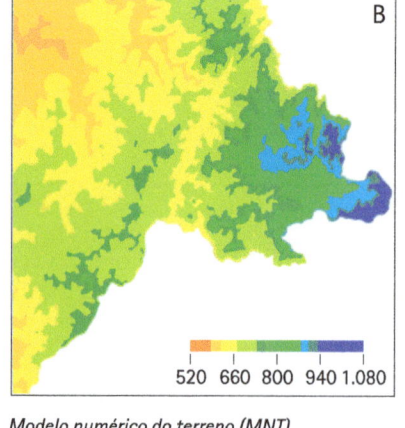

B — Modelo numérico do terreno (MNT). (520 660 800 940 1.080)

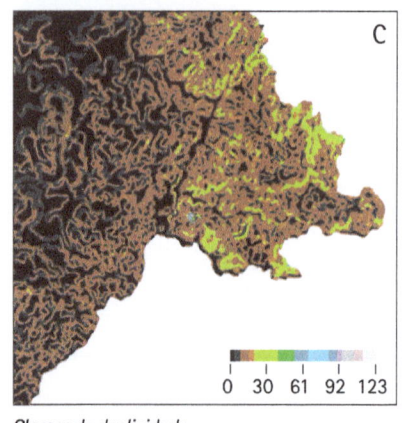

C — Classes de declividade. (0 30 61 92 123)

D — Declividade em porcentagem. (1 2 3 4 5 6 7)

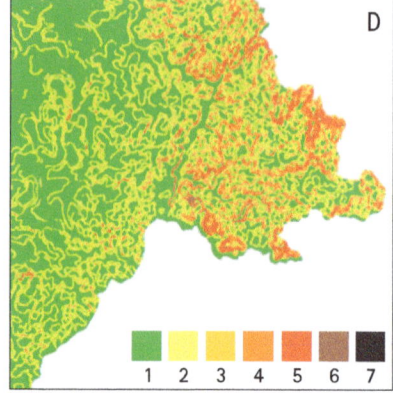

Fig. 5.9 *Caracterização de uma região no município de Campinas, SP, mostrando as etapas e mapas resultantes para obtenção das classes de declividade. Fonte: Petrobras, 2003 (modificado)*

CAPACIDADE DE USO DA TERRA

O tema derivado capacidade de uso é bastante desenvolvido em planejamento, pois fornece duas respostas básicas: o potencial de uso da área (ou o uso adequado, com práticas adequadas, voltadas à conservação e proteção do recurso) e a ocorrência de inadequação de uso (ou a ocorrência de conflitos envolvendo o uso atual e o uso recomendável). Nesse segundo caso, pode-se também deduzir sobre a sub ou sobre-utilização das terras, indicando o estado de degradação.

Em suma, essa análise norteia muitas tomadas de decisão do ponto de vista da conservação ambiental, da vocação agropecuária, do risco de erosão, da produtividade, do controle de impactos ou da indicação de tecnologias adequadas.

O método para obtenção dessa informação é dado pela sobreposição e integração hierarquizada de outros temas relativos ao meio físico, resultando, de forma geral, em um mapa. No entanto, o número e temas selecionados para compor esse mapa variam em função do tipo de classificação utilizado pelo planejador, dos dados disponíveis ou dos objetivos propostos.

São usadas informações sobre as características do clima, do solo, do relevo, da topografia ou da declividade, que limitam o uso agrícola e/ou impõem risco de degradação da terra. Existem exemplos em que são utilizados somente dois temas (classes de declividade e tipos de solo) e outros em que são usados até doze temas. Nos casos em que o número de temas é muito grande, geram-se informações intermediárias (como erodibilidade) que, por sua vez, são cruzadas entre si. O produto é um mapa que delimita as classes de capacidade de uso, podendo conter informações sobre a natureza da limitação da classe (subclasses). A Fig. 5.10 apresenta um exemplo da classificação de capacidade de uso das terras bastante citado em planejamento: ele relaciona basicamente os tipos de solo, classes de declividade e formas do relevo. Outras escolhas de derivação de mapas devem produzir outros usos ou formas de uso para a área planejada.

No sistema de Lepsch (2002), o grau de limitação aumenta da classe I (com muitas alternativas de uso viáveis) para a classe VIII (com raras alternativas de uso, pelo risco de degradação ou limitações em grau muito severo).

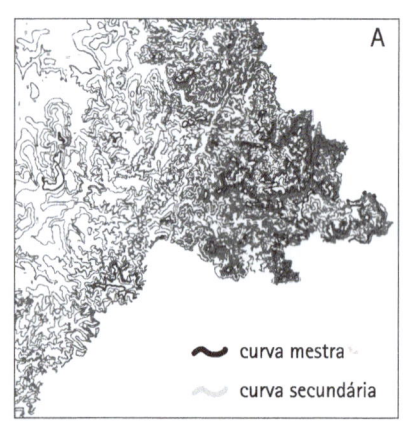

Como seria de se esperar, as diferenças metodológicas prejudicam a compreensão dos planejadores acerca do verdadeiro significado das classes de uso. Além disso, existe uma série de outras pressuposições básicas nas classificações - como a de que as terras são classificadas admitindo que os melhoramentos menores (calagem, drenagem) já estejam estabelecidos, ou que determinadas ações sejam possíveis, desde que associadas a um nível alto de manejo – que requerem a existência de agricultores esclarecidos e capitalizados. Por essa razão, deve haver um cuidado especial em apresentar o método, os resultados e suas limitações. Além disso, seja qual for a estratégia metodológica adotada, sempre deve-se lembrar que a capacidade de uso não fornece todos os elementos necessários ao planejamento das atividades agropecuárias. Há ainda que considerar, de forma contundente, as esferas econômica, política e social. Portanto, é importante observar o mapa derivado produzido, porque as respostas do planejamento não devem caminhar numa única direção.

ESPELEOLOGIA

Levantamentos espeleológicos são realizados para identificar e observar o estado de conservação de cavidades naturais subterrâneas como cavernas, grutas, lapas, furnas ou abismos, considerados de grande beleza cênica. Esse tema, de forma geral, destina-se a reconhecer o valor natural e educacional das formações geológicas.

Para sua identificação, são realizadas visitas de campo, entrevistas com a população local e ainda levantamentos em bibliotecas, órgãos ligados ao turismo e prefeituras. O resultado é, pelo menos, uma lista das cavidades identificadas pelo nome, localização, acesso, história natural e estado de conservação. Tal tarefa pode ser auxiliada pela avaliação de outros temas, como geologia e recursos hídricos. As áreas podem ser mapeadas e, em alguns casos, as formas de interferência antrópica (dentro e ao redor da formação geológica de interesse) podem ser identificadas e qualificadas (Fig. 5.11). Os mapeamentos podem apresentar o desenho do relevo e topografia interna, como salões, galerias, lagos, condutos, declives, etc.

As cavidades subterrâneas apresentam particularidades que devem ser consideradas no planejamento, como sua possível vinculação a sítios arqueológicos e paleontológicos, presença de vegetação e fauna específicas. Além disso, deve-se observar o tipo de uso que se faz delas. É muito comum o uso de cavidades para manifestações religiosas, depósitos de material, abrigos e visitação. Reconhece-se que estas ações causam impactos que devam ser avaliados. No entanto, os planejamentos atuais carecem de procedimentos metodológicos que permitam valorar, devidamente, as pressões e os efeitos conseqüentes. Alguns trabalhos aplicam medidas da capacidade de suporte à visitação de forma semelhante à aplicada para trilhas, mas pouco se sabe, efetivamente, da eficiência desses regulamentos. Além dos espeleotemas, devem ser identificados todos os sítios de interesse cultural, arqueológico e de excepcional beleza natural como cachoeiras, cânions e mirantes, entre outros.

HIDROGRAFIA, BACIAS HIDROGRÁFICAS E QUALIDADE DAS ÁGUAS

Uma bacia hidrográfica circunscreve um território drenado por um rio principal, seus afluentes e subafluentes permanentes ou intermitentes. Seu conceito está associado à noção de **sistema**, nascentes, divisores de águas, cursos de águas hierarquizados e foz. Toda ocorrência de eventos em uma bacia hidrográfica, de origem antrópica ou natural, interfere na dinâmica desse sistema, na quantidade dos cursos de água e sua qualidade. A medida de algumas de suas variáveis permite interpretar, pelo menos parcialmente, a soma de eventos. Essa é uma das peculiaridades

Quadro 5.9 Exemplos de equivalência entre a representação em graus e percentuais dedeclividade

PERCENTAGEM	ÂNGULO
1	35'
2	1°09'
50	26°34'
100	45°

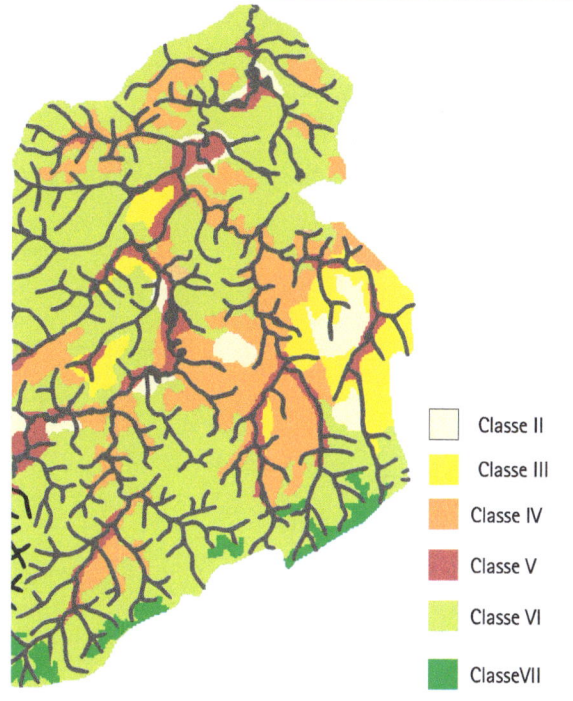

Fig. 5.10 *Classes de capacidade de uso e usos adequados, de acordo com a classificação apresentada por Lepsch. O mapa representa trecho do baixo curso do rio Cotia, região metropolitana de São Paulo. Os cultivos praticados na região são predominantemente anuais e localizam-se próximos aos cursos d'água em cujas margens predominam as classes III a V. Grosso modo, as práticas de cultivo são compatíveis com a capacidade de uso dos solos, exceto pelas práticas de conservação. Fontes: Sabesp, 1997 e Lepsch, 2002 (modificado)*

Legenda do mapa:
- Classe II
- Classe III
- Classe IV
- Classe V
- Classe VI
- Classe VII

AUMENTO DA INTENSIDADE DO USO →

Classe de capacidade de uso	vida silvestre e ecoturismo	reflorestamento	pastoreio moderado	pastoreio intensivo	cultivo restrito	cultivo moderado	cultivo intensivo	cultivo muito intensivo
I	apto para todos os usos. o cultivo exige apenas práticas agrícolas mais usuais							
II	apto para todos os usos, mas práticas de conservação simples são necessárias se cultivado							
III	apto para todos os usos, mas práticas intensivas de conservação simples são necessárias para cultivo							
IV	apto para vários usos, restrições para cultivos							
V	apto para pastagem, reflorestamento ou vida silvestre							
VI	apto para pastagem extensiva, reflorestamento ou vida silvestre							
VII	apto para reflorestamento ou vida silvestre, em geral inadequado para o pasto							
VIII	apto, ís vezes, para produção de vida silvestre ou recreação. inapto para produção econêmica agrícola, pastagem ou material florestal							

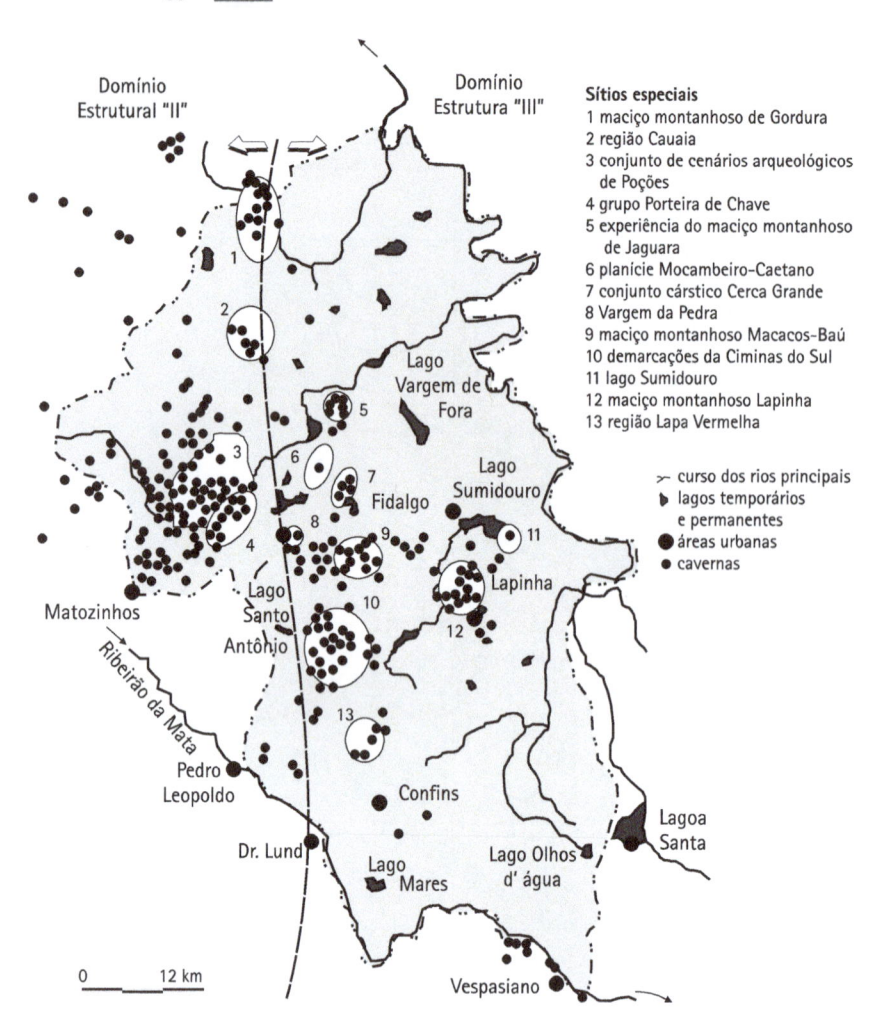

Sítios especiais
1 maciço montanhoso de Gordura
2 região Cauaia
3 conjunto de cenários arqueológicos de Poções
4 grupo Porteira de Chave
5 experiência do maciço montanhoso de Jaguara
6 planície Mocambeiro-Caetano
7 conjunto cárstico Cerca Grande
8 Vargem da Pedra
9 maciço montanhoso Macacos-Baú
10 demarcações da Ciminas do Sul
11 lago Sumidouro
12 maciço montanhoso Lapinha
13 região Lapa Vermelha

Fig. 5.11 *Ilustração de mapa espeleológico na Espanha. Fonte: www.altavista.com/imagens (modificado)*

Fig. 5.12 *Truta (Salmo trutta) é uma espécie de peixe encontrada em cabeceiras, vale encaixado e com pequeno volume caudal.*

que induz os planejadores a escolherem a bacia hidrográfica como uma unidade de gestão (veja Cap. 3). Conseqüentemente, é muito comum constatar que o banco de dados do planejamento está estruturado em função dessas unidades. Somado a isso, não há dúvidas de que é essencial a proteção à água, por sua condição de elemento fundamental para a vida e para as atividades humanas.

A estratégia dos planejadores é analisar as propriedades, a distribuição e a circulação da água, para interpretar potencialidades e restrições de uso. O método usual é mapear inicialmente a hidrografia, com todas as drenagens que compõem a rede hídrica. A base da informação para construção dessa rede pode ser obtida através de cartas topográficas de órgãos oficiais ou por imagens obtidas de sensores remotos.

A rede de drenagem pode ser caracterizada a partir de diferentes parâmetros descritores: afluentes principais, área ocupada, tipo de drenagem, hierarquia fluvial, orientação dos elementos em relação ao relevo, sinuosidade dos cursos, temporalidade dos canais etc. A análise do conjunto de descritores auxilia outros estudos, como os morfométricos, e fornece indicações sobre outros assuntos, como disponibilidade de água, presença de pântanos ou cavernas.

Boa parte desses descritores pode ser apresentada dentro de um sistema de classificação. Para cada um deles existe, na literatura acadêmica, uma gama de tipos de classificação que vem sendo desenvolvida desde o século XIX.

De forma geral, o primeiro passo é inventariar as formas presentes na rede hídrica: rios, córregos, ribeirões, lagos (naturais ou implantados), ilhas, meandros abandonados, lagoas marginais, zonas úmidas (brejos, mangues), represas, açudes, canais. Outras representações, como cascatas e fontes, dependem de uma escala de detalhe. Além da compreensão da distribuição dos elementos de drenagem no espaço, esse tipo de informação pode auxiliar outros temas, como a fauna e seus subtemas (ictiofauna) (Fig. 5.12).

O planejamento pode usar classificações relacionadas à textura, ao tipo e à hierarquia dos cursos de água. A textura da rede hídrica é definida pelo espaçamento entre os tributários, podendo-se inferir o tipo de terreno ocorrente (Fig. 5.13). Assim, por exemplo, rede de textura fina pode ser relacionada a áreas declivosas com solos de baixa permeabilidade.

O tipo de drenagem refere-se à configuração e disposição da ramificação de drenagem e dos ângulos formados entre os tributários, permitindo inferências sobre a rocha e o solo, conforme exemplifica a Fig. 5.14.

A hierarquia fluvial é um processo que estabelece uma classificação para cada curso de água no conjunto total da bacia hidrográfica. Ela consiste em numerar os cursos em ordem crescente. Os menores canais, sem tributários (da nascente à confluência), são os canais de primeira ordem. A união de dois canais de primeira ordem forma um canal de segunda ordem, e assim sucessivamente, até o rio principal (de enésima ordem). A área superficial que contribui para cada segmento é a bacia de drenagem a ele associada. Esse procedimento facilita os estudos morfométricos sobre as bacias hidrográficas, tais como análise linear, hipsométrica e de área. Permite também ao planejador entender o grau de organização e a complexidade do sistema hidrográfico. Algumas dessas classificações da drenagem de bacias hidrográficas podem ser apresentadas como um mapa específico (Fig. 5.15).

Vale lembrar que a ausência da drenagem ou de um sistema integrado de cursos de água também é uma informação. Refere-se comumente a áreas com alta permeabilidade, com materiais granulares, como dunas ou colinas costeiras.

Uma vez desenhada a rede hidrográfica, as bacias componentes da área de estudo podem ser isoladas pelo delineamento dos divisores de água. Este procedimento pode ser feito a partir das curvas de nível, desenhando-se uma linha divisória ortogonal às curvas e em direção aos topos mais elevados (pontos cotados), em torno do curso de água principal da bacia e seus afluentes diretos (Fig. 5.16). A cada bacia hidrográfica pode-se adicionar uma série de informações, de sua área territorial às instituições que têm representatividade administrativa e política sobre ela (quadro 5.10). Alguns planejamentos utilizam as bacias hidrográficas da área de interesse como unidades gerenciais, atribuindo a cada uma delas orientações específicas.

A rede de drenagem e as bacias hidrográficas também devem ser avaliadas em função da qualidade e quantidade das águas. Esse tipo de análise permite a interpretação da disponibilidade hídrica para os ecossistemas naturais ou construídos.

De forma geral, os parâmetros indicadores de quantidade e de qualidade das águas são obtidos em órgãos oficiais. Para análise quantitativa, são considerados dados pluviométricos e fluviométricos, apresentados em histogramas, dependendo da série histórica disponível. Algumas vezes são feitas medidas diretas dos caudais, que vão de formas simples de amostragem *in loco* até estimativas complexas por sensores remotos. Outras vezes, calcula-se o **balanço hídrico** na bacia hidrográfica, que fornece uma idéia mais precisa das quantidades de água disponíveis no solo, déficits ou superávits. Pode-se,

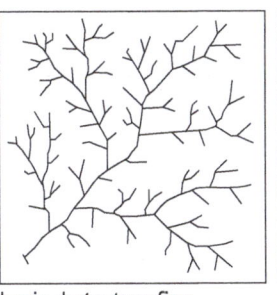

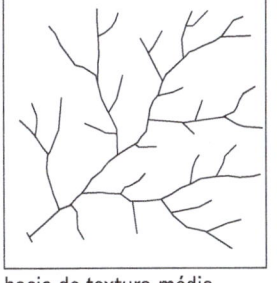

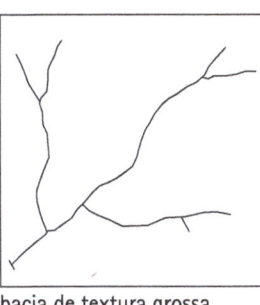

bacia de textura fina   bacia de textura média   bacia de textura grossa

Fig. 5.13 *Classificação da rede hídrica pela textura. Fonte: Howard, 1945.*

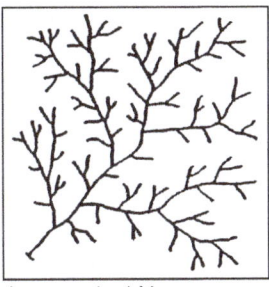

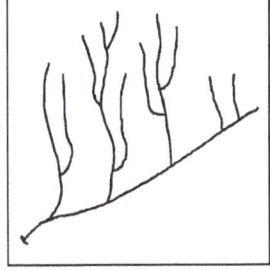

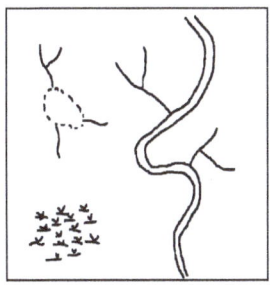

drenagem dendrítica   drenagem paralela   drenagem desordenada

Fig. 5.14 *Drenagem dendrítica - (a) configuração arborescente, onde o eixo principal corresponde ao tronco da árvore. Os ramos formados pelas correntes tributárias distribuem-se em todas as direções sobre a superfície do terreno e se unem formando ângulos agudos de graduações variadas, mas nunca chegando ao ângulo reto. A existência de ângulos retos, no padrão dendrítico, constitui anomalia que se deve atribuir, em geral, a fenômenos tectônicos. Ocorre sobre rochas de resistência uniforme ou em estruturas sedimentares horizontais e solos homogêneos. (b) forma dendrítica modificada, onde as falhas e fraturas modificaram sua forma. O tipo e direção do ângulo podem refletir um tipo específico de rocha. Drenagem desordenada - é forma resultante de solos jovens em topografias planas ou suaves, com nível freático elevado. Drenagem paralela - ocorre em áreas com declividades uniformes, cujo curso principal reflete falhas ou fraturas. Fonte: Howard, 1945*

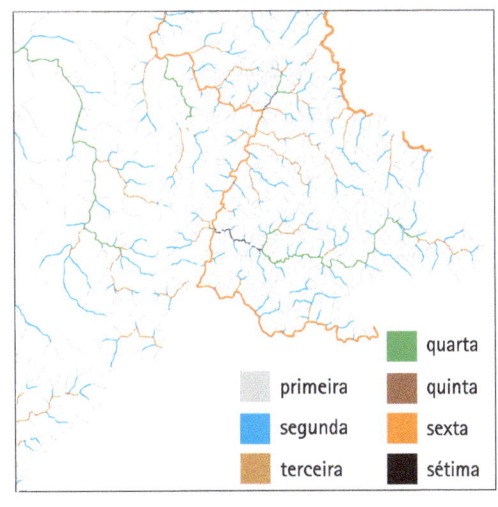

Fig. 5.15 *Ilustração de mapa de hierarquia de canais na região de Cotia. Fonte: Petrobrás, 2003 (modificado)*

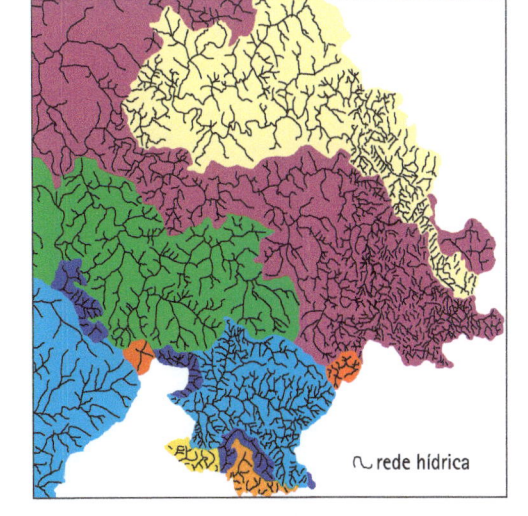

Fig. 5.16 *Ilustração de mapa de bacias hidrográficas. Fonte: Petrobras, 2003 (modificado)*

Quadro 5.10 Exemplo de banco de dados para identificação de sistema e subsistemas de drenagem

ID	2
Instalação	REPLAN
Drenagem tipo	dendrítica
Bacias - condições	fechada
Bacia - nome	BH do rio Atibaia
Afluentes principais	rio Atibaia; ribeirão das Anhumas
Bacia - comitê	CBH Piracicaba, Capivari e Jundiaí
Área	582.483.866,1m^2

Fonte: Petrobras, 2003 (modificado)

por exemplo, interpretar da necessidade de irrigação ou disponibilidade em água subterrânea.

Para análise qualitativa são, comumente, usados os parâmetros indicadores da qualidade da água como: temperatura, turbidez, cor, sólidos totais, pH, DBO (demanda bioquímica de oxigênio), DQO (demanda química de oxigênio), nitrogênio total, fósforo total, coliformes totais e coliformes fecais, entre outros. Boa parte desses parâmetros é recomendada em documentos legais. Hoje, a tendência dos planejamentos é adicionar informações sobre indicadores biológicos sensíveis à poluição ou contaminação, como os mutagênicos, hormonais e bacteriológicos. Alguns parâmetros relativos à qualidade da água são muito usados para traduzir o estado de contaminação ambiental. Assim, por exemplo, sólidos em suspensão, nitrogênio e fósforo ocorrem naturalmente, mas a partir de um determinado valor, podem significar erosão acelerada, assoreamento, presença de águas residuais urbanas e industriais ou fertilizantes. Trabalha-se, desta forma, com as alterações estabelecidas a partir de um padrão dado pelas condições naturais.

Os parâmetros físicos, químicos e biológicos podem ser transformados em um índice de qualidade das águas. O IQA definido pela Companhia de Tecnologia e Saneamento Ambiental (CETESB) é um dos mais citados (Fig. 5. 17). Contudo, em virtude da disponibilidade dos dados e objetivos do planejamento, muitos tipos de índices foram elaborados. Pode-se, também, sugerir a qualidade da água de forma indireta, utilizando dados sobre uso atual. É possível, por exemplo, localizar: pontos de captação de água para abastecimento público; corpos d'água receptores de efluentes domésticos; sistemas de esgotamento sanitário atuais e futuros; lixões e/ou aterros sanitários atuais e de futuros projetos; projetos e programas municipais sobre captações, despejos, tratamento e monitoramento das águas, entre outros. Neste tipo de avaliação, as campanhas de campo são essenciais para identificar e localizar focos atuais e/ou potenciais de risco à poluição das águas. O quadro 5.11 apresenta uma planilha de campo que, apesar de induzir respostas subjetivas, é um norteador para avaliações gerais sobre a água superficial de uma determinada região.

Quadro 5.11 Planilha de campo com parâmetros descritores das águas em pontos amostrais

PARÂMETROS DESCRITORES DAS ÁGUAS		
disponibilidade	alta	☐
	média	☐
	baixa	☐
qualidade da água	apta para uso geral (todos)	☐
	para outros usos, mas não para o homem	☐
	limitada para agricultura e/ou gado	☐
	inadequada para uso	☐
vizinhança das águas	agricultura permanente	☐
	agricultura temporária	☐
	agricultura com uso de agrotóxicos	☐
	agricultura diversificada	☐
	agricultura de subsistência	☐
	agricultura intensiva	☐
	agricultura com manejo	☐
	esgoto	☐
	lixo	☐
	captação de água	☐
	irrigação	☐
	navegação	☐
	outros	☐
densidade da rede de drenagem	densidade alta	☐
	densidade média	☐
	densidade baixa	☐
predominância de cursos d'água de:	primeira ordem	☐
	segunda ordem	☐
	terceira ordem	☐
	rios das bacias principais	☐

Uma outra forma de avaliação indireta dos cursos de água é comparar a caracterização da composição natural das águas pelos parâmetros físico-químico-biológicos com as atividades de borda e vizinhança do curso d'água e seu potencial de induzir impactos. Este método de análise expressa valores arbitrários (de zero a dez, por exemplo) indicativos da pressão das atividades de borda e vizinhança sobre a qualidade ao longo do curso de água (Fig. 5.18). A análise permite indicar os trechos de maior pressão ou maior entrada de poluentes ao longo dos cursos d'água, o que não significa, necessariamente, que a água nestes trechos apresente-se mais poluída, já que os processos acumulativos e de autodepuração não são considerados por essa estratégia. No entanto, a conjunção das duas perspectivas (composição das águas e pressões humanas) possibilita ao planejador fundamentar melhor a definição das estratégias para a conservação dos recursos hídricos, superando as limitações da abordagem do dado pontual.

Temáticas e Temas Usados em Planejamento Ambiental

A avaliação da disponibilidade e qualidade hídrica é feita, basicamente, das águas superficiais. Apesar da reconhecida importância, não é comum encontrar uma análise das águas subterrâneas. Esta informação necessita dos dados relativos à caracterização dos sistemas aqüíferos, nem sempre disponíveis. De forma geral, o levantamento dos recursos hídricos subterrâneos consiste em elaborar consultas junto aos cadastros técnicos de órgãos oficiais e empresas perfuradoras de poços tubulares e artesianos.

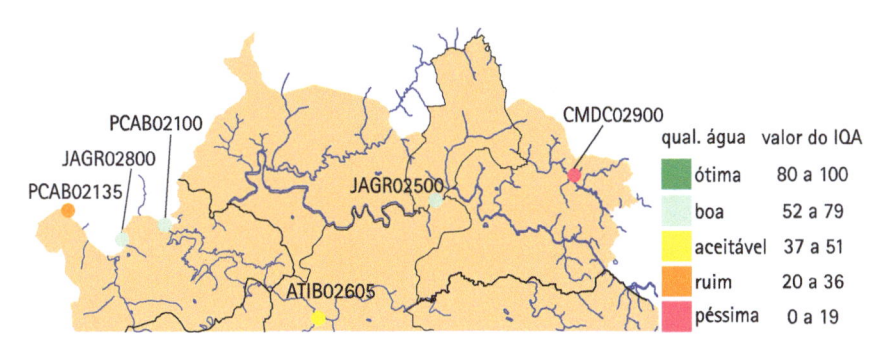

Fig. 5.17 *Cartograma dos valores do IQA, ao longo dos rios Atibaia e Jaguari, município de Campinas, SP. Esses são pontos de monitoramento da Cetesb, apresentados em 2002. Fonte: Petrobras, 2003 (modificado)*

Na realidade, são diversas as limitações das informações relativas à água para os planejamentos. A primeira refere-se à base de informação. As cartas planimétricas que servem de base para o desenho da rede hidrográfica estão disponíveis em escalas, 1:50.000 a 1:250.000. Alguns planejamentos trabalham esse dado junto a outros que representam a observação de uma escala de maior detalhe, o que gera erro de interpretação. Outra fonte de erro advém de escalas em que nascentes, pequenos afluentes ou cursos intermitentes não são desenhados, tomando-se decisões sobre o uso do território sem atentar para estas feições. Ainda em função da escala, algumas porções do território brasileiro só têm bases oficiais disponíveis em escala 1:100.000 ou 1:250.000. Esse fato conduz o planejador à definição de um planejamento genérico. Um fator complicador ocorre quando cada parte da área de estudo tem base em escalas diferentes. A compatibilização, apesar de tecnicamente possível, tem evidenciado muitas contradições.

O banco de dados disponível sobre parâmetros de quantidade e qualidade de água acarreta outra questão. Há, em geral, apenas dados de vazão dos rios principais. A vazão dos cursos de água de menor porte é deduzida pela aplicação de modelos matemáticos. Raramente apresentam-se medidas sistemáticas do caudal e em diferentes períodos de retorno, que poderiam responder de forma quantitativa sobre a disponibilidade de água ou sobre a freqüência de cheias e inundações.

Quanto à qualidade da água, a rede de monitoramento dos órgãos oficiais não cobre o território brasileiro. Não há uma distribuição satisfatória de pontos de coleta, a freqüência amostral é irregular (diária, mensal, anual ou em número de anos) e o número de parâmetros em cada ponto amostral é variável. Quando os dados são deficientes, com grande freqüência planeja-se uma amostragem de campo, a qual, no entanto, não tem série histórica. A essa falha costumam-se somar duas outras: (a) os parâmetros são avaliados separadamente, esquecendo-se que há interdependência entre eles e com os outros elementos do meio através do ciclo hidrológico; e (b) a seleção dos parâmetros é feita de forma generalizada, esquecendo-se que quantidade e qualidade não são valores definitivos, mas determinados em relação ao contexto territorial da área planejada, ao uso ou atividade a que se destina e ao tempo.

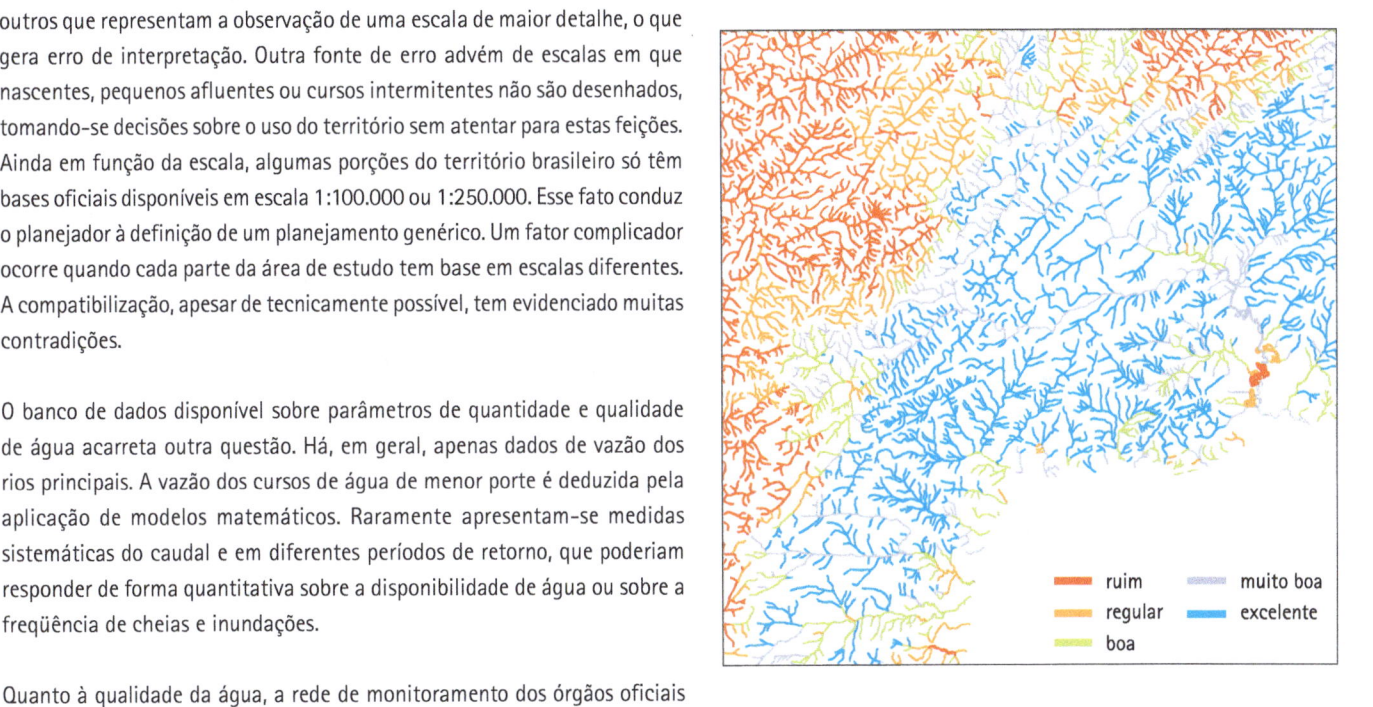

Figura 5.18 *Provável qualidade das águas ao longo dos cursos, definida em função das pressões humanas e impactos ocorrentes. Trata-se da região de Paraty, RJ. Sob essa estratégia deduz-se que a melhor qualidade de água localiza-se na área pertencente ao Parque Nacional da Serra da Bocaina, enquanto a pior, ocorreu na região dos campos antrópicos de Cunha. Fonte: MMA, 2001*

Mais difícil é a análise das águas subterrâneas. A inexistência de estudos hidrogeológicos em nível regional é comum e o uso de dados puntuais tem levado a erros grosseiros. O levantamento e mapeamento de aqüíferos e altura do nível freático, bem como sua qualidade ou estado de contaminação, raramente são apresentados. Essa deficiência no planejamento decorre do tempo e custo necessários para o desenvolvimento de tais estudos. Assim, os planejadores acabam optando pelo uso de evidências de tais atributos pela avaliação da geologia, declividade ou solo.

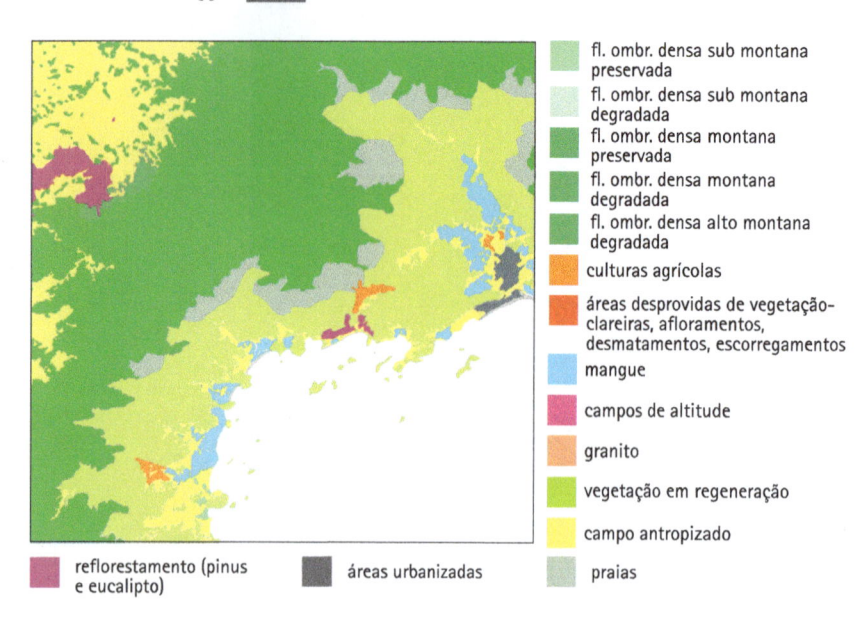

Fig. 5.19 *Ilustração do mapa de vegetação da regiãode Paraty, RJ. O mapa foi obtido por interpretação de imagens de satélite, fotos aéreas e visitas de campo. A vegetação natural mais preservada concentra-se na área do Parque Nacional da Serra da Bocaina. Neste mapa não é possível representar as inúmeras trilhas constatadas nas visitas de campo que induzem a impactos em todas as fisionomias: da vegetação sobre restinga à floresta alto montana. Fonte: MMA, 2001 (modificado)*

Quadro 5.12 Trecho da caracterização dos tipos vegetacionais do domínio Mata Atlântica, elaborado para a região Norte do Estado de SP.

formações e tipos de cobertura vegetal do domínio mata atlântica		principal estado de conservação	pressões históricas	área(ha)	% de cobertura
campo	de altitude	degradado	há relatos e documentos sobre queimadas desde 1832 até os dias atuais e uso para pastejo; raros fragmentos estão isentos da ação do fogo	2.501	2,40
floresta ombrofila densa	alto-montana	preservado	relatos locais citam a preservação dessa floresta em virtude da inacessibilidade e proteção do proprietário das terras, desde o século XIX	5.108	4,91
	montana	preservada	área sempre descrita como em bom estado de conservação por relatos de naturalistas e escritos locais, devido à inacessibilidade da escarpa	2.3083	22,18
	submon-tana	degradada	a passagem de naturalistas por essa região, entre o período do ciclo do ouro e ciclo do café, registrou ocorrência de grandes desmatamentos voltados para o plantio do café e, depois, formação de campos; há inúmeros relatos de sinais de erosão; há grande número de citações de espécies vegetais arbóreas em fragmentos florestais conservados e descritos como de boa qualidade ambiental	18.692	17,96
formação pioneira	vegetação sobre restinga	degradada	fotos registram que, desde o século XIX, a vegetação sobre restinga não existia ou já existia em estado degradado; trilhas e um pequeno aglomerado populacional foram construídos e desmobilizados; a restinga recuperou-se, porém continua sofrendo pressões por outras vias de acesso e mercadores.	20	0,01

Fonte: MMA, 2001 (modificado)

Como já se disse, atualmente o planejamento utiliza complexas ferramentas que geram produtos cuja aparência e sofisticação mascaram a verdadeira eficácia e eficiência do resultado obtido. As avaliações relativas à água constituem um desses casos.

VEGETAÇÃO

Pelo seu inerente potencial como indicador, a vegetação é um tema muito valorizado pelos planejadores. É um elemento do meio natural muito sensível às condições e tendências da paisagem, reagindo distinta e rapidamente às variações. A vegetação pode mudar abruptamente, em curtos períodos de tempo e dentro de pequenas distâncias. Seu estudo permite conhecer, por um lado, as condições naturais do território e, por outro, as influências antrópicas recebidas, podendo-se inferir, globalmente, a qualidade do meio. Assim, quanto mais próxima a vegetação estiver de seus limites de tolerância às variações dos fatores abióticos e bióticos, mais vulnerável será, caso em que a resposta da vegetação pode ser explícita e de permanência mais longa. Em suma, permite descrever o estado e, ao mesmo tempo, deduzir os vetores de pressão que o produzem.

Em planejamento, a vegetação é caracterizada pelo domínio, formações e tipos de cobertura natural, que devem ser espacializados, quantificados e qualificados de acordo com seu estado de conservação atual (Fig. 5.19 e quadro 5.12). Em seguida, as formações costumam ser identificadas pela fisionomia, pela estrutura e pela composição florística. Essas avaliações, em datas diferentes, permitem indicar as mudanças, sua direção e velocidade ao longo do tempo. Além disso, é aconselhável obter levantamentos da história natural, escritos de botânicos e depoimentos locais, para reconstruir os cenários passados e compreender a descrição do cenário atual (veja Cap. 3).

O mapeamento da vegetação é a forma mais comum encontrada no planejamento ambiental para as tomadas de decisão relativas à conservação de ecossistemas naturais, expressando suas principais características importantes - a distribuição, grau de fragmentação, forma e heterogeneidade espacial dos remanescentes. Por meio de um mapa, pode-se destacar os efeitos provocados e a nova ordem (ou desordem) estabelecida na região pelas ações humanas. Pode-se também deduzir a direção de sua evolução ou **séries sucessionais**, as comunidades pioneiras e as substitutas. Para mapear uma vegetação, a primeira questão é definir o tipo de mapeamento a ser realizado. Ele depende das metas e dos objetivos do planejamento, do tamanho da área, do grau de conhecimento sobre a vegetação, do tempo, da dotação orçamentária e das imagens de sensores remotos (imagens de satélite ou fotografias aéreas) disponíveis para tal trabalho. Desta forma, utiliza-se desde mapas do tipo exploratório até mapas de detalhe, entre 1:250.000 e 1:5.000. No Brasil, é bastante comum o uso da escala 1:50.000, mas o rápido aprimoramento dos sensores orbitais vem permitindo que se estude a vegetação em escalas cada vez mais detalhadas. Em função da escala de observação obtém-se um produto específico. Assim, por exemplo, na escala exploratória pode-se mapear o domínio, mas não os tipos vegetacionais, enquanto que a escala de reconhecimento ou semi-detalhe mapeia os tipos, mas não o estado de conservação. Destaque-se que, em alguns países, como França, Austrália e Inglaterra, são elaborados mapas em tal detalhe que os resultados representam um inventário das comunidades de plantas ou de espécies existentes, com determinação de sua localização, extensão e distribuição geográfica no espaço. No Brasil, às vezes, é importante selecionar uma escala que represente pequenos fragmentos de vegetação natural. Em áreas de **hotspots** que foram muito dizimadas, por exemplo, fragmentos reduzidos são muito importantes por representarem a possibilidade de manter conservada a memória da história natural.

Outra decisão a ser tomada é sobre a adoção do sistema de classificação da vegetação. No Brasil existem vários sistemas[1], cada um expressando de forma diversa a variabilidade e complexidade dos ecossistemas, utilizando ou critério fisionômico, ou critério fisionômico-estrutural, ou fisionômico-ecológico, ou fisionômico-florístico, ou domínio morfoclimático, ou o habitat, e assim por diante. No entanto, é mais usual utilizar-se o sistema desenvolvido pelas diretrizes de Veloso e Góes Filho e descrito pelo IBGE (Instituto Brasileiro de Geografia e Estatística) com critérios fisionômicos e ecológicos.

Os produtos obtidos da interpretação da vegetação costumam ser modelados em um sistema de informações geográficas, resultando num mapa que deve ser aferido em campo. É importante frisar que a aferição da interpretação e correção do mapa de vegetação é uma fase vital para a elaboração do diagnóstico ambiental, porque permite rever os padrões de mapeamento adotados em função de feições específicas da topografia, das espécies ocorrentes, das características de borda dos fragmentos, enfim, daquelas características que somente *in loco* podem ser avaliadas. Não há produto de sensor ou classificação automática por meio de um sistema de informação geográfica que dispense o campo (veja Cap. 7). Um bom exemplo é dado pelos limites altimétricos, descritos em literatura, que determinam a separação entre os tipos vegetacionais, como Florestas Alto Montana, Montana e Submontana. Eles representam valores médios que, dependendo da região, precisam ser ajustados. Assim, é necessário observar as mudanças fisionômicas e encontrar as espécies indicadoras dessa transição. Outro bom exemplo é a vegetação sobre restinga. As planícies litorâneas apresentam uma complexidade que resulta em uma variação fisionômica muito grande, raramente mapeada por meio de sensores. Girardi (2002) apresenta vários exemplos em que o mapeamento de um tipo vegetacional sobre restinga, observado como um único polígono em escala entre 1:50.000 e 1:25.000, apresenta uma variação fisionômica interna muito grande quando observado em campo. Conclui que a representação usual das classes de vegetação de restinga em um mapa tem grande probabilidade de erro, por existirem outros tipos estruturais inclusos. A autora demonstrou ainda que a classe floresta fechada, baixa e homogênea sobre planície detrítica mista, em bom estado de conservação, pode ser facilmente identificada por diagrama de perfil, mas, em um mapeamento em escala de até 1:25.000, ela se confunde com o padrão de vegetação de restinga alterada. Desta forma, uma área conservada que apresente um padrão atípico, de grande valor para conservação, pode ficar fora da zona de preservação, se a única estratégia adotada for o mapeamento.

No campo ou por meio das imagens dos sensores remotos, podem ser observados alguns parâmetros descritores da cobertura vegetal que são essenciais para sua compreensão. Eles permitem um julgamento de valor da cobertura vegetal. Mesmo que interpretados de forma subjetiva, auxiliam na indicação do potencial da cobertura vegetal, uma vez que são reputados pela literatura como indicadores da diversidade e estabilidade dos sistemas naturais. Como descritores, incluem-se também as formações vegetais específicas, com estrutura e composição particulares, que ocorrem sobre minérios, bolsões climáticos ou composições peculiares do solo, que auxiliam na definição da raridade de cobertura vegetal.

O quadro 5.13 exemplifica uma planilha de campo, cujo objetivo é reunir alguns descritores que, em seu somatório, permitem a descrição concisa da qualidade da vegetação.

---

[1] Veloso et al.,1991, revisaram os sistemas de classificação da vegetação no Brasil, citando como marco o trabalho de Martius, em 1824, que identificou cinco regiões florísticas.

Para muitos planejadores e botânicos, o mapeamento não é uma tarefa suficiente para o planejamento que visa a conservação. Seu produto não expressa a dinâmica e nem a heterogeneidade dos ecossistemas naturais. É necessário, no mínimo, complementá-lo com levantamentos de campo que discriminem a composição florística, a estrutura e a heterogeneidade interna dos sistemas, a distribuição de espécies e as relações dinâmicas entre os indivíduos no espaço. Para tanto, é comum elaborarem-se estudos fitossociológicos que amostrem indivíduos e meçam relações de freqüência, densidade, dominância e valor de importância para as espécies ocorrentes. Esses estudos podem vir acompanhados de diagramas de perfil, representando as diferenças fisionômicas encontradas em campo pelo desenho de cada indivíduo numa linha de referência (Fig. 5.20 e quadro 5.14). Os perfis definem composição, fisionomia, altura da cobertura e número de estratos, diâmetro de troncos e diversidade de formas.

Neles são também representadas características como tortuosidade dos caules, formas das copas, ramificações, presença de epífitas, presença de indivíduos apresentando rebrota e indivíduos tombados, que nada mais são que indícios para interpretação da qualidade, da integridade e das interferências humanas sobre a vegetação. Além de fornecer uma visão mais dinâmica dos fragmentos vegetacionais, essa estratégia permite detectar subpadrões fisionômicos não mapeáveis por imagens de sensores remotos.

Os procedimentos de análise para a vegetação citados neste capítulo são os mais usuais, embora exista na literatura um número infindável de avaliações de qualidade. Contudo, a maioria delas exige classificações de campo que requerem tempo e equipe especialista, além de implicarem alto custo. Para o planejador, sempre resta a decisão sobre qual a melhor e mais adequada estratégia a ser adotada, frente às condições impostas pelo planejamento.

Quadro 5.13 Planilha de campo com descritores da vegetação

Responsável pela planilha:		espécies mais freqüentes:	
área ocupada (ha):		espécies importantes (nº, biomassa...):	
área original/área atual de cobertura vegetal (% estimada):		espécies emergentes (altura e diâmetro):	
		espécies invasoras ou dominantes (% aproximada):	
tipo de cobertura vegetal		ocorrência de floração:	
domínio formação tipo	preservada	ocorrência de frutificação:	
	pouco antropizada	tipo predominante de reprodução:	
	muito antropizada	número de estratos:	
tipos de estrato/estrutura:	arbóreo	área de borda - forma	circular
	arbustivo		oval
	subarbustivo		fusiforme
	herbáceo		estrelar
	escandescente		irregular
	epifítico		ininterrupta
elemento predominante	árvores		pouco interrompida
	arbustos		muito interrompida
	herbáceas		
	epífitas	área de borda - largura aproximada	faixa estreita
	lianas		faixa extensa
	líquens		faixa muito extensa
	outros		
tamanho das folhas	macrófila	zona de contato	abrupta
	mesófila		gradativa
	micrófila	estrutura e/ou composições particulares	minérios
	nanófila		bolsões climáticos
características das folhas	caducifólia		composições/solo/relevo
	perenifólia		outras:
	aciculifólia		
	esclerofilia	presença de	cipós lenhosos
	suculenta		espinhos
	outra:		muitos elementos lenhosos - serapilheira
altura das árvores	0,3 - 1m		serapilheira foliar densa/pouca
	1 - 3m		gomose
	3 - 5m	VALORES DA BIODIVERSIDADE	
	5 - 15m	valores éticos e morais	valor intrínseco
	15 - 25m		valor como herança humana
	>25m		
densidade da cobertura (% estimada)	muito baixa: até 10%	valores estéticos e de recreação	contemplação
	baixa: 10 - 50%		observação
	regular: 50 - 70%		exploração dos sentidos: ouvir/tocar/ver
	alta: 70 - 90%		atividades físicas
	muito alta: >90%		arte a partir da paisagem

composição do dossel	esporádico	valor como recurso	fonte de alimento
	raro		fonte de produtos farmacêuticos
	agrupado		fonte de controle biológico
	interrompido		fonte de materiais para construção
	contínuo		fonte de materiais para manufatura
	íntegro		fonte de combustíveis energéticos
nº de indivíduos/m² (em 100m²)	1 – 5		para pesquisa científica
	5 -15		para educação de forma geral
	15 - 30		para desenvolvimento tecnológico
	30 - 60	valor para o equilíbrio do ambiente	manutenção das fontes naturais de água
	60 - 90		absorção de resíduos
	>90		equilíbrio climático: global/regional/local
perímetro do tronco	<4cm		indicadores de mudanças ambientais
	4 - 10cm		proteção a distúrbios ambientais: enchentes/vendavais/pragas
	10 - 20cm		
	20 - 30cm		
	>30cm		
estádio sucessional	clímax	valores desconhecidos (espécies)	muito alto (1% de conhecimento)
	subclímax		alto (2% - 30%)
	sucessão inicial		médio (>30%<90%)
	sucessão intermediária		baixo (>90%)
	sucessão tardia		
distribuição espacial dos fragmentos	aleatória	valor de reconstrução	reflorestamentos para: reabilitação
	agrupada		recuperação
	sistemática		restauração
	outra distribuição		
grau de isolamento de remanescente florestal dentro da unidade	alto	PRINCIPAIS AÇÕES IMPACTANTES	
	médio		fogo
	baixo		desmatamento (corte de madeira dura)
rareza de cobertura vegetal/espécie	sim		desmatamento (corte de madeira mole)
	não		corte seletivo (palmito, bromélias, antúrios)
razão de rareza	espécies ameaçadas de extinção		trilha ou vias vicinais
	espécies raras		linhas de energia e comunicação
	espécies endêmicas		mineração
	ecossistema raro/endêmico		agricultura de subsistência
	proteção à fauna rara/endêmica/protegida por lei		outra
	monumento histórico natural	PROVÁVEL REVERSIBILIDADE NATURAL DO ESTADO IMPACTADO	
	espécies de valor cultural regional	bastante lenta (>100 anos)	lenta (30-100 anos)
	plantas medicinais	média (10 – 30 anos)	rápida (< 10 anos)
	madeiras nobres	valor do ecossistema natural (1, 2, 3, 4, 5)	
	outras razões		
formas dos remanescentes	outras formas:		

Todo planejador sabe que as tomadas de decisão vinculadas ao tema vegetação teriam muito mais confiabilidade se este fosse estudado pelo conjunto de critérios fisionômicos, florísticos e ecológicos. O estudo sobre a biologia das populações, sua distribuição no território e sua evolução no tempo auxilia na compreensão da dinâmica das populações. No entanto, essa aspiração é impossível de ser concretizada na maioria dos casos. Cabe, então, à equipe decidir a melhor estratégia frente aos objetivos propostos. O usual nos planejamentos é reduzir a análise a critérios fisionômicos que podem ser mapeados em diversas escalas e em qualquer região. Elaboram-se mapas que generalizam e homogenizam os tipos vegetacionais no espaço. Essa decisão pode vir a ser desastrosa se os tomadores de decisão esquecerem que os limites dos polígonos mapeados são arbitrários, ou seja, resultaram da decisão prévia sobre o que é homogêneo ou não, o que tem (ou não) a mesma estrutura, fisionomia, comportamento ou dinâmica. Um mesmo mapa elaborado por diferentes grupos gera diferentes polígonos, uma vez que cada grupo decide de forma diferente sobre o que deve ser representado, como também, sobre o tamanho da célula que representa a heterogeneidade relevante - o que, sem dúvida, interfere nas decisões sobre preservação ou conservação. Esta constatação é muito mais marcante quando se trata de manchas de vegetação que têm variação interna grande, áreas no limiar da resolução do mapa, tipos de vegetação de transição ou áreas em estágios evolutivos (como as séries sucessionais, iniciais a intermediárias).

COMPOSIÇÃO EM ESPÉCIES

1. Allophyllus edulis	11. Dendropanax cuneatum	21. Psychotria carthaginensis
2. Arecastrum romanzoffianum	12. Gochnatia polymorpha	22. Rapanea umbellata
3. Cabralea canjerana	13. Guarea macrophylla	23. Rhamnidium elaeocarpum
4. Campomanesia guaviroba	14. Hybanthus atropurpureus	24. Sebastiania serrata
5. Casearia decandra	15. Inga marginata	25. Trichilia clausseni
6. Casearia obliqua	16. Luehea divaricata	26. Trichilia elegans
7. Cecropia pachystachia	17. Matayba guianensis	27. Zanthoxylum rhoifolium
8. Citronella megaphylla	18. Myrcia multiflora	28. Zanthoxylum bieloperone
9. Croton floribundus	19. Piptadenia gonoacantha	
10. Croton urucurana	20. Psidium guajava	

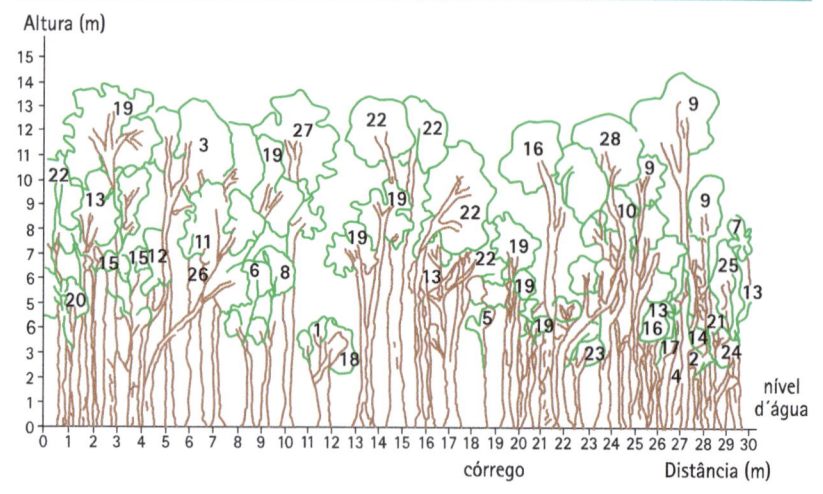

Espécies amostradas em um fragmento de mata e seus parâmetros fitossociológicos

ESPÉCIE	FAMÍLIA	Ni	FR	DOR	DR	VI
Copaifera langsdorffii	Caesalpinoideae	31	7,93	19,24	16,48	43,65
Guapira opposita	Nyctaginaceae	10	4,76	3,32	5,31	13,29
Eugenia gardneriana	Myrtaceae	8	4,76	3,90	4,25	12,91
Casearia sylvestris	Flacourtiaceae	8	5,55	1,90	4,25	11,70
Eugenia moraviana	Myrtaceae	5	3,17	4,95	2,65	10,77

Ni: número de indivíduos; FR: freqüência relativa; DOR: dominância relativa; DR: densidade relativa; VI: valor de importância

Fig. 5.20 *Exemplo de resultados apresentados em levantamento florístico fitossociológico de floresta estacional semidecidual e diagrama de perfil, realizado num fragmento localizado na bacia do ribeirão Atibaia, na região da Depressão Periférica, SP, em 1998. Fonte: Santos e Mantovani, 1999 (modificado)*

A arbitrariedade é maior quando a informação sobre os limites da vegetação deriva automaticamente dos dados de sensoriamento remoto, sem a devida validação em campo. O planejador deve estar atento para alicerçar o desenvolvimento de princípios para o manejo nos padrões ecológicos dos processos do meio e não nos padrões da imagem. Nessa concepção, não é tão fácil navegar entre diferentes escalas, como muitos planejadores sugerem ser possível, pois é muito trabalhosa a interpretação de como e quando a informação pode ser transferida e delimitada.

Para minimizar erros de interpretação, muitas vezes associam-se imagens de sensores remotos - de máquinas fotográficas aerolevantamentos ou de satélites. Este procedimento não auxilia, no entanto, na qualificação do estado e estrutura da vegetação que continuam sendo subjetivas, uma vez que os descritores espaciais são qualitativos e multicategóricos (veja Cap. 3).

Não há dúvida que erros menores são cometidos quando os trabalhos de campo são intensivos. No entanto, quando eles são realizados no processo de planejamento, é comum encontrarem três limitações: (a) o campo costuma ser pontual, preso às vias de acesso e pouco representativo dos fragmentos mapeados, (b) o levantamento fitossociológico, como já alertado por Braun-Blanquet e colaboradores (1979), não é diretamente adaptável ao mapeamento, exceto em escalas de grande detalhe e (c) os levantamentos costumam reduzir-se à elaboração de alguns diagramas de perfil dos fragmentos vegetacionais, dando preferência aos mais conservados.

Para que os resultados sejam confiáveis, é necessária uma amostragem significativa, obedecendo a um percentual estatisticamente calculado para toda a cobertura vegetal e em cada categoria de vegetação mapeada. Ou seja, a amostragem deve relativizar as variações fisionômicas mapeadas. A identificação de espécies, sempre necessária nesse tipo de levantamento, requer extensa amostragem. Como já alertado, o procedimento é caro, trabalhoso, exige equipe especializada de trabalho e é demorado. A avaliação por diagrama de perfil, em detrimento dos levantamentos fitossociológicos, reduz esses condicionantes, pela facilidade e rapidez de aplicação em campo. Além disso, os diagramas de perfil evidenciam fisionomias e estruturas não apontadas pelo mapeamento, como estratificação da vegetação, formas de vida presentes, composição de espécies e detalhes do sítio físico em que a vegetação ocorre. Esta é a razão porque tantos se utilizam dessa técnica nos planejamentos.

Quadro 5.14 Distribuição de espécies em relação aos tipos fisionômicos

ESPÉCIES		VEGETAÇÃO					
nome científico	nome popular	vegetação ciliar	mata semidecídua	cerrado	cerradão	áreas úmidas	áreas de uso antrópico
ANACARDIACEAE							
Anacardium humile	cajueiro			X			X
Myracrodruon urundeuva	aroeira		X		X		
Tapirira guianensis	pombeiro	X	X		X		X
ANNONACEAE							
Annona coriacea	ariticum			X			
A. crassifolia	ariticum			X	X		X

O que é necessário ressaltar nesses últimos parágrafos é que cada uma das alternativas metodológicas oferece vantagens e desvantagens e podem ser complementares, minimizando os erros. Porém, essa complementação não deve ser simplesmente uma soma, pois cada estratégia faz uso de um tipo de amostra que generaliza, mais ou menos, a continuidade das propriedades e a heterogeneidade dos sistemas naturais no espaço. Nos últimos anos, com esse enfoque, alguns planejadores têm experimentado técnicas estatísticas para modelar e representar as mudanças espaciais de forma mais contínua, sem limites rígidos, mais baseadas em levantamentos de campo.

A realidade brasileira é que, ainda em dias atuais, a maioria dos planejamentos decide pelo aspecto fisionômico da vegetação. Alguns se reduzem à avaliação do estrato dominante da cobertura e quase nunca interpretam a dinâmica das populações. É difícil, desta forma, reconhecer o real valor dos fragmentos vegetacionais. A composição, raridade, potencialidade, fragilidade, ameaça à extinção e dinâmica, entre outras características, são deduzidas por via indireta, amostral, o que não significa um erro, mas uma limitação. Mais uma vez é necessário reforçar que é erro grosseiro não descrever as incertezas advindas dessas limitações. Lembrar sempre que as decisões sobre o que deve ser preservado, conservado ou manejado, bem como a responsabilidade de garantir a manutenção de toda a heterogeneidade natural existente numa área de estudo, depende dessas reflexões.

FAUNA

Em planejamento ambiental, a fauna tem, basicamente, a função de indicar a qualidade ambiental do meio, escolher e definir áreas a serem protegidas e especificar manejo.

Como as características e diversidade da vegetação refletem-se diretamente sobre a fauna, ambas são consideradas temas contíguos, tendo descritores comuns. Assim, de forma semelhante ao tema vegetação, o caminho é reconhecer a estrutura e diversidade da comunidade; a composição; a abundância; a freqüência; a distribuição; a dominância e a riqueza de espécies; a presença de espécies raras, em perigo, ameaçadas de extinção, exóticas e migratórias; os endemismos; a integridade e diversidade dos habitats e os tipos e graus de perturbação, entre outros descritores. Características diretas da vegetação (como estrutura, representatividade, tamanho de área ou grau de isolamento dos fragmentos) ou do meio físico (topografia, chuva, temperatura, altitude etc) são utilizadas para compor o diagnóstico. Elabora-se, dessa forma, uma relação estreita entre diversidade de ambientes e diversidade da fauna.

De forma geral, a primeira etapa do trabalho refere-se aos levantamentos das visitas feitas por naturalistas na área de estudo e das espécies coletadas na região e catalogadas em universidades e museus. Pode-se também

Quadro 5.15 Exemplo de caracterização de alguns mamíferos indicadores da qualidade e da conservação ambiental de um trecho de Mata Atlântica (Serra da Bocaina)

NOME CIENTÍFICO	NOME POPULAR	ALGUMAS CARACTERÍSTICAS
Brachyteles arachnoides	mono-carvoeiro	É o primata mais raro entre as espécies que ocorrem na região. É encontrado em floresta densa montana, preferencialmente em meia encosta, onde se alimenta de grandes frutos. Muito procurado por caçadores, é sensível à alteração do habitat, extremamente vulnerável e ameaçado de extinção. Registros atuais são raros, sendo provável que a população não esteja conseguindo atingir um número mínimo viável que assegure sua sobrevivência futura.
Callithrix aurita	sagüi-da-serra escura	É uma espécie da floresta ombrófila densa montana, com evidências de ocorrência em regiões baixo-montana, com registros atuais a cerca de 160m de altitude na vertente costeira. É ameaçada de extinção, porém não é exigente, em termos de habitat, como o mono-carvoeiro. Seu ambiente preferencial são grotas e fundo de vales ao longo de rios com vegetação de subbosque denso intercalado em certas regiões com bambus. Vive em grupos de cinco a oito indivíduos em média e se alimenta de insetos e pequenos frutos que são encontrados principalmente nas matas secundárias. A espécie é localmente abundante, sendo a região de estudo fundamental para garantir sua sobrevivência.
Leopardus tigrinus	gato-do-mato-pequeno	Encontrado preferencialmente em floresta montana e alto-montana, mas também ocorre em florestas de áreas baixas. Suas pegadas são raramente avistadas.
Tapirus terrestris	anta	É o maior mamífero terrestre que ocorre na região. Não permanece muito tempo longe de água e demonstra grande fidelidade a determinadas trilhas, sendo, portanto, vulnerável a caçadores. Apesar de não ser considerada em extinção, seus registros atuais e passado recente são raros.
Pipile jacutinga	jacutinga	Essa espécie de ave, ameaçada de extinção, era de ampla ocorrência e foi vista recentemente na região, porém sua presença é incerta. Suas áreas de ocorrência devem ser altamente prioritárias para conservação.
Capornis cucullatus	corocochó	Ave endêmica, granívora, presente em mata de altitude, indicadora de boa qualidade de habitat.

Fonte: MMA, 2001 (modificado)

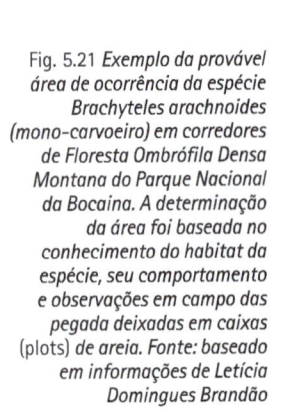

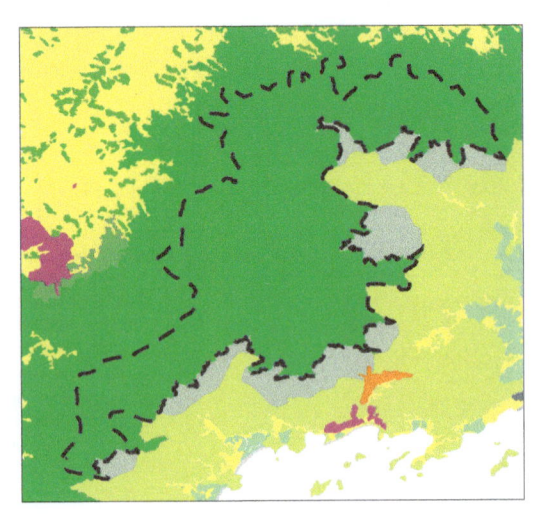

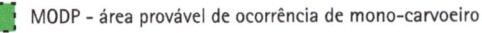

Fig. 5.21 *Exemplo da provável área de ocorrência da espécie Brachyteles arachnoides (mono-carvoeiro) em corredores de Floresta Ombrófila Densa Montana do Parque Nacional da Bocaina. A determinação da área foi baseada no conhecimento do habitat da espécie, seu comportamento e observações em campo das pegada deixadas em caixas (plots) de areia. Fonte: baseado em informações de Letícia Domingues Brandão*

MODP - área provável de ocorrência de mono-carvoeiro

obter depoimentos locais, por meio de entrevistas com especialistas, técnicos em meio ambiente e população. O conjunto de informações pode indicar a fauna ocorrente ou potencial na área de planejamento, em dias atuais e no passado. É o início da construção do cenário de qualidade ambiental em relação a esse tema. Estes dados costumam fornecer uma informação importante, porém genérica. É necessário identificar e caracterizar a fauna que ocorre no espaço e no tempo do planejamento. No Brasil, esta é uma tarefa muito difícil, pois existe uma enorme diversidade em espécies nos mais diferentes habitats. Desta forma, a estratégia é selecionar bons indicadores da fauna local, em função de peculiaridades como área de domínio, dominância de habitat, exclusividade à paisagem, especificidade alimentar, diferentes exigências ecológicas, facilidade de identificação ou outras características que conduzam à interpretação da qualidade ambiental. Para esses indicadores descrevem-se as características e o padrão de distribuição (quadro 5.15).

Alguns planejamentos mapeiam a distribuição das espécies indicadoras por dois caminhos: pela identificação no mapa de vegetação dos ambientes propícios à espécie (Fig. 5.21) ou pela sua distribuição identificada por levantamento exaustivo *in situ*. No primeiro caso, é comum a realização de um campo expedito para checar a ocorrência por meio de pontos de observação. Com esse procedimento, pode-se comparar as áreas onde a espécie é esperada em relação aos locais onde sua presença foi confirmada, inferindo prováveis problemas de conservação com a espécie. No segundo caso, é elaborado um banco de dados que relaciona pontos de ocorrência geo-referenciados por GPS (*Geographic Positioning System*) e área de abrangência (ou área provável de movimentação ou limites extremos de localização). Neste caso, pode-se também representar no mapa a abundância (densidade estimada por área). Os resultados são apresentados em um mapa de fauna (Fig. 5.22), nas mais diferentes escalas, dependendo da qualidade da informação.

Essas estratégias são muito importantes porque ajudam a entender a distribuição de espécies e seus habitats. Se a amostragem for adequada, permite compreender o padrão de distribuição das espécies em relação às características do meio. Desta maneira, pode-se sugerir ou corrigir os limites de áreas destinadas à preservação e ao manejo. Os planejadores podem, também, relacionar a distribuição das espécies indicadoras com a localização das atividades humanas, para debater ameaças e conflitos existentes.

Recentemente, tornou-se bastante usual a aplicação do método de Avaliação Ecológica Rápida (AER), desenvolvido pelas ONGs norte-americanas Conservation International e The Nature Conservancy. Sua proposta é determinar, por seções amostrais em campo, a presença de espécies da fauna em paisagens distintas, prevendo identificar grupos ou espécies que são únicos ou que têm alta importância ecológica. Relaciona, assim, a presença de espécies-chave da teia alimentar, raras, ameaçadas de extinção e endêmicas, a partir dos grupos faunísticos de maior expressão e como indicadores de qualidade do meio (quadro 5.16). O especialista procura em campo observar os animais, seus habitats e evidências de ocorrência, como pegadas, fezes, pêlos ou penas (Fig. 5.23).

Quadro 5.16 Trecho do resultado obtido pela aplicação da AER numa trilha que atravessa o Parque Nacional da Serra da Bocaina

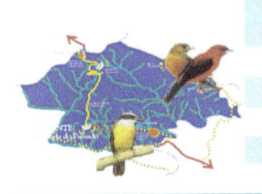

local da transecção: trilha Parati-Cunha, entre as cotas altimétricas 650 e 1000m
espécies de aves observadas: 112
endêmicas: 53(47,3%)
espécies presumidamente ameaçadas: 9
ameaçada de extinção: 1 (sabiá-cica - *Triclaria malachitacea*)
indicadoras de ambiente florestal contínuo: 6

Fonte: MMA, 2001 (modificado)

Esta proposta é válida para um trabalho preliminar mas, por si só, não expressa o conhecimento necessário para tomar decisões sobre manejo e conservação. O método é utilizado porque permite respostas rápidas, a baixo custo, mas o aplicador tem que ser um excelente especialista para que as informações sejam suficientes em quantidade e qualidade.

No Brasil, os planejamentos raramente aplicam métodos usuais de contagem ou coleta diretas, como contagem por sobrevôo, uso de armadilhas de interceptação e queda, tubos de PVC ou abrigos artificiais. Utilizam, de maneira mais comum, a procura visual por um tempo pré-definido, por rastros, ou por pegadas em "plotes" de areia (Fig. 5.23). Esta decisão está ligada ao esforço amostral, tempo e custo necessários para sua aplicação. É óbvio que cada decisão gera resultados e limites de interpretação distintos.

Por conseqüência da dificuldade de informações sobre a fauna, o mapeamento da sua distribuição raramente é realizado. Se existe precariedade amostral, os pontos de localização no mapa podem não demonstrar a presença da espécie indicadora em toda a sua área de abrangência, ou os pontos de observação incluem tanto ambientes apropriados como não apropriados à espécie.

Há, ainda, outras inconsistências nos levantamentos de fauna em planejamento. Nem sempre se escolhem os melhores indicadores ou os melhores são exatamente aquelas espécies desconhecidas para a região. Os indicadores costumam ser concentrados em um grupo, como a avifauna ou mastofauna. Muitas decisões trabalham mais com a fauna que potencialmente poderia existir na área de estudo, do que com a observada em campo. Outros trabalham os dados inclusos e restritos à área de estudo, como se a fauna fosse uma ilha, sem considerar a região em que está inserida. Outros fazem longas listagens sem se preocupar em identificar os habitats e caracterizar as interações entre vegetação e fauna, que devem ser a base do conhecimento para definir as áreas para preservação da biodiversidade.

Fig. 5.22 *Exemplo de mapa de áreas de vida de três espécies (bandos mistos) de aves de sub-bosque na Estação Ecológica Juréia-Itatins, SP, estabelecido pelo método do mínimo polígono convexo com as posições dos indivíduos espacializadas com GPS. Fonte: Develey, 1997*

A realidade é que as decisões relativas à conservação da fauna em planejamento ambiental ficam mais ligadas à interpretação da qualidade da vegetação do que propriamente aos dados levantados. Apesar de parecer impróprio, esse caminho é muitas vezes mais adequado do que, por exemplo, cometer o erro grosseiro de basear a tomada de decisão em informações obtidas por entrevistas com populares, grande parte das vezes não confiáveis.

É importante reforçar que os estudos sobre a fauna não são inconclusivos, mas é necessário definir, com muito cuidado, a razão das limitações dos levantamentos e as incertezas das alternativas apresentadas. Tal qual para os outros temas, o importante é reconhecer e apresentar, claramente, no produto final, as limitações identificadas.

USO E OCUPAÇÃO DAS TERRAS

Uso e ocupação das terras é um tema básico para planejamento ambiental, porque retrata as atividades humanas que podem significar pressão e impacto sobre os elementos naturais. É uma ponte essencial para a análise de fontes de poluição e um elo importante de ligação entre as informações dos meios biofísico e socioeconômico.

Em geral, as formas de uso e ocupação são identificadas (tipos de uso), espacializadas (mapa de uso), caracterizadas (pela intensidade de uso e indícios de manejo) e quantificadas (percentual de área ocupada pelo tipo). As informações sobre esse tema devem descrever não só a situação atual, mas as mudanças recentes e o histórico de ocupação da área de estudo.

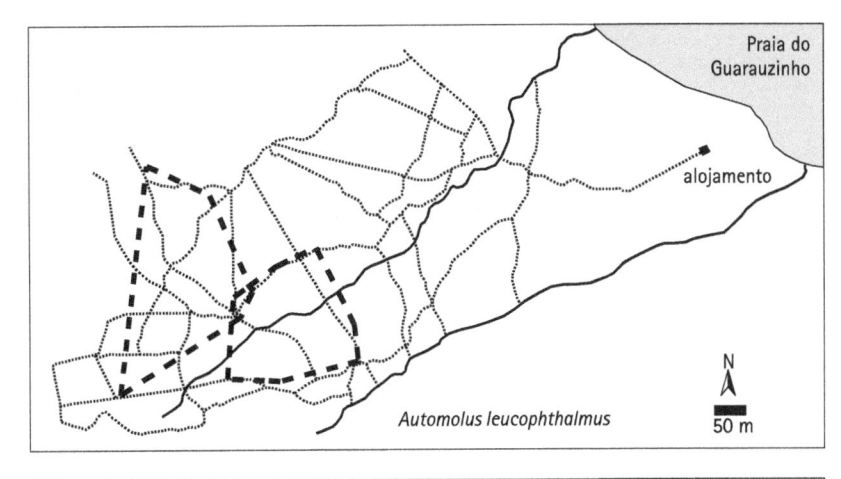

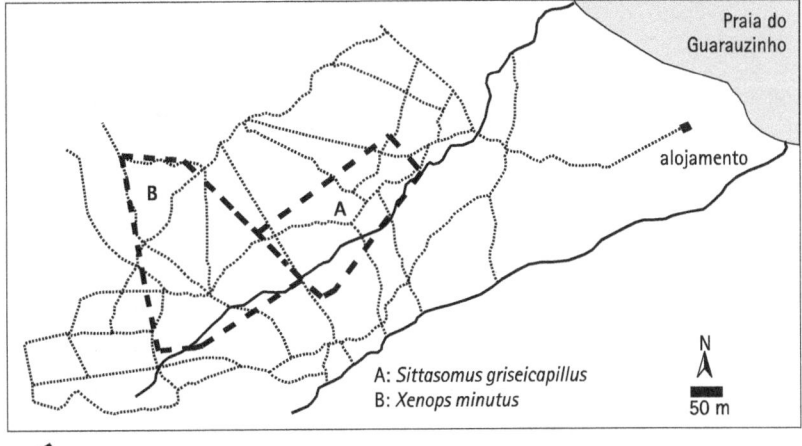

Fig. 5.23 *Exemplos de métodos usuais para coleta de animais: linha de armadilha de interceptação e queda; pegadas de lobo guará em estrada de areia (comprimento da passada 82 cm, largura da passada 13 cm); tubos de pvc; abrigo artificial para atrair vertebrados e plot para evidenciar pegadas. Fonte: www.eco.ib.usp.br/labvert (Marcio Martins)*

cortesia de Renata Pardini

Quadro 5.17 Exemplo de planilha para caracterização do material necessário para o mapeamento do uso e ocupação da terra

IMAGENS DE SATÉLITE					
satélite	órbita ponto	data da passagem do satélite	formato da imagem	pixel (m)	bandas
SOFTWARES DE PROCESSAMENTO DE IMAGENS E SISTEMA DE INFORMAÇÕES GEOGRÁFICAS					
softwares				versão	
material cartográfico e equipamentos:					
descrição:					
cartas ou mapas de referência:					
equipamentos (GPS, máquina fotográfica digital):					

Fonte: Santos, 2003 (modificado)

Quadro 5.18 Exemplo de um modelo de banco de dados sobre uso e ocupação da terra

CAMPO	TIPO	TAMANHO	DESCRIÇÃO
ID	autonumeração		número seqüencial atribuído pelo próprio SIG
categoria	caracter	100	identificação das grandes categorias de mapeamento (vegetação, corpos d'água, área agropecuária, área urbanizada, etc.)
classe	caracter	100	identificação das classes de uso e ocupação mapeadas (área urbana adensada, agricultura perene, etc.)
condição	caracter	100	identificação das condições mapeadas (degradado, manejo inadequado, etc.)
área_ha	numérico	fixo-2 decimais	área em hectares referente à categoria mapeada

Fonte: Santos, 2003 (modificado)

Os mapas que expressam a distribuição das atividades no espaço são elaborados a partir da interpretação de imagens de sensores remotos, sendo os dados modelados e trabalhados em um SIG (quadros 5.17 e 5.18). O procedimento metodológico é o mesmo para aquele descrito no item vegetação deste capítulo, uma vez que ambos são elaborados juntos, na mesma imagem. Isolam-se as categorias de vegetação ou uso e ocupação pela análise da cor, textura, forma e contexto dos alvos mapeados (quadro 5.19).

Espacializar os polígonos que identificam as categorias de uso na área planejada não basta. Para a interpretação dos dados, é também necessário considerar mapeamentos anteriores realizados na área, documentos bibliográficos que relatam a história da região, censos oficiais, relatórios de órgãos locais, planos e projetos propostos para a área. Só o conjunto permite construir cenários (veja Cap. 3).

A escala adotada varia entre os planejamentos, porque depende muito das características da região que se planeja. Assim, por exemplo, áreas que apresentam núcleos agrícolas muito pequenos ou ocupação urbana formando mosaico com outros usos exigem escala de detalhe. Áreas de monocultura e campos antrópicos aceitam uma escala mais generalizada. É importante reforçar que não se deve escolher a escala, nem fazer o mapeamento, antes de conhecer, em campo, o terreno que se planeja e selecionar os padrões a serem representados. Após mapeamento, é necessária outra avaliação *in loco*, para aferir o percentual de acerto dos polígonos delineados. O especialista utiliza em campo descritores que norteiam a busca dos dados (quadro 5.20) e procura verificar se existe relação entre as formas de uso e as feições do relevo, porque essa observação fornece ótimas evidências de acertos e desacertos ambientais.

O número de categorias ou classes de uso e ocupação varia muito nos planejamentos, desde a apresentação de uma única classe que reúne diferentes formas de uso (como áreas agropecuárias), até um número que expressa, detalhadamente, as atividades humanas (como cultura de cacau e banana consorciados ou cultura com até 3 hortaliças consorciadas). A seleção e ênfase dada a cada classe depende das características do local. Para as áreas de predomínio rural, o enfoque é para os tipos de uso agrícola, pecuária e silvicultura. Onde a ocupação é urbana, são destacadas classes como favelas, loteamentos ou centros industriais. A título de ilustração, o quadro

Quadro 5.19 Exemplos de padrões e tons de cores utilizados na interpretação de imagem do satélite Landsat para classificação do uso e ocupação da terra

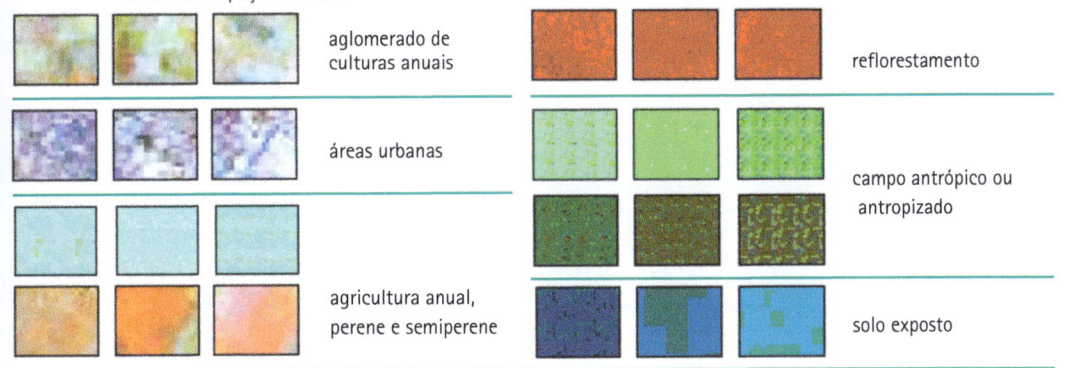

- aglomerado de culturas anuais
- áreas urbanas
- agricultura anual, perene e semiperene
- reflorestamento
- campo antrópico ou antropizado
- solo exposto

Fonte: Santos, 2003 (modificado)

5.21 apresenta uma classificação diferenciada em categorias e classes que definem um mapa de uso e ocupação da terra (Fig. 5.24 e quadro 5.22).

É um erro acreditar que seja simples a escolha das classes que compõem um mapa de uso e ocupação. Pode-se construir, numa única escala, diferentes propostas de classificação, cada uma produzindo um resultado que induzirá alternativas diversas ao final do planejamento. A imagem de um sensor pode estar representada na tela de um computador numa escala fixa, mas cada intérprete que a observar poderá definir agrupamentos ou detalhamentos dessa imagem de uma forma peculiar. Portanto, a composição da legenda deve ser muito bem estudada, antes de se iniciar o mapeamento. Naturalmente que se deve pensar nos objetivos e metas do planejamento, porém, é importante também considerar que a legenda deve estar fortemente ligada aos parâmetros socioeconômicos e nos fatores indutores de impacto aos elementos naturais. Por exemplo: mapear, como uma única classe, áreas urbanizadas, e apresentar estudos socioeconômicos que distinguem aglomerados e áreas urbanas de áreas urbanizadas; ou mapear, como uma única classe, os solos expostos e pretender discutir ocorrências de deslizamentos naturais e desmatamentos na floresta, resultam na desintegração dos temas que, sem dúvida, serão tratados isoladamente - situação inadmissível para o planejamento.

Um outro erro grosseiro, bastante cometido, é adotar escalas generalizadas para analisar áreas que concentram atividades em espaços reduzidos, como agricultura de subsistência, chácaras ou mineração de areia. Nestes casos, o mapa de uso e ocupação perde seu papel essencial, de tema mestre do planejamento ambiental.

TEMÁTICA DINÂMICA POPULACIONAL

A análise do processo de urbanização, suas conseqüências e a compreensão da estrutura e dinâmica da população,

Quadro 5.20 Exemplo de planilha de campo para levantamentos de uso e ocupação da terra

DESCRITORES DA OCUPAÇÃO E ATIVIDADES ANTRÓPICAS		
população	aglomerado	
	área rurbana	
	área urbanizada	
	outros	
adensamento da população	densidade alta	
	densidade média	
	densidade baixa	
espaço populacional	organizado	
	desorganizado	
grau de consolidação da população	alto	
	médio	
	baixo	
ocupação	em expansão	
	em retração	
intensidade de uso da terra	alta	
	média	
	baixa	
tipos de exploração	derrubada recente	
	extrativismo seletivo (espécie)	
	uso de material natural para artesanato	
	abertura de clareiras	
	destocamento (leve, médio, pesado)	
	exploração da planta em pé	
	lavoura perene	
	lavoura temporária ou semi-perene	
	lavoura anual	
	silvicultura de eucalipto	
	silvicultura de araucária	
	silvicultura de pinus	
	plantio de essências exóticas	
	plantio de essências nativas	
	reflorestamento misto	
	horticultura	
	fruticultura	
	olericultura	
	floricultura	
	pastagem nativa não melhorada	
	pastagem nativa melhorada	
	rotação de pastagem	
	prática de irrigação	
	consorciação de culturas	
práticas de manejo	nível tecnológico utilizado	
	tipo de manejo	
adequação de apropriação do terreno:		
valor (1, 2, 3, 4, 5):		

Quadro 5.21 Exemplos de categorias e classes para mapeamento de uso e ocupação da terra

CATEGORIA	CLASSES
agropecuária	reflorestamento agricultura perene agricultura semiperene agricultura anual campo antrópico
aglomerado rural	aglomerado rural de extensão urbana aglomerado rural isolado em processo de expansão aglomerado rural isolado consolidado
área urbanizada	área urbanizada consolidada área urbanizada em processo de consolidação área urbanizada em processo de expansão organizada área urbanizada em processo de expansão desorganizada
área rurbana	áreas de transição urbano-rural
área industrial	indústrias de pequeno porte indústrias de médio porte indústrias de grande porte
área minerária	mineração de pequeno porte mineração de médio porte mineração de grande porte
solo exposto	solo exposto por manejo agropecuário solo exposto por atividade minerária solo exposto por deslizamento: natural ou induzido solo exposto por desmatamento, aterramento, destocamento praias arenosas aeroporto
setor especial	penitenciárias portos sedes militares estações de tratamento de água, etc.

importantes para o diagnóstico ambiental, dependem da interpretação de aspectos demográficos. Essa temática, tal qual as outras ligadas à área socioeconômica, admite diversos temas e descritores. Cabe ao planejador definir quais são os melhores indicadores para cada tema tratado frente aos objetivos propostos, a capacidade da informação em representar um determinado fenômeno e a disponibilidade dos dados (veja Cap. 4). O quadro 5.23 fornece uma idéia dos descritores (ou indicadores) mais utilizados.

A avaliação do tema população residente inicia-se com a apresentação da densidade demográfica e da variação do crescimento populacional absoluto e relativo a um período de anos na área de estudo. No entanto, esses dados não bastam. É necessário entender o significado da variação desse número em termos da ocupação do espaço (situação de domicílio) e dos adensamentos (taxa de urbanização). Seja no meio urbano ou rural, é importante entender a distribuição da população em relação ao gênero (feminino, masculino) e às faixas etárias (0 a mais de 65 anos). Às informações sobre população residente é adicionado outro conhecimento: o da estrutura interna de grupos etários que podem explicar as relações de dependência entre a população economicamente ativa e a inativa. Estes dois temas representam a base para a compreensão das outras temáticas, dentro de uma lógica semelhante àquela descrita para a hidrografia e as curvas de nível, em relação aos meios físico e biológico.

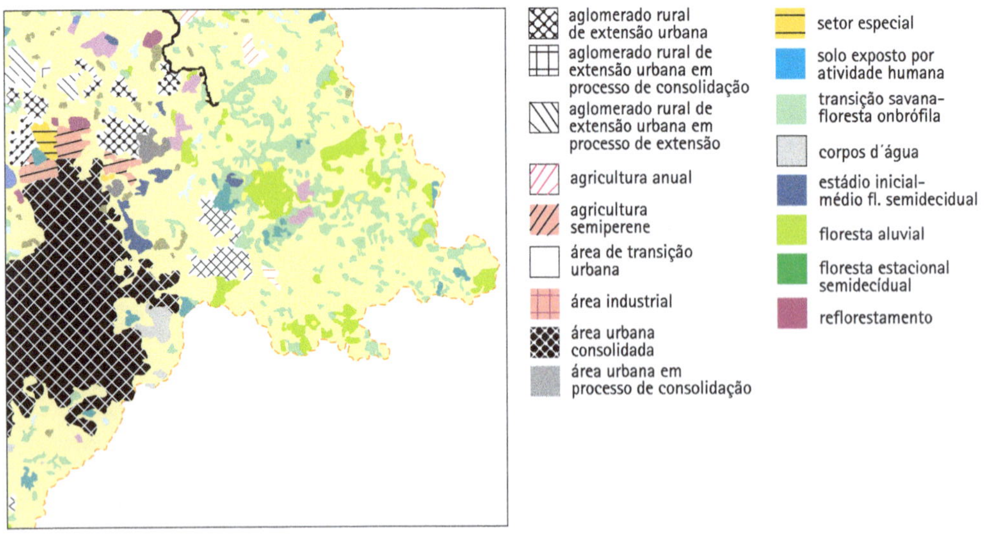

Fig. 5.24 *Exemplo de mapa de uso e ocupação da terra, região de Campinas. Nesta região existe um grande número de categorias e classes representados em pequenos fragmentos dispersos na área. Tal quadro reflete uma complexidade que dificulta o processo de planejamento e a delimitação de unidades homogêneas para a elaboração de diretrizes e posterior gestão da área.*
Fonte: Petrobras, 2003 (modificado)

Quadro 5.22 Exemplo de caracterização da ocupação e uso da terra
Municípios: Americana, Campinas, Cosmópolis, Holambra, Hortolândia, Jaguariúna, Nova Odessa, Paulínia, Sumaré (área total: 172.644,3 ha)

CATEGORIA	OCUPAÇÃO	ESTADO DE CONSERVAÇÃO	ÁREA (ha)	% COBERTURA
vegetação	estádio inicial-médio de sucessão	degradado preservado	1.341,9 0	0,78 0
	floresta aluvial	degradado preservado	6.202,8 1.18,0	3,59 0,07
	floresta estacional semidecidual submontana	degradado preservado	1.428,4 457,5	0,83 0,26
	cerrado	degradado preservado	12,4 0	0,02 0
	transição cerrado-floresta	degradado preservado	1.823,6 154,7	1,06 0,09

Fonte: Petrobrás, 2003 (modificado)

Os dados de entrada mais comuns compreendem dois tipos de unidades espaciais: municipal e por **setor censitário**. São obtidos a partir de levantamentos como censos, planilhas, cartogramas ou mapas. As fontes de informação são os órgãos oficiais como IBGE, Seade, MTE/RAIS, EMPLASA, TRE (Instituto Brasileiro de Geografia e Estatística, Sistema Estadual de Análise de Dados Econômicos, Ministério do Trabalho e Emprego, Relação Anual de Informações Sociais, Empresa Metropolitana de Planejamento da Grande São Paulo, Tribunal Regional Eleitoral) e prefeituras municipais.

Para que os dados de entrada resultem em indicador, é necessário selecioná-los, compô-los e calculá-los. Eles podem ser representados em texto, tabelas, gráficos, cartogramas ou mapas (Fig. 5.25).

Preparar estes dados não é uma tarefa fácil. Até o momento, os dados colocados em disponibilidade ao público são insuficientes. Se a unidade de coleta de dados é o município, os resultados são melhores, mas se a decisão for por outro tipo de área (como bacia hidrográfica, setor censitário ou vila), então o trabalho é bastante árduo e, muitas vezes, inconclusivo. Algumas vezes, o dado aparece como inexistente ou o dado do censo apresentado pelo órgão oficial em uma década não tem correspondente em outra década, o que significa que ele foi rejeitado ou recalculado. As inconsistências podem ser resolvidas, pois os órgãos oficiais têm estrutura para tanto, porém, esse trabalho leva tempo e tem um custo.

Quadro 5.23 Temas e descritores da dinâmica populacional

TEMAS		DESCRITORES
população residente	densidade demográfica (número total de habitantes por km^2)	quantidade de habitantes por km^2 em uma dada região
	distribuição da população por gênero e por situação do domicílio (urbano, rural)	percentual da população residente total, feminina e masculina (na área total, urbana e rural)
	urbanização	percentual da população da área urbana em relação à população total
	pirâmide etária	representação gráfica da estrutura de uma população, segundo idade e sexo (em área total, urbana e rural)
	taxa de crescimento geométrico anual (TGCA)	incremento médio anual da população, medido pela expressão $i = [P(t+n)/P(t)]^{1/n} - 1$, sendo $P(t+n)$ e $P(t)$ populações correspondentes a duas datas sucessivas, e no intervalo de tempo entre essas datas, medido em ano e fração de ano; pode ser calculada para população total, grupos etários ou sexo
	migração e êxodo	taxa de migração taxa de crescimento negativo
estrutura interna dos grupos etários e demandas potenciais	razão de dependência	população considerada inativa (0 a 14 anos e mais de 65 anos de idade) sobre a população potencialmente ativa (15 a 64 anos de idade)
	população ativa e inativa	População Economicamente Ativa (PEA) - composta por pessoas de 14 a 65 anos de idade que foram classificadas como ocupadas ou desocupadas durante o censo; taxa de desocupação - percentagem das pessoas desocupadas, em relação às pessoas economicamente ativas
	natalidade	número de pessoas que nascem por 1000 habitantes durante um ano;
	fecundidade	número médio de filhos por mulher em idade reprodutiva;
	esperança de vida	número médio de anos de vida

Fonte: IBGE. <htpp://www.ibge.gov.br> (modificado)

Em geral, a série histórica dos dados é apresentada em décadas, mas o número de décadas varia muito. Também a periodicidade de coleta de dados dos órgãos oficiais é diferente. Assim, é necessário ajustá-los, caso se faça opção pelos dados de mais de uma Instituição. Além disso, é possível ocorrer uma defasagem entre datas de pesquisa, data de sua divulgação e da elaboração do planejamento. Dados mais antigos foram coletados e sistematizados a partir de conceitos hoje ultrapassados, como renda do chefe como provedor da família, trabalho informal ou hábitos de consumo. Portanto, essas incoerências entre os dados e a realidade dos objetos e das ações dispostas sobre o território têm suscitado uma série de discussões quanto aos critérios e conceitos adotados na análise das condições de vida das populações.

TEMÁTICA CONDIÇÕES DE VIDA

Condições de vida é uma expressão designada em planejamento ambiental para explicitar as desigualdades sociais, fornecer indícios da dinâmica social e definir os elos de ligação entre esses fatos e a qualidade do ambiente natural. Assim, por exemplo, a ocorrência de doenças infecto-parasitárias, ausência de saneamento básico, más condições de habitação, precária educação e baixa renda de um segmento da população são freqüentemente ligadas à péssima qualidade de água e à ausência de cobertura vegetal natural.

Pode-se considerar "condições de vida" uma temática avaliada por um número móvel de temas, cuja seleção depende da linha conceitual usada pelo planejador sobre o significado de qualidade ou condição de vida da população. Assim, por exemplo, habitação, para alguns planejadores, é um indicador que deve ser interpretado junto ao tema infra-estrutura, enquanto que, para outros, a infra-estrutura é uma temática em si e não um tema que deva ser tratado junto a condições de vida. Uma vez definidos os temas e levantados os dados de entrada que compõem os indicadores, o procedimento usual é cruzar, passo a passo, os resultados obtidos, até a compreensão de toda a rede, ou seja, da dinâmica do meio, com suas deficiências e necessidades. Assim, por exemplo, os indicadores de saúde são relacionados com o serviço de saneamento básico para entender os percentuais de tipos de doenças, os de educação com saúde para compreender a potencialidade econômica, as condições de habitação, de nível de renda e facilidades de deslocamento para interpretar taxas de doenças ligadas a estresse e mortalidade.

Para medir condição de vida existem, também, vários índices, cada qual com seu grupo específico de temas, cujo resultado pretende situar a mesma questão, ou seja, a qualidade de vida da população. A maioria deles é elaborada por órgãos oficiais, que expressam uma síntese de dados de diferentes temas e indicadores, como, por exemplo, o IPRS (Índice Paulista de Responsabilidade Social), apresentado pelo SEADE, que reúne temas de desenvolvimento econômico e social. O IDH (Índice de Desenvolvimento Humano) é outra combinação de três componentes básicos do desenvolvimento humano: a longevidade (medida pela esperança de vida ao nascer) que, entre outros fatores, reflete as condições de saúde da população; a educação, medida pela combinação da taxa de alfabetização de adultos e taxa combinada de matrícula nos níveis de ensino fundamental, médio e superior; e a renda, medida pelo poder de compra da população, baseado no PIB per capita ajustado ao custo de vida local, para torná-lo comparável entre países, por meio da metodologia conhecida como Paridade do Poder de Compra (PPC).

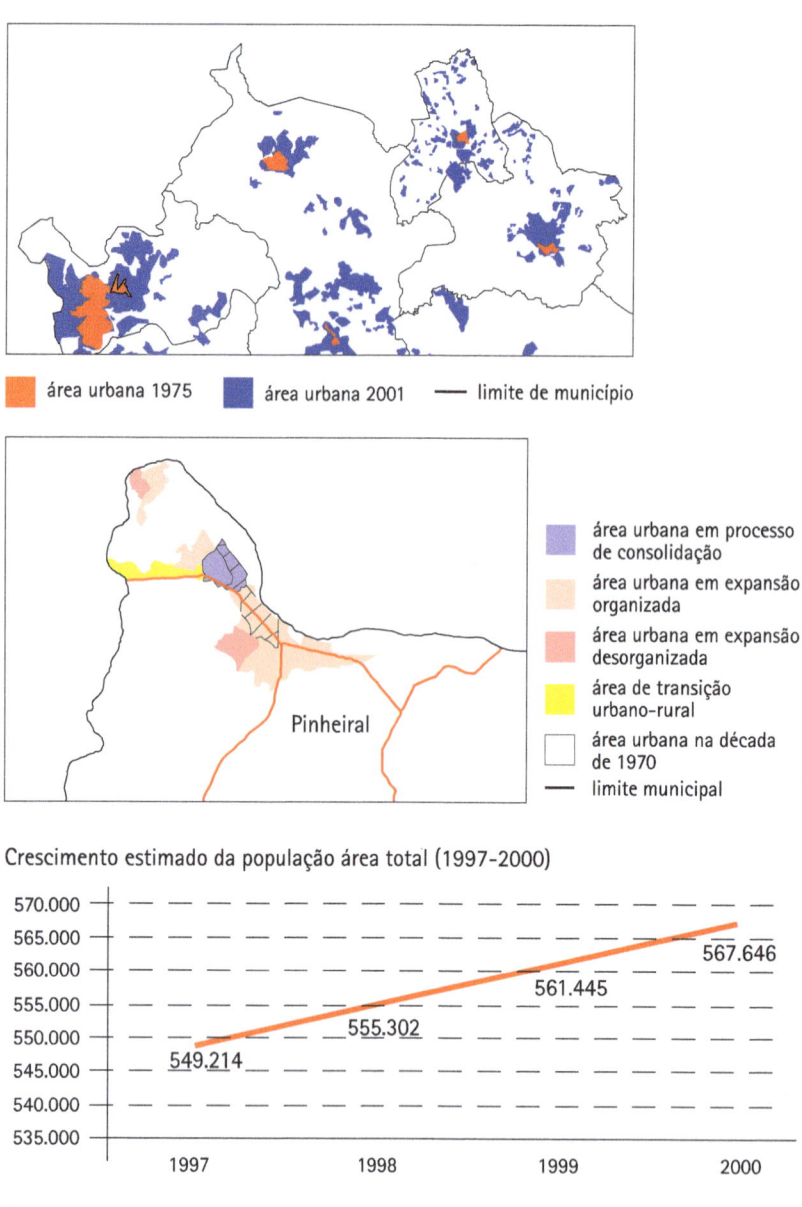

Fig. 5.25 *Exemplos de resultados que buscaram retratar indicadores da dinâmica populacional. Fonte: Petrobrás, 2003; CSN, 1999 (modificado)*

Mais do que os dados utilizados, é preciso estar atento aos arranjos de temáticas, temas, indicadores e índices, pois cada qual enfatiza aspectos diferentes, podendo resultar em diferentes interpretações do meio. O quadro 5.24 fornece alguns exemplos, comuns em planejamento ambiental, junto aos respectivos indicadores e dados de entrada. A Fig. 5.26 é um trecho de informação que retrata a forma usual de representação dos indicadores. Como descrito anteriormente, em um planejamento de uma área com características específicas a explorar, pode-se destacar um novo conjunto de itens, segundo o enfoque desejado. Assim, por exemplo, para o tema saúde, pode ser necessária a inclusão de indicadores que representem o número de planos de saúde, a disponibilidade de medicamentos, a ocorrência de ambulatórios em empresas e sindicatos ou o número de agentes comunitários de saúde.

TEMÁTICA ECONOMIA

É imprescindível que a interpretação da dinâmica demográfica e das condições de vida da população esteja atrelada aos fenômenos relativos à produção, à distribuição e ao consumo de bens. Dessa forma, devem ser

nome município	de 1/4 a 1 1991	de ¼ a 1 2000	variação ¼ a 1	de 1 a 3 1991	de 1 a 3 2000	variação 1 a 3	de 3 a 5 1991	de 3 a 5 2000	variação 3 a 5
Caçapava	10475	8858	-15.4	20894	19134	-8.4	12504	13389	7.1
Igaratá	1032	1384	34.1	3627	3572	-1.5	667	1264	89.5
Monteiro Lobato	1644	815	-50.4	1012	1459	44.2	194	423	118.0
S. José dos Campos	44258	35899	-18.9	135602	122866	-9.4	83691	99963	19.4

Fig 5.26 *Forma de representação de um indicador de condição de vida (salário mínimo por chefe de domicílio). Baseado em Petrobrás, 2003 (modificado)*

identificadas as atividades econômicas e seu arranjo no território. Da mesma maneira, deve ser enfatizada a polarização, bem como os fluxos da produção e dos trabalhadores. Deve-se observar as alterações que ocorreram no passado e as tendências de ocorrência de mudanças ao longo do tempo. Em planejamento ambiental esta compreensão é importante, tanto em sítio urbano quanto rural, porque conduz à elaboração de alternativas de ação sob diferentes contextos, sempre tendo em vista a proteção do potencial econômico da terra ou do próprio sistema de produção. A análise dos indicadores econômicos junto aos seus elementos de interface, descritos em outras temáticas (como redes de transporte e energia e capacidade de uso dos solos), é bastante complexa, pois exige o conhecimento prévio de paradigmas, políticas, externalidades e da própria dinâmica das instituições brasileiras.

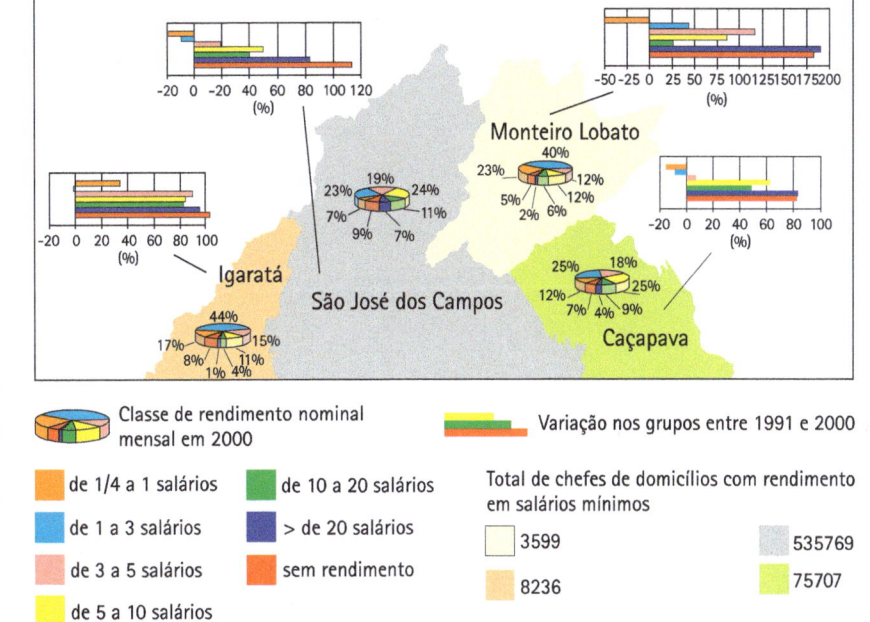

Quadro 5.24 Temas e descritores das condições de vida

HABITAÇÃO	
tamanho da unidade doméstica e número de moradores por unidade	tamanho médio da unidade doméstica e número médio de moradores por domicílio particular permanente e por número de cômodos, em relação à população residente, ao número de domicílios e por situação (total, urbana e rural)
disponibilidade de habitação	área construída por habitante, sujeita a IPTU
falta de acesso a moradia adequada	percentagem de habitações precárias (favelas, cortiços, assentamentos, loteamentos irregulares) no total de domicílios; número de população residente em habitações precárias em relação à população total; índices de favelização e encortiçamento; percentagem entre número de domicílios próprios e alugados e em relação aos valores de aluguel
condições de moradia	percentagem de habitações por tipos de material de construção, com canalização interna, sem banheiros
atendimento por programas habitacionais	relação de políticas e programas habitacionais com definição de órgão responsável, cadastro das famílias envolvidas e beneficiadas, lote mínimo, regularização fundiária, grau de urbanização etc
RENDA	
nível de renda	participação relativa de chefes de família em faixas de rendimento
EDUCAÇÃO	
nível de instrução	participação relativa de chefes de família em grupos de anos de estudo
escolaridade	média de anos de estudo da população e por faixa etária
alfabetização	percentagem dos alfabetizados (ou analfabetos) total e de grupos etários, em relação ao total da população ou de cada grupo etário
atendimento à demanda educacional	matrículas em nível infantil, fundamental, médio e superior por grupos etários específicos e dependência administrativa (federal, estadual, municipal, particular)
desempenho escolar	taxas de evasão e reprovação escolar no ensino fundamental e médio e percentual das razões indutoras
acesso e localização	estimativas de distâncias para acesso às escolas
condições da escola	percentagem de professores, funcionários, salas de aula e equipamentos por número total de alunos

SAÚDE	
mortalidade geral	número de pessoas que morrem por 1000 habitantes durante 1 ano
mortalidade infantil	taxa de mortalidade ou crianças menores de 1 ano de idade que morrem por 1000 nascidos vivos durante o período de 1 ano
mortalidade por grupos de causas ou função de um atributo	óbitos segundo causas de morte, por idade e sexo (taxa); taxa de mortalidade por doença de veiculação hídrica
atendimento médico e hospitalar	coeficiente entre número de profissionais da área médica registrado em relação ao número de habitantes; número de unidades de atendimento de saúde por número de habitantes; número e freqüência de atendimento médico; cobertura por vacinas
disponibilidade de leitos em unidades de atendimento de saúde	total de leitos por número de habitantes em unidades de atendimento e por tipo de unidade
disponibilidade de equipamentos médicos e odontológicos	Percentagem de equipamentos (por tipo e por condição de uso) pelo número de habitantes
vigilância e controle	relação de ações de prevenção de vigilância sanitária, vigilância epidemiológica e controle de zoonoses; taxas de sobrevivência até um ano de idade e nascidos com peso normal
doenças e situação epidemiológica	percentual dos tipos de doenças e população atingida, periodicidade e gravidade de ocorrências epidêmicas
INFRA-ESTRUTURA	
facilidades de deslocamento	percentual de vias pavimentadas, vias com iluminação e com rede telefônica; quantidade e qualidade de vias destinadas a escoamento de produção para turismo e saúde; condições de deslocamento (como número e conforto de veículos)
atendimento de saneamento básico	quantidade de água captada por habitante e por demanda; formas de captação; taxa e freqüência de fornecimento de água; tipos de tratamento de água; tipos, número e dimensões de captações de água; percentual de coleta e tratamento de esgotos e de coleta e tipo de disposição de lixo; geração de lixo, varrição e capina por habitante e freqüência de coleta
atendimento de energia	percentagem entre captação e disponibilidade de energia; porcentagem de consumidores e de consumo de energia, por tipo de consumidor (comércio, indústria, residência) na população total
ACESSO A SERVIÇOS	
equipamentos de abastecimento	percentagem de mercados, mercearias, restaurantes e outros, por habitante e por área ocupada
equipamentos de serviços de comunicação e atendimento pessoal	percentagem do número de agências de correio, bancas de revistas, telefones públicos, agências bancárias, provedores de internet, pontos de táxi, postos de gasolina e similares por número de habitantes
assistência social	percentagem de entidades e equipamentos de assistência social por habitante
SEGURANÇA	
acesso à justiça e segurança	número e distribuição espacial das unidades de acesso à justiça (como comissão de defesa do consumidor, juizado de pequenas causas, sede de comarcas) e à segurança (como defesa civil, delegacia de mulheres).
atendimento policial	efetivo policial, número de equipamentos e viaturas por habitante e por área de cobertura; tempo médio de espera para atendimento policial
segurança patrimonial, habitacional, de trânsito e pessoal	número de ocorrências policiais de roubos, furtos, homicídios, número e características dos acidentes em estradas, entre outros
CULTURA	
meios de comunicação e equipamentos culturais	número relativo à população de: TVs, emissoras de TV, estações de rádio (AM/FM) e tiragem de jornais por número de habitantes; número relativo à população de: bibliotecas, cinemas, teatros, livrarias, por número de unidades, acervo, capacidade de atendimento e freqüência de público.
patrimônio cultural	número e estado de conservação de bens tombados
ESPORTES	
equipamentos esportivos	número de ginásios esportivos, campos, quadras, piscinas, clubes e similares por área e por habitante
promoções esportivas	número de eventos esportivos por habitante e por freqüência de público
AMBIENTE	
cobertura vegetal destinada ao lazer, saúde e educação	percentual de áreas verdes, unidades de conservação ou outras áreas protegidas, disponibilizadas ao público para lazer e educação, por habitante e por área territorial
conforto e segurança ambiental	número de ocorrências oficiais de transtornos por ruído, de autuações por veículos, por empresas poluidoras, por acidentes com cargas perigosas

Fontes: IBGE, SEADE, RAIS, Ministério da Saúde/ FUNASA (Fundação Nacional de Saúde), DATASUS (Departamento de Informática do Sistema Único de Saúde), SIH-SUS (Sistema de Informações Hospitalares de Sistema Único de Saúde) (modificado)

Tal qual as outras temáticas, a escolha dos temas, dos indicadores e da composição de dados que estruturam um trabalho depende da linha conceitual do planejador que, sem dúvida, tem que estar vinculada à linha da equipe restante.

O procedimento de obtenção dos dados também é bastante semelhante ao das demais temáticas da socioeconomia: dados secundários, censos oficiais, bibliografia especializada, relatórios oficiais, etc. Porém, nessa temática, a variabilidade de combinações de temas apresentada em literatura é gigantesca. A título de ilustração, o quadro 5.25 apresenta um subconjunto ou uma possibilidade de associação de temas, destacando características e estruturação da macroeconomia. A Fig. 5.27 sugere possibilidades de expressão gráfica e espacial dos indicadores. No quadro, a taxa de crescimento (TGCA) é representada somente para dois indicadores, mas é bastante comum que tal taxa seja calculada para o maior número possível de variáveis. A aplicação da taxa permite deduzir a evolução temporal dentro de cada temática. Se o planejador trabalhasse em uma escala de maior detalhe, outros temas deveriam ser incluídos nessa tabela, tais como: a caracterização do mercado com suas formas específicas de compra e comercialização, os fornecedores e o escoamento da produção. Qual o conjunto ideal de temas? A resposta deve ser a mesma para todos os elementos da equipe de planejamento: depende do objetivo, da linha de planejamento, da região e da escala definida para o trabalho.

Para a temática economia, outra questão ainda deve ser destacada. O planejador não pode esquecer que trabalha com unidades destinadas à conservação e preservação. Essas unidades devem ser observadas sob, pelo menos, três enfoques: o ético – a unidade vista como elemento natural, primordial à existência de todos os seres vivos; o econômico – ela é, também, um recurso natural para exploração, com valor fixo de mercado, a exemplo da madeira e o terceiro – a unidade de conservação presta serviços ambientais, interpretados como as atividades proporcionadas pela natureza sem exploração direta, tais como contemplação e recreação. No segundo caso, os recursos são comumente focalizados como atividades econômicas. Apesar de existirem métodos de valoração destinados a definir tanto valores de uso como de opção ou de existência dos ativos na natureza[2], raramente eles são usados em planejamento ambiental. Sendo assim, o primeiro e o terceiro enfoques são, freqüentemente, desprezados dentro desta temática. A negligência é justificada por duas razões. Primeiro, existem muitas dificuldades e críticas na mensuração dos benefícios de recursos naturais; segundo, alguns planejadores reforçam que o valor ético da manutenção da vida e da biodiversidade é motivo suficiente para justificar as

Quadro 5.25 Temas e descritores da economia

TEMAS	DESCRITORES	DADOS
organização, estrutura e distribuição das atividades econômicas	participação do número de estabelecimentos e pessoal ocupado de atividades econômicas	percentagem do número de estabelecimentos e de pessoal ocupado por seções de atividades econômicas (como agricultura, pesca, indústria de transformação, distribuição, construção e comércio) e divisões (das seções de atividades) em relação ao total de estabelecimentos e pessoal ocupado, respectivamente
	TGCA dos estabelecimentos e pessoal ocupado das seções e divisões de atividades	taxa geométrica de crescimento anual do número de estabelecimentos e de pessoal ocupado, totais e por seção e divisão de atividades econômicas
	participação dos estabelecimentos segundo seu porte	percentagem do número de estabelecimentos, área e pessoal ocupado, distribuídos pelo porte dos estabelecimentos (intervalos de número de empregados formais)
	participação de cada forma de utilização das terras nas atividades agropecuárias	percentual do número de estabelecimentos, área ocupada, total de pessoal ocupado, parcerias de cada tipo de utilização das terras (como lavoura e pastagem) em relação ao total de terras
	participação do valor vegetal e animal sobre o valor agropecuário total	valor (absoluto e relativo) da produção vegetal e animal (em cada mil reais)
	nível de tecnologia	percentual do emprego de tipos de equipamentos (como tratores, arados, silos) em relação ao total; qualificação dos equipamentos e estratégias de utilização
caracterização da mão-de-obra ativa	distribuição de faixas salariais	percentagem do número de empregados formais para cada faixa salarial (em número de salários mínimos) em relação ao número total de empregados
	nível de remuneração por setor de atividade econômica	remuneração média (em número de salários mínimos) por setor de atividade econômica
	nível de remuneração segundo o porte da empresa	remuneração média dos empregados formais (em número de salários mínimos), segundo o porte da empresa (definido pelo número de empregados)
	nível de remuneração segundo o grau de instrução	remuneração média dos empregados formais (em número de salários mínimos) segundo o grau de instrução
	emprego de acordo com o sexo	volume de emprego e remuneração média (em número de salários mínimos), de acordo com a participação de homens e mulheres
	nível de remuneração segundo o grau de instrução e sexo	remuneração média dos empregados formais - homens e mulheres (em número de salários mínimos), segundo o grau de escolaridade
valor da atividade econômica	participação do valor adicionado de cada setor econômico	valor adicionado de cada setor da economia e no total (em reais e percentagem)

Fonte: IPEA, FIBGE, SEADE, RAIS (modificado)

[2] O IPEA (Instituto de Pesquisa Econômica Aplicada), vem sistematicamente produzindo trabalhos sobre valoração de recursos naturais e serviços. Nessa linha de pesquisa destacam-se pesquisadores brasileiros como Ronaldo Seroa da Motta (IPEA) e Peter May (ProNatura).

Teoria e Prática em Planejamento Ambiental

nome do município	até 1 salário mínimo 1996	até 1 salário mínimo 2000	variação até 1 salário mínimo 1996/2000	de 1 a 2 salários mínimos 1996	de 1 a 2 salários mínimos 2000	variação de 1 a 2 salários mínimos 1996/2000	de 2 a 3 salários mínimos 1996	de 2 a 3 salários mínimos 2000	variação de 2 a 3 salários mínimos 1996/2000
Caçapava	3,5	1,7	-1,8	13,3	13,3	0,0	16,5	20,8	4,3
Igaratá	0,8	0,2	-0,6	20,9	25,5	4,6	43,4	47,9	4,5
Monteiro Lobato	0,6	2,0	1,5	30,4	36,0	5,6	9,5	21,2	11,7
S. José dos Campos	2,1	1,5	-0,6	7,2	9,2	2,0	17,8	22,2	4,3

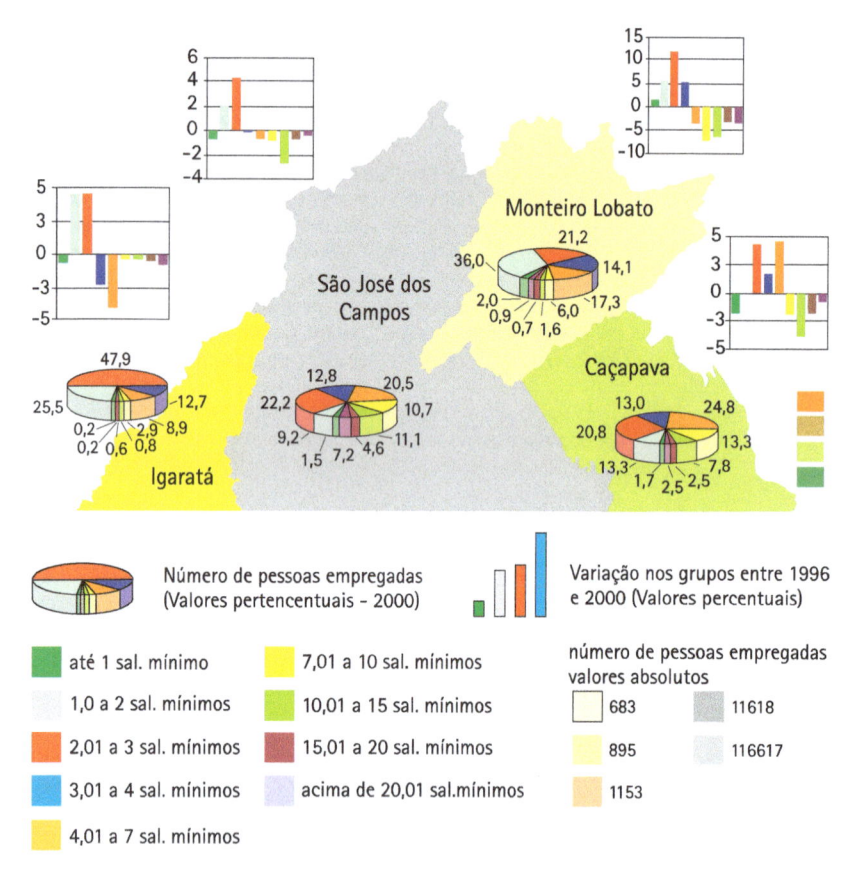

Fig. 5.27 *Formas de representação dos indicadores da economia (distribuição de renda por faixa de salário mínimo). Fonte: Petrobras, 2003 (modificado)*

medidas tomadas, sem necessidade de cálculos de valoração. Sem dúvida, o planejamento deve ter um olhar ético-social para suas tomadas de decisão. Porém, quando os dados de valoração dos recursos naturais e serviços ambientais são incluídos, há uma facilidade maior de debate entre os tomadores de decisão. A comparação entre variáveis quantitativas auxilia na interpretação da importância relativa das diferentes unidades. A mesma estratégia pode ser empregada na comparação entre cenários futuros que consideram novas atividades ou serviços econômicos. Se os valores monetários não forem encarados de forma absoluta e se os limites da interpretação forem bem definidos, a valoração tende a aumentar a qualidade do trabalho.

ASPECTO POLÍTICO-INSTITUCIONAL

A dinâmica humana só é bem entendida se os temas relativos à demografia, condições de vida e economia forem interpretados de acordo com o significado das políticas atuais e passadas estabelecidas para a região de planejamento. Nesse âmbito, as ações legais existentes ou propostas para a proteção ambiental devem ser analisadas. É importante identificar e avaliar a estrutura organizacional e normativa das instituições e das organizações civis, bem como suas expectativas frente à realidade planejada. É também necessário entender o sistema de cooperação institucional, social e os processos de parceria (quadro 5.26).

As ações legais ambientais que incidem sobre a área planejada devem ser identificadas por meio de levantamentos em órgãos oficiais, grande parte disponível on line (via Internet). São aqui considerados os regulamentos de proteção ambiental, de áreas legalmente protegidas, de controle, de monitoramento ambiental, de usos permitidos, de ordenamento territorial e de interesse social, entre outros. Os documentos são listados e suas ementas destacadas. Um dos grandes problemas que costuma surgir neste tema é a sobreposição de áreas e competências. Assim, sobre uma mesma porção de terreno incidem diferentes regras e competências para sua proteção. Para expressar essas contradições, pode ser elaborado um mapa de incompatibilidades legais, conforme exemplifica a Fig. 6.11 (Cap. 6). Estes fatos devem ser exaustivamente discutidos no planejamento, porque, mesmo considerando que a regra técnica é adotar a orientação do documento mais rígido ou de maior ordem (federal-estadual-municipal/lei-decreto), na prática essa prática induz a grandes conflitos junto à população. Se a incompatibilidade é grande, os cidadãos passam a ter dificuldades em entender o quê, onde, a partir de quando e porque não devem atuar sobre o meio de determinadas maneiras. O programa de zoneamento ecológico-econômico brasileiro sugere que um tratamento semelhante seja particularmente destinado às áreas institucionais. Também sugere a representação espacial das principais jurisdições de organismos relevantes e uma discussão sobre as sobreposições (ou disjunções) da malha político-administrativa, recortes territoriais e unidades ambientais (como terras indígenas e unidades de conservação).

Para planejar, também é necessário entender a estrutura administrativa, o sistema organizacional e as formas de atuação das unidades políticas da região ou que incidem sobre ela. Conjuntamente, devem ser observadas as atividades de outros organismos de participação, que influem ou determinam decisões na área planejada. Desta forma, o primeiro passo é conhecê-los, para que possam ser incorporados adequadamente no processo de planejamento, formando alianças efetivas (veja Cap. 8). O procedimento básico é o levantamento de registros oficiais, mas sua distribuição por objetivos e áreas de trabalho pode ser, algumas vezes, espacializada.

A interpretação dos instrumentos de gestão política que vigoram na região informam, basicamente, sobre as respostas que a sociedade dá para os problemas ambientais e sua expectativa futura de qualidade ambiental. Esta visão global dos instrumentos de gestão é vital para estabelecer um elo de ligação entre o trabalho técnico e o político. Além disso, tal qual descrito, a sobreposição de planos, programas e outros instrumentos pode esclarecer alguns conflitos ocorrentes na área de planejamento.

Todo esse conjunto de informações é discutido com base no conhecimento das representações partidárias e da representatividade dos eleitos pelo voto. Os programas partidários, os elementos norteadores da ação do governante e a aceitação popular têm forte influência na obtenção de consenso, nas tomadas de decisão e na própria efetivação do planejamento ambiental.

Quadro 5.26 Temas e indicadores sobre condições político-institucionais

TEMAS	INDICADORES	DADOS
legislação incidente	regulamentos legais ambientais e de interesse local	identificação dos principais regulamentos legais aplicáveis à área de planejamento e listagem de benefícios e prejuízos trazidos por eles, de acordo com a avaliação da população local
estruturas de organização e administração dirigidas à gestão instrumentos de gestão	estrutura administrativa	organograma da estrutura política e administrativa das unidades territoriais, destacando as atribuições, subordinações e atividades implementadas de cada uma delas
	participação de organismos descentralizados	registros oficiais de organismos descentralizados de gestão (como conselhos municipais), sua categoria, caráter (consultivo ou deliberativo), atribuições, subordinações e atividades em desenvolvimento
	participação de organizações sociais e ambientais	registros oficiais de organizações sociais e ambientais (como ONGs), sua categoria, caráter (participação direta ou indireta em organismos da administração), atribuições e atividades em desenvolvimento
	programas de planejamento e gerenciamento	registros oficiais de planos e programas para a região, seu nível de governo (federal, estadual, municipal), organismo responsável, objetivos, área de abrangência, população envolvida, ações previstas e principais resultados
	instrumentos de planejamento e gerenciamento	registros oficiais dos instrumentos de gestão (como lei orgânica, plano diretor, lei de zoneamento), respectivos objetivos e áreas de ação
processo eleitoral e representação partidária	relações entre a constituição do legislativo e executivo, eleitores e inclusão da população no processo eleitoral	identificação e percentual dos partidos políticos, percentagem de votos para cada partido e representante do partido, número de eleitores total e de votantes; arrecadação e distribuição de receita

Fonte: TRE, FIBGE, SEADE, Prefeituras (modificado)

No Brasil, a grande limitação ao desenvolvimento desses temas é o acesso aos documentos, os números quase sempre desatualizados e desorganizados e a própria falta de vivência do planejador com a dinâmica social e política da região.

Não se deve acreditar que o simples levantamento dos dados citados nos quadros anteriores permitirá decifrar as relações sociais e políticas existentes na região. Esses quadros são ilustrativos do montante do trabalho do especialista, mas não conclusivos. De forma geral, as relações são intrincadas, muitas vezes lidas nas entrelinhas, nos cruzamentos de dados e sob diferentes estratégias. Interpretar redes e fluxos de circulação entre cidades ou capacidade de transformação de um núcleo rural, por exemplo, exige procedimentos metodológicos específicos e um especialista nessa área de conhecimento.

A compreensão da **estrutura e evolução fundiária ou agrária** é um outro bom exemplo. É necessário relacionar indicadores que retratem as características e o grau de concentração das propriedades, bem como as condições da produção. Nas tabelas apresentadas, sem dúvida seria necessário associar informações entre indicadores de diferentes temas e restabelecer outra composição, a fim de se concluir sobre desigualdades e dificuldades de acesso à terra. Quando o planejamento trata de unidades de conservação, é recomendável que a questão da situação fundiária torne-se uma temática própria. Neste caso, a condição de propriedade e os conflitos de posse são itens fundamentais. Não é difícil encontrar casos de sobreposição de títulos de propriedade, registro duplo em cartório, litígios, posseiros e invasores. Elaborar a coleta desses dados e interpretá-los é uma tarefa árdua. Além disso, o equacionamento técnico-jurídico não basta. É necessário esclarecer, também, o grau de prioridade do Governo em solucionar a questão fundiária e em alocar os recursos financeiros devidos, tanto para a regularização da situação quanto para a manutenção das iniciativas propostas.

Outra questão comum nessas áreas é a situação de propriedade, produção e continuidade da cultura das populações tradicionais. Devem ser bem conhecidos seus limites territoriais legais, suas relações no espaço, os conflitos com outros atores sociais, fontes de subsistência e apropriação de recursos naturais, entre outras características.

A ênfase sobre essas questões tem o intuito de mostrar a complexidade desse trabalho. Muitos planejamentos tratam as informações socioeconômicas de uma forma excessivamente simplista, restritas às informações dos censos e mapas. Outros utilizam indicadores adjetivados sem atentar ao que eles realmente representam, sem conceituar seu significado, deduzindo rapidamente (e indevidamente) o valor da qualidade de vida das populações. Somente um estudo muito bem desenvolvido pode conduzir o diagnóstico, fechando as relações entre estado, pressão e resposta e traduzindo os impactos ambientais.

LEITURA RECOMENDADA

MARSH, W. M. **Landscape planning: environmental applications.** 3. ed. New York: John Wiley and Sons, 1997.

KÜCHLER, A. W.; ZONNEVELD, I. S. (Ed.). **Vegetation mapping.** Dordrecht/Boston/London: Kluwer Academic Publishers, 1988.

LEPSCH, I. F. **Formação e conservação dos solos.** São Paulo: Oficina de Textos, 2002.

ROSS, J. L. S. Geomorfologia: ambiente e planejamento. In: GUERRA, A. J. T.; CUNHA, S. B. da (Org.). **Geomorfologia e meio ambiente.** 5. ed. São Paulo: Bertrand Brasil, 2000. (Repensando a Geografia).

AVALIAÇÃO DE IMPACTOS AMBIENTAIS

Algumas decisões políticas são marcadas por décadas de conflitos regionais — reais ou fictícios. Grande parte deles é devida à inconsistência das ações que se sucedem, que não levam em consideração a realidade local. Em curto espaço de tempo geram cenários caóticos. No Brasil, não é difícil constatar que áreas de vocação à preservação de sistemas naturais são perdidas pela implementação de atividades humanas que retalham os ecossistemas e, por sua vez, não detêm o empobrecimento, o desemprego ou a criminalidade. Outras vezes, observa-se que a recuperação de um sistema natural — vista como um bem, é decorrência do abandono da terra pelo homem que perdeu seus vínculos, sua identidade com a terra, sua cultura e seus costumes em virtude das imposições de mudança. Também é comum observar que essas áreas "recuperadas" ou "conservadas" vivem um constante processo de alteração, em microescala, que inibe a concretização da biodiversidade esperada. Tornam-se locais propícios à entrada do tráfico de recursos naturais, ficando para os desterrados o papel de apoio e mão de obra barata para os traficantes. Nesses casos, raramente a paisagem final é aquela pretendida, seja pelo ambientalista, pelo agricultor ou pela sociedade. As conseqüências dessas ações humanas induzidas pelas decisões políticas são o que se chama de impacto, que deve sempre ser visto em todo o seu espectro refratado.

CAPÍTULO SEIS

No capítulo anterior foram apresentadas temáticas e temas que expressam, essencialmente, as causas dos problemas ambientais (pressão), a qualidade do ambiente frente às ações humanas (estado) e as providências tomadas pela sociedade frente às pressões sobre o meio (resposta). Ainda há mais um passo. É necessário avaliar as transformações resultantes da evolução natural e os efeitos combinados das interações sociedade-natureza sobre os ecossistemas, as funções ecológicas, os recursos naturais e a população, ou seja, identificar, quantificar e qualificar os impactos. As transformações podem ser causadas por fenômenos naturais que se processam lentamente, com escalas temporais que variam de milhares de anos a poucos dias (como as catástrofes naturais), ou devido a ações humanas que costumam ocorrer em curtos espaços de tempo e geram mudanças de grande magnitude.

Quadro 6.1 Alguns conceitos presentes na literatura sobre impacto ambiental, que apontam para a diversidade de interpretações, segundo a formação ou objetivos do pesquisador

CONCEITO	AUTOR
"Impacto ambiental pode ser visto como parte de uma relação de causa e efeito. Do ponto de vista analítico, o impacto ambiental pode ser considerado como a diferença entre as condições ambientais que existiriam com a implantação de um projeto proposto e as condições ambientais que existiriam sem essa ação".	Dieffy, 1975
"Qualquer alteração no sistema ambiental físico, químico, biológico, cultural e socioeconômico que possa ser atribuída a atividades humanas, relativas às alternativas em estudo para satisfazer às necessidades de um projeto".	Canter, 1977
"Mudança (positiva ou negativa) na saúde e bem-estar humanos (inclusive a 'saúde' dos ecossistemas dos quais depende a sobrevivência do homem), que resulta de um efeito ambiental e está ligada à diferença na qualidade do meio ambiente 'com' e 'sem' a ação humana em questão".	Munn, 1979
"Impacto ambiental são processos que perturbam, descaracterizam, destroem características, condições ou processos no ambiente natural; ou que causam modificações nos usos instalados, tradicionais, históricos, do solo e nos modos de vida ou na saúde de segmentos da população humana; ou que modificam, de forma significativa, opções ambientais".	Fearo, 1979
"Qualquer alteração de condições ambientais ou criação de um novo conjunto de condições ambientais, adversas ou benéficas, causadas ou induzidas pela ação ou conjunto de ações em consideração".	Raw, 1980
"Impacto ambiental é a estimativa ou o julgamento do significado e do valor do efeito ambiental para os receptores natural, socioeconômico e humano. Efeito ambiental é a alteração mensurável da produtividade dos sistemas naturais e da qualidade ambiental, resultante de uma atividade econômica".	Horberry, 1984
"Considera-se impacto ambiental qualquer alteração das propriedades físicas, químicas e biológicas do meio ambiente, causada por qualquer forma de matéria ou energia resultante das atividades humanas que, direta ou indiretamente, afetam: (I) a saúde, a segurança e o bem-estar da população; (II) as atividades sociais e econômicas; (III) a biota; (IV) as condições estéticas e sanitárias do meio ambiente; (V) a qualidade dos recursos ambientais." (art. 1º)	Resolução Conama nº 001/86
"Impacto ambiental é toda ação ou atividade, natural ou antrópica, que produz alterações bruscas em todo meio ambiente ou apenas em alguns de seus componentes. De acordo com o tipo de alteração, pode ser ecológico, social ou econômico".	Aciesp, 1987
"Mudança num parâmetro ambiental, dentro de um determinado período e numa determinada área, resultante de uma determinada atividade, comparada com a situação que ocorreria se a atividade não tivesse sido iniciada".	Wathern, 1988
Qualquer alteração significativa do meio ambiente – em um ou mais de seus componentes – provocada por uma ação humana.	Moreira, 1990
Diferença entre o estado futuro do meio ambiente se uma ação ocorrer e o estado se nenhuma ação ocorrer.	Ortolano, 1997
Efeito da ação induzida pelo ser humano. O efeito pode ser sobre os ecossistemas ou para a sociedade humana.	Grisi, 1997
"Qualquer alteração da qualidade ambiental que resulta da modificação de processos naturais ou sociais provocada por uma ação humana".	Sánchez, 1998
Ação modificadora causada em um ou mais atributos ambientais num dado espaço em decorrência de uma determinada atividade antropogênica. A existência ou não de impactos ambientais está diretamente relacionada com o uso e ocupação da terra e sua escala de abrangência e magnitude estão relacionadas basicamente aos determinantes naturais e à forma como se dá a apropriação dos recursos naturais pelo homem.	Thomaziello, 1998
"Impacto ambiental é o resultado do efeito de uma ação antrópica sobre algum componente ambiental biótico ou abiótico".	Espíndola, 2000

Fonte: Lima, 2003 (modificado)

conceitos

Em planejamento, impacto ambiental é compreendido como toda alteração perceptível no meio, que comprometa o equilíbrio dos sistemas naturais ou antropizados, podendo decorrer tanto das ações humanas como de fenômenos naturais. A avaliação do impacto significa a interpretação qualitativa e quantitativa das mudanças, de ordem ecológica, social, cultural ou estética no meio. É importante lembrar que este conceito diverge daquele usado em Estudos de Impacto Ambiental, que se refere somente às mudanças decorrentes da realização de projetos ou atividades de caráter econômico[1] e entende avaliação como o conjunto geral de procedimentos, incluindo as etapas iniciais de construção do termo de referência, as reuniões técnicas, o estudo de impactos (relatório técnico) e a participação pública até a tomada de decisão por técnicos, órgãos públicos e sociedade. Os autores que assim tratam o termo avaliação preferem denominar a identificação e previsão de magnitude dos impactos de Análise de Impacto.

Para alguns pesquisadores, as alterações decorrentes de fenômenos naturais devem ser intituladas efeitos ambientais, reservando-se o termo impacto para as resultantes das atividades humanas. Para outros, no entanto, 'efeito ambiental' é o impacto induzido pelo homem, ou aquela alteração que não deve ser considerada impacto por não ser significativa. Em resumo, não há consenso na literatura sobre o conceito e os termos correlatos, mas de forma geral, em planejamento, impactos ambientais ou efeitos ambientais são expressões sinônimas (quadro 6.1) e, sem dúvida, devem expressar o conceito definido no início deste capítulo.

---

[1] Conforme a legislação brasileira (Resolução CONAMA 001/86).

Avaliação de Impactos Ambientais

CRITÉRIOS DE AVALIAÇÃO

A caracterização e o julgamento do significado do impacto ambiental são feitos a partir da atribuição de valores construídos dentro de uma lógica definida pela equipe de planejamento. Sem dúvida, é um processo de caráter subjetivo. Assim, para tratá-lo com maior objetividade, sem parcialidade e entendendo melhor as limitações da interpretação, é importante que o processo seja sistematizado. Deve-se considerar o tipo de agente, o tipo de dano, a qualificação de cada tipo e, se possível, sua quantificação. Para tanto, é necessário construir uma estrutura de avaliação em que os planejadores selecionem critérios e metodologia claramente expressos.

O primeiro passo desse processo é identificar o tipo de dano e o agente causador (quadro 6.2 e Fig. 6.1), de forma a atribuir responsabilidades pelos danos e enquadrá-los em conceitos corretos de ação, processo, impacto, **contaminação** ou **poluição.**

O segundo passo é qualificar o tipo de impacto diagnosticado, de acordo com a confiabilidade e o método de coleta dos dados que subsidiam a informação. Os impactos podem ser classificados como efetivos ou prováveis. Impacto efetivo é aquele que está ocorrendo no momento da verificação, constatado por observação direta de campo ou por imagens de sensores. Impacto provável é aquele que pode vir a ocorrer, previsto em virtude das atividades e indícios diagnosticados (Fig. 6.2) pela observação *in situ* ou por meio da análise de temas e indicadores definidos para o planejamento (veja Cap. 5). Ambos os tipos podem ser mensurados, porém o grau de confiabilidade para tomadas de decisão no planejamento é diferente.

Nesta etapa de classificação, é muito importante distinguir o fenômeno ou a atividade do impacto resultante. Assim, por exemplo, erosão não é um impacto em si mesmo, pois é um processo natural. Só a partir de determinadas perdas de material, sob determinadas condições e valores, é que se tem o impacto. De forma semelhante, área agrícola não é impacto, mas pode vir

Quadro 6.2 Exemplo de agente causador e tipo de dano

AÇÃO HUMANA	PROCESSO NATURAL	IMPACTO AMBIENTAL
impermeabilização de terrenos	inundação de várzeas	enchentes

Fig. 6.1 *Ilustração das relações estabelecidas entre os agentes causadores e os tipos de dano ao longo do rio Cotia, na região metropolitana de São Paulo. Os dados de qualidade da água existentes para o rio mostravam grande variação em curtos intervalos. Foi, então, necessário explicar os agentes causadores de tal variação para atribuir responsabilidades. Foram levantados todos os agentes (indústrias, despejos domésticos, agricultura), os tipos de produto de descarte e mapeada sua localização. Esse conjunto de informações permitiu interpretar os impactos ao longo do curso d'água. Fonte: Zuffo et al., 2002 (modificado)*

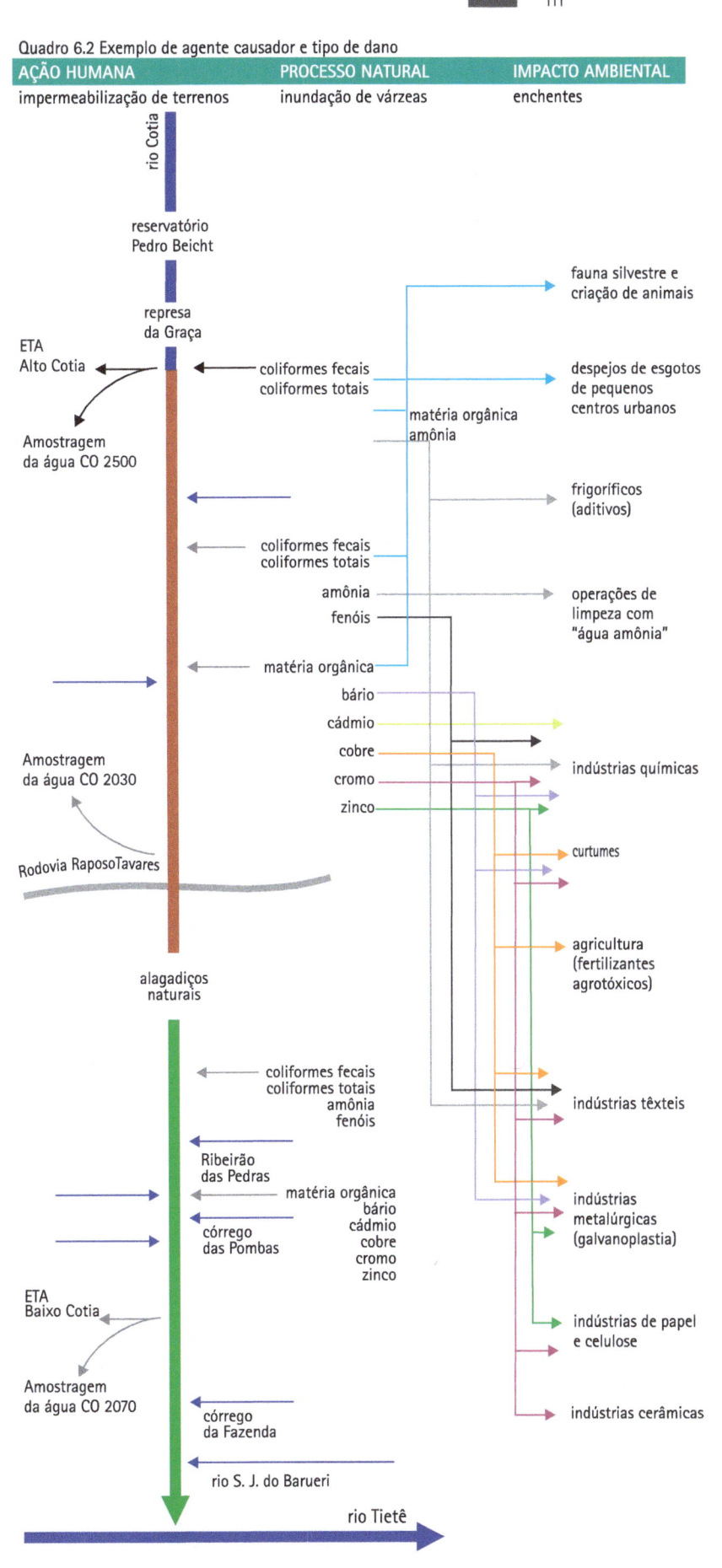

Fonte de Impacto

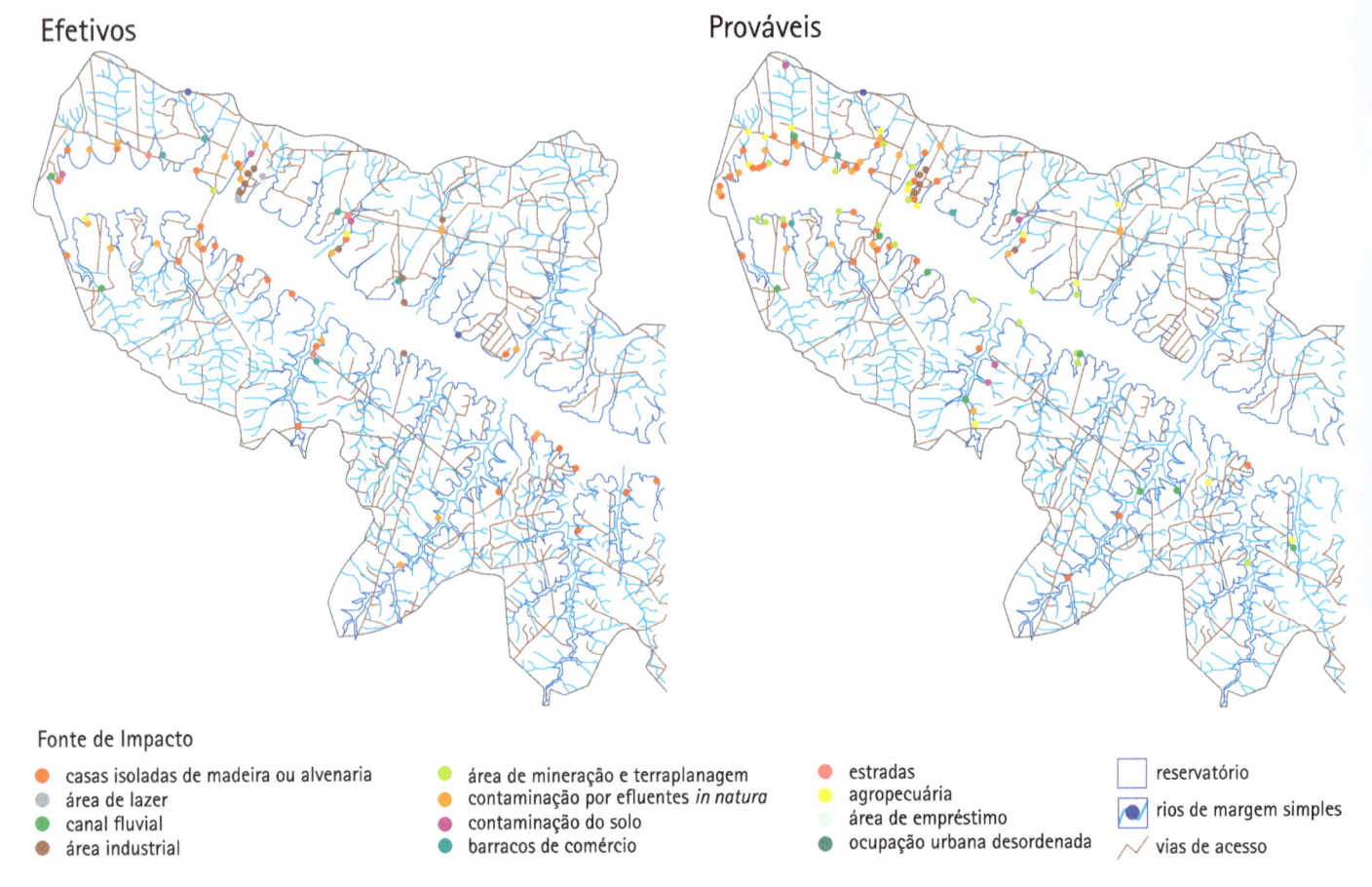

- casas isoladas de madeira ou alvenaria
- área de lazer
- canal fluvial
- área industrial
- área de mineração e terraplanagem
- contaminação por efluentes in natura
- contaminação do solo
- barracos de comércio
- estradas
- agropecuária
- área de empréstimo
- ocupação urbana desordenada
- reservatório
- rios de margem simples
- vias de acesso

Fig. 6.2 *Fontes de impactos efetivos e potenciais identificados para a mesma área de estudo. Ao redor do reservatório de Três Irmãos, SP, da Cesp, ocorrem diversas construções e atividades que causam impactos à água (efetivos) ou podem vir a causar (prováveis). Os pontos de proeminência dos impactos efetivos e potenciais foram mapeados por inspeção visual e geo-referenciados com GPS. Essa ocupação foi induzida a partir do enchimento do reservatório, e veio a afetar a qualidade de suas águas, particularmente com assoreamento. A diversidade de atividades humanas e sua distribuição caótica constatadas na área causam danos mais preocupantes pelo somatório do que por cada ação-efeito isoladamente. A estratégia de qualificação dos impactos em efetivos e prováveis fornece subsídios para a definição de um conjunto de medidas corretivas/minimizadoras e preventivas, respectivamente. Fonte: Cesp, 2001; Lima, 2003 (modificado)*

a produzi-lo por contaminação do nível freático com substâncias usadas para o controle da produção.

Os impactos, efetivos ou prováveis, podem continuar a ser caracterizados de acordo com um conjunto de outros critérios que estipulam uma ordem de grandeza ao seu valor. Desta forma, o estado evolutivo é um critério que sugere a situação de continuidade do impacto (se estável, retroativo ou em expansão); a fonte define se o impacto é localizado ou difuso; o sentido refere-se ao valor benéfico ou adverso do impacto; a distribuição descreve a regularidade do impacto no meio; a origem trata da posição do impacto numa cadeia de reações; a extensão determina a abrangência da área atingida pelo impacto; o desencadeamento refere-se ao tempo entre ação e resposta; a temporalidade responde se o impacto é temporário ou permanente; a duração é determinada pelo tempo efetivo do efeito; a reversibilidade pode ser analisada pela forma (reversível ou irreversível) ou pela intensidade (grande, média ou pequena); a freqüência define a sazonalidade do impacto; a acumulação descreve a curva da intensidade da ação ao longo do tempo e a sinergia apresenta o resultado da sobreposição de impactos. A reflexão sobre este conjunto de critérios permite definir as propriedades maiores do impacto, ou seja, sua magnitude e importância. A magnitude representa a grandeza de um impacto ou a medida da mudança de valor de um ou mais parâmetros ambientais. A importância refere-se ao grau de significância de um impacto em relação ao fator ambiental afetado. Sobre essa proposta de classificação de impactos é necessário fazer duas ressalvas. Primeiro, os critérios são oriundos de trabalhos voltados a estudos de impacto ambiental, cuja construção tem como objeto um empreendimento a ser instalado, visando a classificar impactos futuros e potenciais. Segundo, seu somatório não é, na realidade, uma medida exata, mas uma forma de comparar os impactos entre si e definir uma hierarquia de gravidade (ou de grandeza). A título de ilustração, o quadro 6.3 apresenta um sistema de classificação construído a partir dos critérios anteriormente apresentados e o quadro 6.4 aponta um exemplo de planilha para aplicação em campo.

Quadro 6.3 Exemplo de caracterização e definição das propriedades dos impactos ambientais

IMPACTO

obtenção dos dados

	fonte:		evidências (manifestação do efeito a partir de uma causa reconhecida. A evidência é apontada pelos fatores que caracterizaram o impacto, sua freqüência e confiabilidade da informação).
modo de identificação do impacto		indicador ou tema	
		campo	
		depoimento	

possíveis atividades que originaram o impacto

FATOR	CARACTERÍSTICA	TIPO DE IMPACTO
ocorrência	efeito negativo que pode ser observado ou medido	impacto efetivo
	pode vir a ocorrer, mas sem uma clara evidência, sendo provável que esteja ocorrendo	impacto provável
fonte	é aquele cuja fonte ou local de origem pode ser observado ou identificado	impacto localizado
	é aquele cuja fonte ou local de origem não pode ser observado ou identificado	impacto difuso
valor ou sentido	quando a ação resulta na melhoria da qualidade de um ou mais fatores ou parâmetros ambientais	impacto positivo ou benéfico
	quando a ação resulta em um dano à qualidade de um ou mais fatores ou parâmetros ambientais	impacto negativo ou adverso
ordem ou origem	resultante de uma simples relação de causa e efeito	impacto direto
	resultante de uma reação secundária em relação à ação, ou quando é parte de uma cadeia de reações	impacto indireto
extensão ou espacial	quando a ação afeta apenas o próprio sítio e suas imediações	impacto local
	quando o impacto se faz sentir além das imediações do sítio onde se dá a ação	impacto regional
desencadeamento (tempo decorrido entre ação e sua manifestação)	quando o componente ambiental (ou recurso ambiental) afetado tem relevante interesse coletivo ou nacional	impacto estratégico
	quando o efeito surge no instante em que se dá a ação	impacto imediato
	quando o impacto se manifesta até um ano após a ação	impacto curto prazo
	quando o impacto se manifesta certo tempo após a ação (de 1 a 10 anos)	impacto médio prazo
	quando o impacto se manifesta muito tempo após a ação (de 10 a 50 anos)	impacto longo prazo
freqüência, em função da forma, quando há um padrão de ocorrência do impacto	quando o efeito se manifesta em determinada época do ano	impacto sazonal
	quando o efeito se manifesta aleatoriamente	impacto casual
	quando o efeito se manifesta em intervalos de tempo determinado	impacto cíclico
freqüência, em função da intensidade	quando o efeito ocorre de forma bastante intensa	alta
	quando o impacto ocorre de vez em quando	média
	quando o impacto ocorre raramente	baixa
magnitude:	grandeza de um impacto em termos absolutos, podendo ser definida como a medida da mudança de valor de um fator ou parâmetro ambiental, em termos quantitativos ou qualitativos, provocada por uma ação	grande
		média
		pequena
estado evolutivo	quando o impacto encontra-se estabilizado, sem risco de expandir nem de diminuir seus efeitos	estacionário
	quando os efeitos do impacto estão diminuindo, com tendência a cessarem todos os efeitos	retroativo
	quando os efeitos do impacto estão em expansão	em expansão
distribuição	quando a distribuição dos impactos ocorre de forma regular entre os atores envolvidos	impacto regular
	quando a distribuição dos impactos ocorre de forma irregular entre os atores envolvidos	impacto irregular
duração	quando seus efeitos têm duração de até um ano	impacto de curto prazo
	quando seus efeitos têm duração de 1 a 10 anos	impacto de médio prazo
	quando seus efeitos têm duração de 10 a 50 anos	impacto de longo prazo
	quando seus efeitos têm duração determinada	impacto temporário
temporalidade	quando, uma vez executada a ação, os efeitos não cessam de se manifestar num horizonte temporal conhecido	impacto permanente
reversibilidade, em função da intensidade	quando o retorno do fator ou parâmetro às condições originais é extremamente fácil	grande
	quando o retorno do fator ou parâmetro às condições originais necessita de algumas intervenções	média
	quando o retorno do fator ou parâmetro às condições originais necessita de manejo intenso	baixa
reversibilidade, em função da forma	quando, cessada a ação, o fator ou parâmetro ambiental afetado retorna às condições originais	impacto reversível
	quando, cessada a ação, o fator ou parâmetro ambiental afetado não retorna às condições originais	impacto irreversível
acumulação (aumento em intensidade deação por sucessivas adições sem perda ou eliminação correspondente)	quando os efeitos se acumulam linearmente	impacto linear
	quando os efeitos se acumulam de forma quadrática	impacto quadrático
	quando os efeitos se acumulam exponencialmente	impacto exponencial
sinergia:	ação cooperativa de dois ou mais impactos, de modo que o efeito resultante é maior que a soma dos efeitos individuais	presente
		ausente
importância:	ponderação do grau de significância de um impacto em relação ao fator ambiental afetado. Um impacto pode ter magnitude alta, mas não ser tão importante quando comparado a outro, num contexto de uma dada avaliação ambiental	importante
		moderada
		fraca

A classificação dos impactos não permite uma avaliação efetiva da dinâmica e da intensidade das ações e dos processos impactantes. São necessários estudos complementares e algumas tentativas têm sido feitas nesse sentido. No entanto, essas complementações também têm sido feitas de forma subjetiva, reunindo-se critérios de dinâmica

Quadro 6.4 Exemplo de aplicação de planilha de avaliação de impacto usada para levantamentos de campo

NASCENTES DO RIO MAMBUCABA	IMPACTO LOCAL	ELEMENTOS DOS IMPACTOS
troncos cortados e desmatamento em trechos da APP		evidências
X	imediato diferenciado escalonado	desencadeamento
X	temporário permanente cíclico	freqüência
X	local regional	extensão
X	reversível irreversível	reversibilidade
X X X	1 ano ou menos de 1 a 10 anos de 10 a 50 anos	duração
X	grande média pequena	magnitude (escala)
X	importante moderada fraca desprezível	importância
X	positivo negativo	sentido
X	direta indireta	origem
X	linear quadrática exponencial	acumulação
X	presente ausente	sinergia
agropecuária e extrativismo seletivo		possíveis atividades que originaram o impacto
X X	leitura campo depoimento	método de identificação do impacto

Fonte: Thomaziello, 1999 (modificado)

Quadro 6.5 Exemplo de classificação da dinâmica e da intensidade das ações e dos processos impactantes do reservatório Três Irmãos (CESP, SP)

processos e impactos	classificação da dinâmica e intensidade das ações e dos processos		
processos erosivos	8,7% PP	21,7% AD; 43,5% MD; 26,1% BD	100% PA
perda da cobertura vegetal		40,0% MD; 46,6% AD; 13,3% BD	100% PE
	pequeno porte (PP) médio porte (MP) grande porte (GP)	alta densidade (AD) média densidade (MD) baixa densidade (BD)	processo ativo em expansão (PA) processo paralisado temporariamente (PT) processo estável sujeito a recorrência (PR) processo estável sem atividade aparente (PE) processo desativado (PD)

Fonte: Lima, 2003 (modificado)

e atribuindo-se valores arbitrários (grande, médio ou pequeno) a cada um deles. De forma geral, somam-se dados como intensidade e atividade do processo em relação ao número de ocorrências. O quadro 6.5 é um exemplo que classifica os processos erosivos como ativos e em grande proporção, mas de intensidade média – sem dúvida, devido à freqüente aparição dos sulcos e ravinas na área de entorno do reservatório Três Irmãos, provocando assoreamento. Além disso, esse exemplo evidencia que o assoreamento é preocupante devido ao grande número de pequenas a médias ocorrências que, quando somadas, podem, efetivamente, resultar em impactos de maior magnitude.

Outra questão é considerar a contribuição de cada empreendimento ou atividade sobre um determinado efeito (quadro 6.6). Esta estratégia é um ótimo encaminhamento quando o objetivo é compreender o papel de cada um para o fenômeno avaliado e, principalmente, atribuir responsabilidades.

MÉTODOS DE AVALIAÇÃO

Os impactos classificados devem ser comparados e suas relações, evidenciadas. Há métodos ou técnicas que auxiliam nessa tarefa. As estratégias desses métodos propõem ordenar, qualificar, quantificar, comparar, relacionar e espacializar os impactos.

De forma geral, os dados de entrada para o método ou técnica são obtidos por meio de levantamentos bibliográficos, visitas de campo e interpretação de outros temas analisados.

A avaliação metodológica dos impactos pode ser organizada, pelo menos, sob duas perspectivas. A primeira visa a identificar os impactos de forma global, a partir dos elementos analisados (temas e temáticas), comparados qualitativa ou quantitativamente entre si. A segunda define os impactos em função da seleção de processos (como erosão e assoreamento), ações ou atividades humanas (como fogo e trilhas).

Para ambas as perspectivas, há inúmeros métodos adotados. No entanto, quando se analisam os planejamentos já efetuados, principalmente no Brasil, verifica-se que neles preponderam cinco diferentes estratégias: inquirição, listagem, análise espacial, árvores de decisão e sistemas modelados e de simulação. A listagem e a análise espacial costumam retratar os impactos. A inquirição costuma ser um recurso auxiliar, envolvendo desde o levantamento de dados (veja Cap. 4) até a participação pública (veja Cap. 9). As árvores de decisão e sistemas modelados e de simulação são mais destinados para a fase de tomada de decisão. Nesse conjunto, apresentam-se métodos sistemáticos que, muitas vezes, modelam e simplificam o meio, auxiliando na interpretação, mas não respondem sobre todas as interações que ocorrem, principalmente na instância social. Essa é a grande limitação para os métodos ou técnicas apresentados a seguir, como exemplos de cada estratégia voltada à interpretação dos impactos. Porém, se aplicados de forma consciente, podem ser excelentes instrumentos de auxílio, tanto para o diagnóstico, como para a identificação de alternativas de ação gerencial.

métodos globais de avaliação de impactos

Os métodos ou técnicas de avaliação de impactos que envolvem listagens podem ser construídos como listagens de controle ou matrizes.

As listagens de controle consistem em uma simples relação de fatores que devem ser associados, sistematicamente, aos impactos ocorrentes na área de estudo. Os fatores são múltiplos, podendo criar um número infindável de combinações. São, em geral, elementos do meio como o solo, a água ou a vegetação. A listagem pode ser também uma relação direta de impactos a serem considerados, ou alternativas de ação a serem comparadas e relacionadas aos respectivos impactos.

Quadro 6.6 Percentagem de contribuição de nove principais empreendimentos para cada um dos principais impactos ocorrentes numa região

	IMPACTOS						
empre-endimentos	erosão e assoreamento da área	alteração da qualidade da água	alteração da ictiofauna regional	interferência na biota	acidentes	doenças	geração de empregos
9	48,5%	6,8%	31,9%	6,8%	11,1%	2,6%	7,7%
8	43,8%	10,5%	33,3%	9,5%	9,5%	1,9%	10,5%
7	72,3%	11,9%	22,0%	5,0%	13,8%	0,0%	25,2%
6	37,6%	12,2%	30,5%	10,6%	14,8%	1,9%	7,7%
5	41,8%	5,8%	29,8%	8,7%	22,9%	0,0%	9,1%
4	39,5%	10,3%	33,2%	7,4%	13,3%	3,7%	7,4%
3	67,0%	9,1%	34,1%	4,5%	18,2%	4,5%	37,5%
2	41,7%	11,8%	34,7%	7,4%	15,9%	4,8%	5,2%
1	35,5%	13,8%	33,6%	5,3%	13,8%	1,6%	3,6%
média	47,5%	10,3%	31,5%	7,3%	14,8%	2,3%	12,6%

Os empreendimentos de piscicultura espalhados pelo município de Juquiá, SP, eram comumente indiciados por provocar impactos ambientais. Os nove empreendimentos mais impactantes foram avaliados e comparados a fim de atribuir responsabilidades pelo tipo de ação e impacto. Os principais impactos detectados foram a erosão e deposição de sedimentos e a introdução de espécies exóticas na rede hídrica regional. Tais impactos eram provocados principalmente pela falta de cuidados na construção dos condutos e da movimentação de terra, bem como devidos à falta de planejamento da localização dos empreendimentos. Fonte: Souza et al., 1997 (modificado)

É possível construir diferentes tipos de listagens de controle à medida que se adicionam informações. As listagens simples apenas enumeram os fatores ambientais e, algumas vezes, seus respectivos indicadores. As listagens descritivas, além dos fatores, apresentam informações adicionais que norteiam a análise dos impactos. As listagens escalares permitem a atribuição de valores aos fatores ambientais, possibilitando ordená-los ou classificá-los diante de critérios preestabelecidos. Se for atribuído um peso aos fatores exprimindo a importância do impacto, então a listagem passa a se chamar escalar ponderada. O seu exemplo clássico é a listagem desenvolvida pela equipe multidisciplinar do Batelle Columbus Laboratories, que selecionou e deu peso a setenta e oito parâmetros, normalizados através de uma função de qualidade ambiental. Para cada mudança em um dos parâmetros há um novo valor de qualidade, que pode ser representado em unidades de impacto ambiental. A diferença entre os valores de qualidade, multiplicado pelo peso atribuído a cada parâmetro, permite comparar, numericamente, os possíveis impactos diante das mudanças ambientais (quadro 6.7).

As listagens apresentam como vantagens a simplicidade da construção, a facilidade da sistematização das informações, a capacidade de sumarizar os resultados, a rapidez da aplicação e o baixo custo. As limitações de seu uso se dão em virtude da subjetividade, reducionismo dos fatos e, principalmente, por não considerar as interações entre os fatores do meio.

As matrizes consistem em duas listagens estruturadas em eixos perpendiculares (listagens de controle bidimensionais), compostas por fatores do meio (como temas ou indicadores). A interação entre os fatores dos eixos opostos permite estabelecer o impacto. Elas são muito utilizadas devido à sua capacidade de evidenciar as relações entre os indicadores do meio natural e os do meio antrópico, cada qual disposto em um dos eixos.

Como as listagens, há vários tipos de matrizes, nomeadas em função dos elementos que contêm. Podem ser de correlação entre elementos do meio, entre elementos e atividades humanas ou entre atividades humanas. Podem, também, ser ponderadas, cromáticas (quadro 6.8) ou matemáticas quando permitem desenvolver operações algébricas e outras.

Quadro 6.7 Ilustração de uma listagem de controle descritiva em uma região próxima a um aeroporto e com grande tráfego

FATOR: QUALIDADE DO AR	CRITÉRIOS PARA AVALIAÇÃO
saúde da população	
a) mudança nas concentrações de poluentes do ar, por freqüência de ocorrência e número de pessoas afetadas	concentrações atuais, emissões atuais e previstas, modelos de dispersão, mapas de densidade populacional; pesquisas de vizinhança, processos industriais previstos, volumes de tráfego
b) mudança na ocorrência de desconfortos visuais (fumaça, névoa) ou olfativos (odor) e número de pessoas afetadas	
condições de vida	
c) alterações no ritmo biológico dos moradores (horas de sono em função de decolagem e aterrissagem de aeronaves)	pesquisas na vizinhança e levantamento de registros médicos para situações de estresse
ruídos	
d) mudanças nos níveis de ruídos, freqüência de ocorrência e número de pessoas afetadas	mudanças no tráfego, ocorrência de barreiras de ruído, pesquisa de vizinhança e estabelecimento de modelos

Quadro 6.8 Matriz de interação de impactos entre as ações que as funções urbanas demandam na bacia hidrográfica e os fatores ambientais

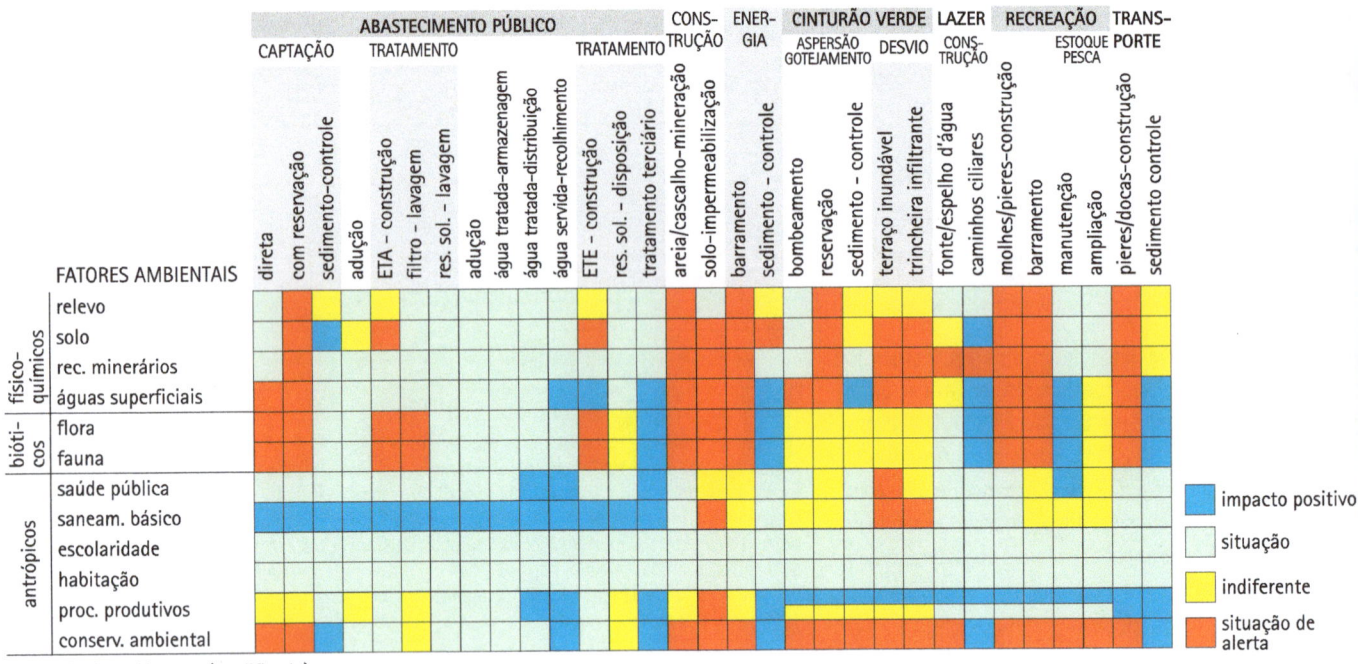

| | | ABASTECIMENTO PÚBLICO | | | | | | | | | | | | | CONS-TRUÇÃO | ENERGIA | CINTURÃO VERDE | | LAZER | | RECREAÇÃO | | TRANS-PORTE |
| | | CAPTAÇÃO | | TRATAMENTO | | | | | | TRATAMENTO | | | | | | ASPERSÃO GOTEJAMENTO | DESVIO | CONSTRUÇÃO | | ESTOQUE PESCA | | |

(matriz com colunas: direta; com reservação; sedimento-controle; adução; ETA – construção; filtro – lavagem; res. sol. – lavagem; adução; água tratada-armazenagem; água tratada-distribuição; água servida-recolhimento; ETE – construção; res. sol. – disposição; tratamento terciário; areia/cascalho-mineração; solo-impermeabilização; barramento; sedimento – controle; bombeamento; reservação; sedimento – controle; terraço inundável; trincheira infiltrante; fonte/espelho d'água; caminhos ciliares; molhes/pieres-construção; barramento; manutenção; ampliação; pieres/docas-construção; sedimento controle)

FATORES AMBIENTAIS:
- físico-químicos: relevo; solo; rec. minerários; águas superficiais
- bióticos: flora; fauna
- antrópicos: saúde pública; saneam. básico; escolaridade; habitação; proc. produtivos; conserv. ambiental

Legenda:
- impacto positivo
- situação
- indiferente
- situação de alerta

Fonte: Rutkowski, 1999 (modificado)

Um exemplo clássico é a matriz desenvolvida por Leopold e colaboradores, cuja publicação data de 1971. Essa matriz foi originalmente composta por cem ações em um eixo e oitenta e oito características ambientais e humanas no outro eixo, resultando em 8.800 células.

Quadro 6.9 Matriz de impactos baseada na Matriz de Leopold

ATIVIDADES HUMANAS	SOLO	ÁGUA	FAUNA E FLORA	ASPECTOS HUMANOS			
	erosão da área	alteração da qualidade da água	interferência na composição e estrutura da biota	acidentes	doenças	geração de empregos	totais por ação (magnitude)
movimentação de terra (ocorrência de cortes, escavações, áreas de empréstimo)	4/4-/r/-16	1/2-/r/-2	1/5-/i/-5	3/3-/r/-9	1/2-/r/-2	2/2+/r/+4	-8
estabilidade das encostas (tamanho e inclinação dos taludes, tipo de recobrimento, construções etc)	3/4-/r/-12	2/3-/r/-6	2/5-/i/-10	2/5-/r/-10			-9
áreas inundadas (por represamentos, (pisciculturas, lagos de lazer, etc)	1/4-/i/-4	2/2-/i/-4	3/2-/i/-6	1/5-/r/-5	1/2-/i/-2		-8
totais por impacto (magnitude)	-32	-12	-21	-24	-4	+4	

1/3-/r/-3 = (magnitude)/(importância) (valor ou sentido)/(reversibilidade)/ (magnitude x importância). Os números referem-se a valores atribuídos às propriedades dos impactos numa escala crescente de 0 a 5: magnitude, importância. O sinal + e – refere-se ao sentido e as letras *r* e *i* referem-se à reversibilidade. O produto da matriz é obtido por magnitude x importância, e os totais, por simples soma dos produtos.
Fonte: Souza et al., 2000 (modificado)

As células fornecem a informação sobre os impactos relativos aos seus respectivos cruzamentos. Cada impacto identificado pode ser descrito por meio de dois critérios de valoração: a magnitude e a importância, representadas, numericamente, em uma escala de 10 pontos. Essa matriz pode ser adaptada com a quantidade de fatores e escala de ponderação desejadas pelo planejador (quadro 6.9).

As matrizes fornecem uma visão global dos impactos e permitem constatar as situações de maior ou menor severidade. Também são úteis porque auxiliam na avaliação de possíveis ações ou mudanças no meio, permitindo optar pelas alternativas menos impactantes. Por outro lado, elas têm sido usadas em um número muito grande de variações, da organização à valoração, de maneira que dificilmente são comparáveis entre planejamentos.

As matrizes apresentam problemas semelhantes às listagens, pois propiciam somente interações primárias entre os elementos dos dois eixos, não evidenciando os efeitos que elas desencadeiam. Além disso, permitem que um impacto seja considerado duas vezes, pois não é estabelecido o princípio de exclusão de variáveis dependentes e não se relacionam os fatores segundo os efeitos finais.

As redes constituídas em semelhança às árvores de decisão têm como princípio analisar relações de ordens mais elevadas do que aquelas identificadas numa matriz. Desta forma, podem-se identificar e relacionar os impactos de n ordens, apresentados em diagramas direcionais ou gráficos. O resultado permite visualizar o desencadeamento das alterações ambientais (Fig. 6.4). Os diagramas de sistemas seguem o mesmo princípio das redes. Contudo, as interações são evidenciadas por meio do fluxo energético, contabilizando suas perdas e ganhos (a base conceitual para a construção dos diagramas de sistema advém dos princípios de emergia. Para tanto leia Odum, 1988). A cada passagem do fluxo e a cada ganho ou perda (em calorias ou em percentagem da matéria bruta), é possível evidenciar e quantificar os impactos.

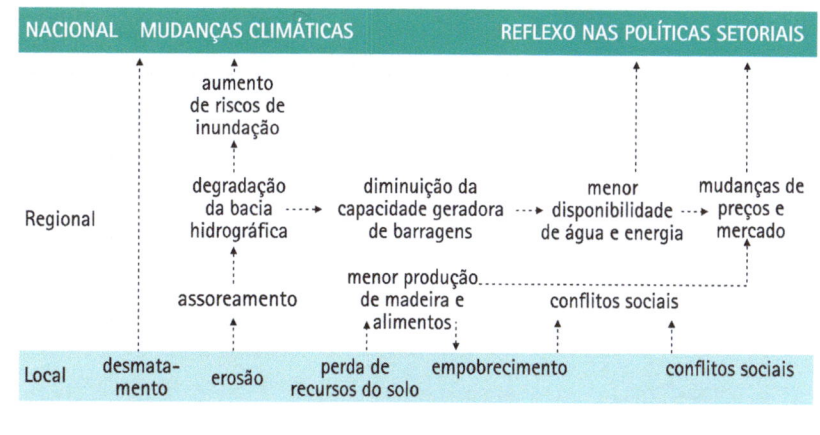

Fig. 6.4 *Exemplo de uma rede de impactos. O desmatamento de grandes florestas acarreta uma rede de impactos de diversas escalas. Em nível local, a perda de flora e fauna causa deterioração da qualidade de vida das comunidades tradicionais, cuja sobrevivência depende dos recursos naturais. Este fato pode induzir ao aumento da violência e criminalidade (Barp, 1997). Em nível regional, a área desmatada serve de fonte para material que assoreia a rede hídrica, reduzindo a disponibilidade de água e a eficiência de obras de geração hidroelétrica, com reflexos nos preços e políticas.*

As redes são vantajosas justamente porque não se restringem aos efeitos diretos. Por outro lado, elas são limitadas quando se tem um número grande de componentes ambientais e atividades humanas, tornando-se excessivamente complexas. Além disso, não representam de forma eficiente a dinâmica, nem permitem avaliar quantitativamente as relações expressas. Os diagramas de sistema, por sua vez, quantificam; contudo, os cálculos das perdas e ganhos de energia são, muitas vezes, subjetivos e demandam tempo e custo para sua ordenação. A Fig. 3.1 do Cap. 3 ilustra diagramas de sistema que comparam a complexidade entre duas bacias hidrográficas.

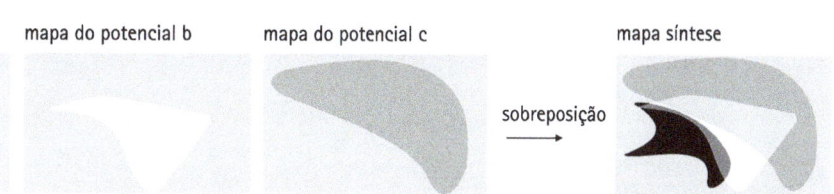

Fig. 6.5 *Esquema da lógica do método de Mac Harg*

A análise espacial pode representar os impactos e suas propriedades no sítio de estudo. Cada impacto pode ser visualizado de acordo com sua área de abrangência e as relações espaciais entre impactos podem ser identificadas.

A literatura fornece inúmeros métodos de análise espacial. Dentre eles, os mais conhecidos para mapeamento de impactos são o método de Mac Harg, proposto pelo autor em 1969, e o método de Tricard, apresentado em 1996. Esses pesquisadores propõem o mapeamento de potencialidades e restrições por meio da sobreposição de mapas de temas e indicadores que possam expressá-las. Mac Harg sugere que os mapas sejam classificados em uma escala de cinco níveis representados por tons de cinza, sendo os mais escuros — os de maior potencial ou maior restrição. A sobreposição dos mapas, assim interpretados, permite a identificação das áreas de maior importância para os potenciais considerados, apresentadas em tons mais fortes. Esta lógica de mapeamento vem sendo transferida de diferentes formas para identificar e espacializar impactos prováveis. A Fig. 6.5 ilustra uma possível construção.

O mapeamento dos impactos efetivos deve considerar, primeiramente, sua natureza e o tipo de abrangência. Alguns impactos são circunscritos, ou seja, passíveis de localização e, portanto, podem ser mapeados pela imagem de um sensor ou seus limites geo-referenciados por GPS (Global Positioning System) e plotados em base cartográfica. Dependendo de sua extensão, podem ser pontuais ou dimensionais. Os impactos pontuais, cuja extensão no espaço é reduzida e não pode ser representada na escala de trabalho adotada, podem ser apresentados por símbolos no mapa, geo-referenciados com o auxílio de GPS. Os impactos dimensionais têm uma área de ocorrência extensa e passível de representação espacial. Ocorrem, também, impactos defluentes: neles, existe um eixo ou um ponto definido, porém seus limites são flutuantes no território ou de difícil definição. Para esses, a representação no mapa

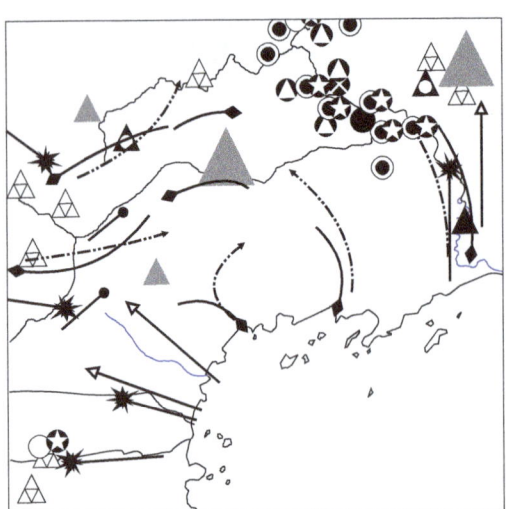

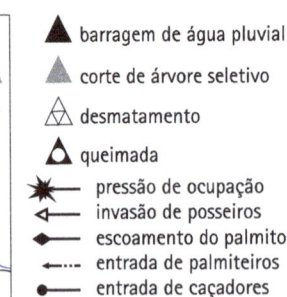

Fig. 6.6 *Impactos efetivos mapeados de acordo com suas magnitudes, natureza e tipo de abrangência na região de Mambucaba/Parati, RJ. Os triângulos da figura correspondem a impactos em franca expansão. Seus tamanhos representam a magnitude do impacto. As flechas indicam a origem e as direções das pressões sem localização precisa do impacto. Os círculos representam impactos pontuais de ocorrência restrita. Fonte: MMA, 2001 (modificado)*

Símbolos do mapa:
- ▲ barragem de água pluvial
- ▲ corte de árvore seletivo
- △ desmatamento
- △ queimada
- ✱ pressão de ocupação
- ⇐ invasão de posseiros
- ◆ escoamento do palmito
- ⋯ entrada de palmiteiros
- ● entrada de caçadores
- ● desmatamento
- ◯ queimada
- ⊙ emissão de efluente
- ★ depósito de resíduos sólidos
- ○ processos erosivos assoreamento
- ⊗ soterramento e desvio de nascentes

IMPACTOS	MAGNITUDE DOS IMPACTOS
circunscritos	média
dimensionais pontuais	baixa
defluentes (a flecha simboliza a direção em que se dá o efeito impactante)	alta
difusos	alta

deve ter o cuidado de utilizar símbolos que indiquem sua provável localização, sem o comprometimento de um espaço definido (Fig. 6.6). Os impactos *difusos* são os não-circunscritos, disseminados pelo território e difíceis de espacialização. Uma forma de reproduzi-los é pela identificação das suas fontes de produção e representação da sua provável amplificação (Fig. 6.7).

métodos de avaliação de impactos ligados a uma ação, processo ou atividade humana

Os impactos podem ser identificados a partir da seleção das principais ações, processos ou atividades humanas, numa determinada área de estudo. Cada um deles tem seu próprio caminho metodológico, muitas vezes de difícil soma. Difícil, mas possível. Cabe ao planejador optar por essa técnica ou pela estratégia de avaliação global. O erro de alguns planejamentos costuma estar na mistura das estratégias, superpondo e superestimando determinadas informações. A seguir, são apresentados quatro exemplos que esclarecem esta questão.

• Impactos decorrentes da erosão

A erosão é um dos principais fenômenos tratados no planejamento ambiental. Sua interpretação se dá por meio de diversos temas (declividade e solo, entre outros), que permitem inferir seu potencial ou ocorrência numa determinada região. A erosão manifesta-se pela deterioração da superfície do solo, provocada por forças exógenas — em especial, água, vento e gelo. É o processo pelo qual há remoção de uma massa de solo de um local e sua conseqüente deposição em outros locais. Tal fenômeno ocorre naturalmente, sendo quase impossível sua contenção: sendo difícil de ser controlado, é facilmente acelerado pela atividade antrópica.

Fig. 6.7 *Possível representação de impactos difusos. Trata-se do município de Cotia, na região metropolitana de São Paulo, em que os impactos difusos respondem pela maior parte do problema ambiental da região. Os impactos foram representados no mapa pelos núcleos das áreas-fontes dos problemas. Loteamentos irregulares e loteamentos destituídos de rede de esgoto foram identificados e seus centros representados no mapa. Apesar da informação carecer de precisão, certamente permite conhecer onde se concentram os lançamentos clandestinos. Os centros das áreas decapadas dos loteamentos, condomínios recém-construídos e construções industriais foram localizados e representados no mapa. A difusão desses impactos, representada pelas setas, ocorre em função do relevo e direção da drenagem.*

Legenda:
- ⟿ área de impaco difuso por esgotamento clandestino
- ⟿ área de impaco difuso resultante de construção civil

Os principais fatores condicionantes da aceleração do processo erosivo relacionam-se com o desmatamento ou remoção da cobertura vegetal original, com o manejo impróprio de solos produtivos, com a exploração inadequada de terras marginais a cursos d'água, com a pressão de ocupação das terras por usos inadequados, com o uso intensivo de áreas com elevado potencial natural de erosão e, sobretudo, com a falta de planejamento de ocupação. A erosão é acelerada, em extensão e grau de severidade, em função de fatores associados à fisiografia (posição na paisagem, inclinação da encosta, comprimento e forma da vertente e rugosidade de superfície), ao clima (quantidade, distribuição, intensidade e energia das precipitações, os ventos e as variações de temperatura), ao solo (granulometria, estrutura e grau de agregação dos horizontes superficiais, a permeabilidade do perfil, a capacidade de infiltração e retenção de água no solo), à cobertura vegetal natural presente e ao tipo de uso e manejo agrícola instalado.

A erosão hídrica é aquela causada pela ação da água proveniente de chuva, irrigação ou enxurrada. Nela, a perda do solo é função da exposição da sua superfície à ação do impacto da gota, ou do desprendimento de material por ação da enxurrada. Conforme o processo, a erosão hídrica pode ser entre-sulcos (ou areolar) e em sulcos (ou linear). A erosão entre-sulcos pode ser descrita como um processo de desprendimento de partículas do solo pelo impacto das gotas de chuva ou da água de irrigação em um solo descoberto. A erosão em sulcos é o processo de desprendimento e transporte de solo com a enxurrada (Fig. 6.8). São, portanto, processos distintos e os métodos de avaliação e controle de sua ocorrência são diferentes, bem como podem ser diferenciados seus efeitos na degradação do solo.

A erosão condiciona à perda progressiva da porção mais fértil do solo e, conseqüentemente, sua qualidade multifuncional. Assim, a potencialidade da terra decresce.

• Estimativa da perda do solo ou modelagem da erosão
O processo erosivo varia no tempo e no espaço, sendo difícil avaliar, de forma exata e precisa, a extensão, a magnitude e taxas de erosão, bem como os impactos econômicos e ambientais dele decorrentes. Para essa avaliação, estudiosos do assunto desenvolveram alguns modelos de previsão de perda de solo, habilitando o planejador a estimar dados experimentais de erosão em locais e condições de seu interesse e necessidade.

A predição de erosão evoluiu da simples coleta de dados para comparação de práticas conservacionistas e de manejo, para modelos empíricos simples, modelos empíricos complexos e, mais recentemente, modelos determinísticos. A aplicação de modelos fornece resultados quantitativos que permitem comparações objetivas, previsão e planejamento.

O modelo mais utilizado corresponde à Equação Universal de Perda de Solo (Universal Soil Loss Equation - USLE), que estima a perda média de solo (A, em mg/ha, ano), para locais e sistemas de uso e manejo específicos, tendo por base valores médios de eventos de precipitação ocorridos. A perda é dada pelo produto de seis fatores determinantes, de acordo com a equação A = R.K.L.S.C.P , sendo seus componentes representados pelos fatores: (R) - erosividade da precipitação e da enxurrada, (K) - refere-se ao fator de erosividade do solo, determinado em função de suas características e das perdas que sofre com a precipitação; (L) - comprimento da encosta, definido pela relação de perdas do solo entre uma encosta com um comprimento qualquer e uma encosta com 25 m de comprimento, para o mesmo solo e grau de inclinação, adimensional; (S) - grau de declividade, definido pela relação de perdas do solo entre um terreno com um declive qualquer e um terreno com um declive de 9%, para o mesmo solo e comprimento de rampa, adimensional; (C) - cobertura e manejo da cultura, definido pela relação das perdas entre um terreno cultivado em dadas condições e um terreno mantido continuamente descoberto, em condições semelhantes àquelas em que o fator K é avaliado, adimensional; e (P) - controle da erosão, definido pela relação entre as perdas de solo e um terreno cultivado com uma determinada prática e as perdas quando se planta morro abaixo, adimensional. Os fatores R, K, L e S dependem das condições naturais do clima, do solo e do terreno, enquanto que os fatores C e P são antrópicos ou relacionados com as formas de ocupação e uso das terras.

• Tolerância de perda do solo
A primeira definição de tolerância da perda do solo (valor T) foi estabelecida no final da década de 1940 e referia-se a uma quantidade de solo que poderia ser perdida, sem que ocorresse decréscimo da fertilidade, mantendo, indefinidamente, sua produtividade. A definição atual do valor T é, essencialmente, a mesma desde então. Os critérios considerados no estabelecimento do valor T, para diferentes tipos de solos americanos, basearam-se na avaliação de: erosão antecedente; tipo de solo e profundidade atual; ocorrência ou não de condições favoráveis dos atributos físicos, químicos e biológicos que afetam o desenvolvimento radicular; prevenção de erosão linear, e prevenção de perda de matéria orgânica e dos nutrientes do solo. A tolerância de perda do solo é um parâmetro complexo, difícil de ser estabelecido e a respeito do qual não há um consenso entre os estudiosos do assunto.

A USLE pode ser mapeada, sendo importante verificar se o mapa final permite identificar e espacializar as áreas mais críticas, tanto em relação ao potencial do terreno quanto às áreas que estão em situação de degradação pelas atividades desenvolvidas. Para responder a tais questões é necessário somar conceitos. Assim, por exemplo, as taxas estimadas de erosão, que sugerem a localização das áreas mais críticas, são associadas à valoração do potencial natural de erosão e de tolerância de perda de solo.

Fig. 6.8 *As erosões podem ocorrer sob diferentes formas como laminar, em sulcos, ravina, voçoroca e desbarrancamento por embate de onda. Suas causas e efeitos são diversos no meio.*
(A) Desbarrancamento provocado pelo embate de onda;
(B) Desbarrancamento provocado por pisoteio de gado;
(C) Voçoroca resultante de manejo inadequado do solo;
(D) Assoreamento de curso d'água. Fonte: Lima, 2003 (modificado)

• Potencial natural de erosão

O potencial natural de erosão é um produto da aplicação dos parâmetros da equação universal de perda de solo, representado pelos fatores erodibilidade do solo (K), erosividade da chuva (R) e fator topográfico (LS). Ele pode ser representado em mapa a partir da definição de classes obtidas pelos intervalos da perda estimada de solo, em toneladas por hectare (quadro 6.10, Fig. 6.9).

• Vulnerabilidade do solo quanto aos processos erosivos

A vulnerabilidade do solo decorre do uso e ocupação da terra e da cobertura vegetal existente em uma dada área, fatores que devem ser considerados em planejamento ambiental.

A metodologia para se conhecer a vulnerabilidade do solo quanto aos processos erosivos consiste em classificar o mapa de usos e cobertura vegetal. Para cada categoria de uso e ocupação são atribuídos pesos que balizam sua importância em relação ao agravamento do processo erosivo (quadro 6.11).

O segundo passo é cruzar valores obtidos para o potencial natural de erosão (PNE) com os valores de uso, conforme exemplifica o quadro 6.12. Esse cruzamento fornece os números atribuídos ao mapa de vulnerabilidade do solo ao processo erosivo. O resultado é apresentado de forma resumida, apontando as áreas prioritárias de ação.

A divisão de mapas de perdas de solo (A) pela tolerância de perdas de solo (T) gera o mapa de vulnerabilidade à erosão, que mostra onde o uso provoca perda de solo maior que o limite de tolerância admitido, constituindo um uso e/ou manejo inadequado.

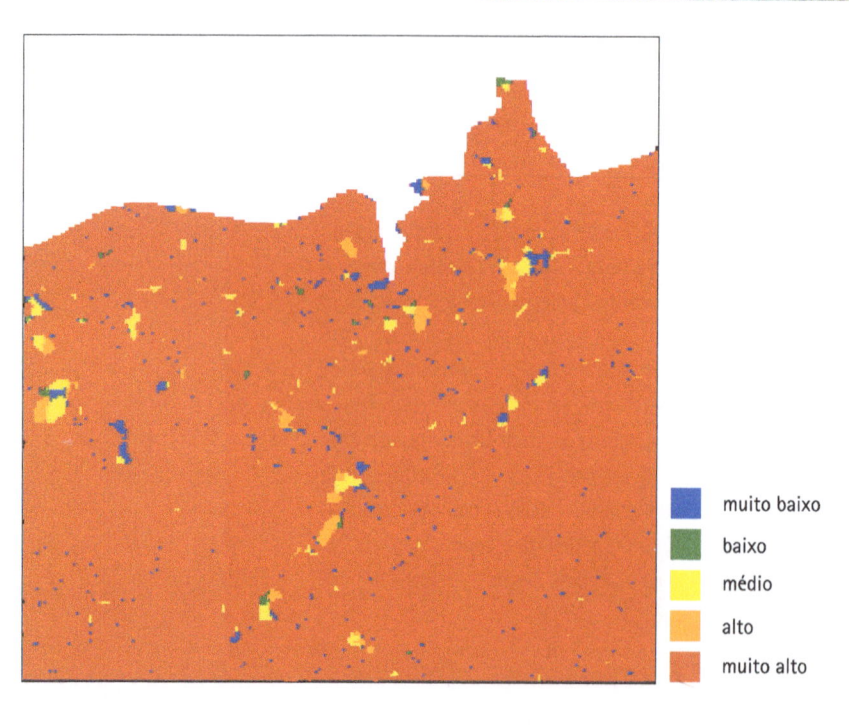

Legenda:
- muito baixo
- baixo
- médio
- alto
- muito alto

Fig. 6.9 *Mapa do potencial natural de erosão dos solos na zona envoltória do Parque Nacional da Serra da Bocaina. Fonte: MMA, 2001 (modificado)*

Quadro 6.10 Classes de potencial natural de erosão dos solos

CLASSES	INTERVALOS DE PNE (t/ha)	INTENSIDADE
1	0 – 0,5	nulo
2	0,5 – 400	fraco
3	400 – 800	moderado
4	800 – 1600	moderado a forte
5	> 1600	forte

Fonte: CESP, 2001 (modificado)

• Índice de tempo de vida

Trabalhando com estimativa da erosão e avaliação de impacto, Weill (1999) definiu um índice de sustentabilidade para o solo baseado nas taxas atuais de perda de solo, estimadas pela USLE, em uma taxa presumida de renovação do solo e na espessura do solo disponível para perda. O índice de sustentabilidade desenvolvido por essa autora estima o tempo remanescente para o solo atingir uma condição de degradação irreversível, tendo sido denominado Índice de Tempo de Vida. A condição de irreversibilidade foi definida pela profundidade de solo, abaixo da qual a qualidade do solo é inadequada ao desempenho de suas múltiplas funções como recurso natural e como componente do ambiente. A aplicação do Índice de Tempo de Vida é uma forma de avaliar o impacto da erosão sobre a quantidade do solo e a sustentabilidade agrícola de uma área. É um critério compatível com a flexibilidade das questões do planejamento, podendo ser ajustado para acompanhar a evolução tecnológica e a dinâmica das alterações relativas ao uso e manejo das terras. Sua aplicação permite o estabelecimento de comparações objetivas entre alternativas de uso, pois o índice é quantitativo, dotado de valor prognóstico, o que permite o estabelecimento de projeções e a avaliação de cenários futuros. O índice de tempo de vida é ferramenta para a análise das conseqüências das ações atuais sobre a economia dos recursos e a qualidade do ambiente no futuro.

• Impactos decorrentes de vias de acesso

É de conhecimento comum que as vias de acesso são canais abertos para a instalação de atividades humanas e impactos frequentemente severos. Por essa razão, sua observação em campo costuma dar bons indícios da qualidade ambiental do meio estudado.

Em geral, as vias de acesso respondem pela redução das florestas; dispersão de espécies exóticas; mortalidade de espécies animais; redução da biota do solo; geração de barreiras para a fauna e, também, mudanças nas atividades humanas (indução de habitação, agricultura, mineração e desenvolvimento comercial ou industrial), por facilitar o acesso e escoamento de bens e mercadorias. Outro sério problema gerado pelas vias de acesso é a transferência de sedimentos e outros materiais para corpos d'água. O acúmulo de sedimentos pode causar mudanças nos cursos d´água, afetando a comunidade aquática, reduzindo sua produtividade e, ademais, provocando contaminação por metais pesados, sais, moléculas orgânicas, ozônio e nutrientes.

O caminho metodológico é identificar, listar e localizar os acessos principais, antigos e recentes, e qualificá-los de acordo com suas características, qualidade e

Quadro 6.11 Exemplo de pesos aplicados para algumas classes de uso e ocupação da terra proporcionais às suas interferências nos processos erosivos. Os níveis de gravidade estão dispostos em ordem crescente

CATEGORIAS DE USO E OCUPAÇÃO	CARACTERIZAÇÃO	PESO	INTENSIDADE
agropecuária	agricultura anual/semiperene	4	moderada
	agricultura semiperene	3	moderada a forte
	reflorestamento	1	nula
	pastagem	2	fraca
	agropecuária	2	fraca
solos expostos		5	forte

Fonte: CESP, 2001 (modificado)

Quadro 6.12 Distribuição das intensidades de vulnerabilidade do solo ao processo erosivo. As cores representam as áreas de criticidade crescente, atribuídas no mapa de vulnerabilidade

PNE uso	nulo	fraco	moderado	moderado a forte	forte
nulo	1	1	2	2	3
fraco	1	2	2	3	3
moderado	2	2	3	3	4
moderado a forte	3	3	4	4	5
forte	3	4	4	5	5

Fonte: CESP, 2001 (modificado)

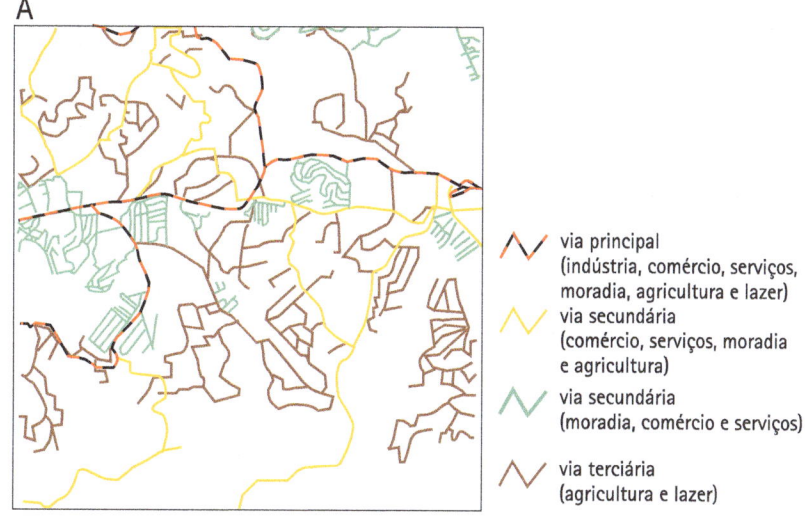

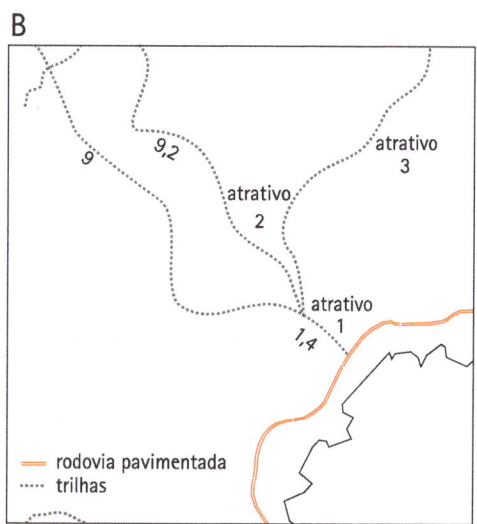

Fig. 6.10 *Qualificação de usos ao longo de vias de acesso (A) Qualificação das vias em função do predomínio de uso e das atividades que originam os percursos. Município de Cotia, SP; (B) Definição dos atributos e distâncias relativas entre eles ao longo dos percursos. Região de São José do Barreiro, SP. Fonte: SABESP, 1997 (A) e MMA, 2001 (B) (modificado)*

Quadro 6.13 Identificadores de qualidade ambiental em trilhas

identificação		condições							qualificação															
nome	início-término	largura (m)				piso			uso				grau de dificuldade			distância		infra-estrutura				faixa etária maior procura		
		0,3	0,5 1,0	1,0 ,0	>2,0	TB	CA	OUTRO QUAL?	TR	CA	TL	CL OU	FR	M	DI	HO	KM	PO	CP	LX	AD	OU	J	A	I

TB: terra batida
CA: calçamento
OU: outro

TR: caminhada
CA: cachoeiras
TL: tráfego local

CL: clandestina (caça, pesca, palmiteiro)
FR: fraco

M: moderada
DI: difícil
HO: em hora (ou min)
KM: em km (ou m)

CP: acampamento
LX: lixeiras
AD: área de descanso
PO: pousada

J: jovens
A: adulto
I: idoso

OBSERVAÇÕES		DANOS						COMPORTAMENTOS				IMPACTO SONORO E VISUAL			PERÍODO MAIS PROCURADO	GRAU DE FREQÜÊNCIA			
flora	fauna	H₂O	INSC	ER	AD	LX	FS	CP	AM	MR	BR	FT	PL	FD	BR	RI		MF	F	PF	R
C F B E OU	S D C L																				

C: cobertura vegetal
F: indícios de fogo
B: bromélias
E: exóticas
S: animais silvestres
D: animais domésticos
C: animais em cativeiro
L: animais livres

INSC: inscrições em árvores
ER: erosão
AD: áreas degradadas
LX: lixo pela trilha
FS: fossas

CP: coleta de plantas
AM: alimentação de animais
MR: manifestação religiosa
BR: brigas
FT: fora da trilha

PL: placas de publicidade
FD: folhetos
BR: barulho
RI: rochas grafitadas

MF: muito freqüente
F: freqüente
PF: pouco freqüente
R: rara

Fonte: MMA e DER, 2001 (modificado)

Quadro 6.14 Planilha para identificação das ações, condições e prováveis causas dos impactos

nome do coletor: _____ clima: ( ) sol ( ) chuva ( ) nublado
levantamento a cada _____ metros local de referência: _____
via de acesso ____ data ____ coordenadas ____ localização mapa ____ rolo ____ n° fotos

A. INDICADORES BIOFÍSICOS

indicador biofísico	1	ponto 2 ...	n
vegetação			
n° de raízes expostas			
n° indícios de fogo			
n° de árvores com bromélias e orquídeas			
presença de espécies exóticas (s/n)			
coleta de plantas (s/n)			
árvores derrubadas/cortadas (s/n)			
n° de árvores com danos (inscrições)			
área de vegetação degradada (raio, base x altura)			
condição da pastagem (suj./limp.)			
composição 1/2/3			
densidade 1/2/3			
serapilheira 1/2/3			
solo[1]/leito/trilha			
erosão lateral (s/n)			
erosão na trilha (s/n)			
problemas de drenagem (n°)			
área de solo nu (raio, base x altura)			
largura (m)			
n° de trilhas não oficiais			
rochosidade (s/n)			
pedregosidade (s/n)			
risco à saúde (s/n)			
quais riscos 1/2/3			
fauna			
observação de animais silvestres na trilha (s/n)			
observação/audição de aves (o/a)			
n° de animais silvestres domesticados[2]			
n° de animais domésticos soltos			
n° de animais silvestres em cativeiro			
n° de animais silvestres mortos[3]			
danos			
vandalismo (s/n)			
inscrições em rochas (s/n)		continua...	

intensidade de uso, de forma a avaliar a adequação do uso ao acesso e os impactos que provoca.

Este trabalho pode utilizar imagens de sensores remotos, checagem em campo e aplicação de métodos de inquirição junto a órgãos oficiais e população, entre outras técnicas. Os resultados podem ser plotados por meio de um SIG em uma base cartográfica e as distâncias calculadas. As vias de acesso podem ser qualificadas por bibliografia específica, material fotográfico e cartográfico, levantamentos de campo e entrevistas com lideranças locais, procurando definir suas características construtivas, seus usos principais atuais, sua origem histórica, demandas e projetos futuros. O quadro 6.13 apresenta o cabeçalho de uma planilha de campo idealizada para trilhas, que permite reunir um conjunto de dados relacionados, de forma a estabelecer uma avaliação de impactos. Os resultados podem ser apresentados de diferentes formas, dependendo dos objetivos e do que se quer representar (Fig. 6.10).

Existem vários métodos dirigidos à medida de capacidade de carga de visitação pública, cuja base da construção

---

Composição: 1-igual redor / 2-diferente / 3-muito diferente
Densidade: 1-igual redor / 2-menos denso / 3-muito menos denso
Serapilheira: 1-não pisoteado / 2-pisoteado / 3-ausente
Risco: 1-escorregar / 2-fatal / 3-outros
[1] Informações referentes a densidade, infiltração, compactação, permeabilidade etc. são obtidas do estudo do meio físico e bibliografias.
[2] Anotar tipo de domesticação
[3] Anotar tipo de animal e possível causa da morte

é a identificação de impactos. Por essa razão, eles são considerados bons instrumentos, como o método VIM (Visitor Impact Management) e o LAC (Limits of Acceptable Change). Se bem adaptados ao estudo de caso, permitem uma ótima noção dos tipos e distribuição dos impactos. O procedimento geral é definir pontos com espaçamentos distintos ao longo do traçado, delimitar as faixas de influência e registrar observações com visadas de 360° em diferentes épocas do ano. Frente às condições ideais a serem buscadas e limites de aceitação das alterações impostas pelo próprio planejador, selecionam-se indicadores que possam expressar usos ou atividades inadequadas, identificando as causas de impacto. Os levantamentos em campo são feitos por meio da aplicação de planilhas de orientação, conforme ilustra o quadro 6.14. A partir dos resultados, pode-se mapear os impactos (aceitável e inaceitável) em função de cada atributo selecionado como indicador, identificando as condições e causas mais significativas das atividades impactantes.

• Impactos do extrativismo de recursos naturais

Em áreas de preservação ambiental, a avaliação de impactos a partir do tema extrativismo é de extrema importância. Nessa direção, estudam-se os impactos decorrentes de ações diretas do homem sobre os recursos naturais, num determinado período de tempo. Ressaltam-se caça, pesca, extração de recursos vegetais e recursos minerais.

O procedimento metodológico usual é levantar autos de infração, termos de embargo, termos de apreensão e termos de depósitos lavrados, denúncias na mídia, relatos da população, comunicação pessoal de pesquisadores, etc. Também devem ser procurados indícios em campo dessas atividades.

Os resultados desses levantamentos raramente podem ser espacializados, pois é muito difícil que o dado tenha sido geo-referenciado. Pode-se, na melhor das hipóteses, apresentar um croqui que represente, por exemplo, principais acessos para caça, áreas preferenciais para extrativismo de palmito, rios preferenciais para a pesca, etc.

• Impactos provenientes de desacatos e conflitos legais

Sob esse tema são reunidos os desacatos legais, ou seja, os usos e ocupações que desrespeitem a legislação incidente sobre a área de estudo. Para obter tal resposta, são sobrepostos, primeiro, os mapas de uso e ocupação atual da terra e de legislação. Outros temas podem ser

continuação...

B. INDICADORES DE FREQÜÊNCIA			
indicador social	hor.	...	hor.
n° de encontros com pessoas isoladas			
n° de encontros com grupos de 2 pessoas			
n° de encontros com grupos de 3-5 pessoas			
n° de encontros com grupos de 6-10 pessoas			
n° de encontros com grupos de 11-20 pessoas			
n° de encontros com grupos de 21-30 pessoas			
n° de encontros com grupos de 31-40 pessoas			
n° de encontros com grupos de 41-50 pessoas			
n° total de pessoas no ponto 1			
fotografando			
contemplando			
comendo			
andando			
outros			
n° total de pessoas no ponto 2			
fotografando			
contemplando			
comendo			
andando			
outros			
n° total de pessoas no ponto 3			

C. INDICADORES SOCIAIS			
indicador social/verificador	hor.	....	hor.
saneamento			
n° de lixeiras			
cheiro de lixo (s/n)			
lixo na trilha (identificar)			
animais associados ao lixo (identificar)			
dejetos (s/n)			
fossa aberta (s/n)			
cheiro de urina (s/n)			
cheiro de esgoto (s/n)			
entulho (s/n)			
comportamento danoso			
pessoas coletando plantas (n°)			
pessoas alimentando animais (n°)			
n° de pessoas fora da trilha			
conflito de uso/convívio social			
música alta (s/n)			
manifestações religiosas (s/n)			
brigas (s/n)			
impacto sonoro e visual			
barulho (identificar)			
placas de publicidade (n°)			
n° de rochas inscritas			
folhetos, folders, etc.			

D. INDICADORES DE ACAMPAMENTOS			
indicador social/verificador	1	...	n
área total			
área solo nu (s/n)			
área degradada (s/n)			
local visível da estrada (s/n)			
n° de pessoas no acampam.			
fogueiras (s/n)			
inscrições em árvores (s/n)			
lixeira (s/n)			
lixo espalhado (s/n)			

E. LISTAGEM DE REGISTROS DE OCORRÊNCIA	
n° animais atropelados	n° animais apreendidos
caça	pesca
secas	inundações
incêndios	invasões
buscas	salvamentos
Equipamentos de 1ºs socorros	equipamento de busca
acidentes	visitação (visitantes, estrangeiros e veículos)
entrevistas	autos de infração (local, época, n°, freqüência, etc.)

continua...

F. OPINIÃO DOS VISITANTES

Nome do visitante:

Clima: ( ) sol ( ) chuva ( ) nublado

Data____/_____/_____. Horário_____. Local de referência_____

País ou Estado de origem _____

País ou Estado de origem _____

Idade:_____ Sexo:_____ Escolaridade:_____

Quantas vezes você já visitou este local e por onde você acessa?

Em que período do ano você prefere visitar este Parque?

( ) primavera ( ) verão ( ) outono ( ) inverno ( ) indiferente

Você veio em grupo de quantas pessoas?_____

Qual é a sua atividade de recreação preferida durante a permanência no Parque?

( ) visita ao Parque ( ) caminhada na trilha ( ) acampamento ( ) banho no rio

( ) *rafting* ( ) pesca ( ) piquenique ( ) outras atividades

Ao caminhar nas trilhas você teve que parar, diminuir ou acelerar seu ritmo de caminhada para ficar longe de outros grupos?

( ) Não ( ) Algumas vezes ( ) Muitas vezes ( ) O tempo todo

Você deixou de tirar fotos em algum ponto atrativo devido ao excesso de pessoas?

( ) Não ( ) Algumas vezes ( ) Muitas vezes ( ) Em todos os locais

Na sua opinião, qual das figuras melhor representa a quantidade de pessoas presentes no Parque hoje?

Em uma escala de 1 a 5 (sendo mais positivo o valor 5) qual valor você daria para:

_____Atividades recreativas _____Áreas sem vegetação (clareiras)

_____Disposição de lixo e dejetos _____Ruído provocado por outras pessoas

_____Beleza cênica do Parque _____Condições de caminhada nas trilhas

_____Árvores danificadas _____Receptividade ao visitante

_____Infra-estrutura de visitação

Muito obrigado por sua atenção.

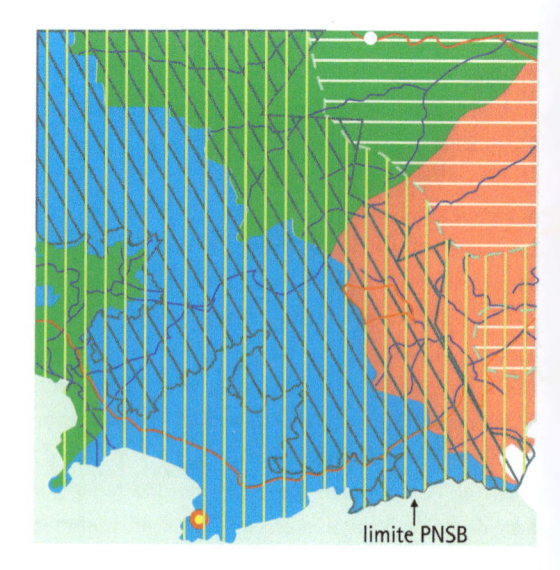

Fig. 6.11 *Exemplo de mapeamento de conflitos legais. A figura delimita a superposição da área do Parque Nacional da Serra da Bocaina (PNSB) com trecho do Parque Estadual Serra do Mar (azul), com a APA Federal de Cairuçu (rosa), com o Núcleo e Zona de Influência da Reserva da Biosfera (verdes escuro hachurado transversal e médio hachurado longitudinal) e com a Reserva Indígena Guarani Araponga (hachurado vertical)*

relevantes, dependendo dos atos legais considerados. O cruzamento deve indicar as áreas de preservação permanente, as planícies sujeitas a enchentes, topos e mananciais protegidos, áreas com manejo agrícola inadequado, e assim por diante. Esta estratégia de mapeamento é importante, principalmente, para identificar aquelas áreas que desrespeitem mais de um ato legal. Há também que considerar os impactos provenientes de conflitos legais. No Brasil, é muito comum a ocorrência de sobreposição de competências legais, administrativamente conflitantes, para uma única área, que devem ser tratadas pelo planejamento (Fig. 6.11).

• Impactos sob o ponto de vista da população

A população tem, sem dúvida, a noção de impacto ambiental. No entanto, raramente as avaliações técnicas sobre essa temática coincidem com o reconhecimento coletivo. Dessa forma, é muito comum a ocorrência de conflitos, nos quais há divergência, real ou aparente, dos pontos de vista e dos interesses de grupos. Nesses casos, é necessário comparar e esclarecer esses conflitos, muitas vezes estabelecidos sob a forma de participação.

O reconhecimento da existência e a gravidade de um impacto estabelecido por grupos advêm da importância que eles dão ao elemento em disputa, ou seja, ao recurso escasso ou visto como tal. Usualmente, o senso comum reduz os elementos a bens materiais, mas o julgamento e valorização do impacto também se embasam na percepção, nas crenças, na situação de poder ou na representação que mobilizam os atores. Assim, é necessário reconhecer e trabalhar as divergências, procurando soluções conjuntas. Essas questões podem e devem ser tratadas em um processo de participação (veja Cap. 9).

É interessante avaliar o entendimento dos impactos pela população antes do início do processo de tomada de decisão junto com a comunidade. Recomenda-se que informações sejam levantadas junto à população, de tal forma que o resultado possa ser tabelado da mesma maneira que o produto sobre impactos elaborado pelos planejadores. Assim, por exemplo, se os impactos estão apresentados em forma de uma matriz composta por n critérios (como o quadro 6.4), a população deve ser induzida pelo planejador a selecionar e definir o que considera

Quadro 6.15 Trecho de uma matriz de impactos resultante de entrevistas de lideranças, estruturada de forma semelhante à matriz técnica

INSTITUIÇÃO	MUNICÍPIO	LOCAL (pq) parque (zt) zona de amortecimento	(i) impacto (c) conflito	EVIDÊNCIAS	FREQUÊNCIA	REVERSIBILIDADE	DURAÇÃO	IMPORTÂNCIA	SENTIDO	(T) temporário (P) permanente (C) cíclico (R) reversível (I) irreversível (a) < 1 ano (b) 1 a 10; (c) 10 a 50 (I) intenso (M) moderado (F) fraco (P) positivo (N) negativo OBSERVAÇÕES
Órgão ambiental	1	zt/pq	i	infra-estrutura	falta local para acomodação e pontos de apoio	P	R	B	I	N	melhoria das instalações para hospedagem (funcionários e outros) quantidade/localização (dispor em vários pontos)
ONG	2	pq	i	fogo	prática cultural	C	R	C	I	N	sistema de produção interior ao parque; na zt, "...não pode queimar, mesmo queimando não dá lucro"
		zt+pq	i	infra-estrutura		P	R	C	I	N	infra-estrutura turística é ruim
			i	desmatamento	comércio e tec. cultivo		R	C	I	N	fogo, roçado; serra devastada em função de abusos dos proprietários; lenha para venda; mourão
			c	pecuária x degradação	elevado número de animais próximo às matas		R	B	M	N	toca do ouro (cerca de 500 animais)
Comunidade		zt/pq	c	extração bromélias		T	R	C	I	N	extração por turistas
		zt/pq	c	"pichação" de pedras		T	R	C	M	N	por turistas
		zt/pq	c	poluição nas cachoeiras		T	R	C	I	N	banhos com sabão e shampoo pelos turistas
		zt/pq	c	pesca predatória		T	R	C	I	N	turistas
		zt/pq	c	infra-estrutura		P	R	C	I	N	falta transporte escolar; educação; saúde; lixo
Polícia Florestal	1	zt/pq	c	retirada palmito			R	C	I	N	dificuldade de fiscalização facilita a saída clan-destina/ locais de ocorrência: Sertão da Joaquina, Coqueiros, Sertão do Condado na divisa com Angra
		zt/pq	i	extração madeira				B	I	P	falta conscientização
		pq	c	situação fundiária		P	R	C	I	N	expectativa pela indenização

Neste estudo – Parque Nacional da Serra da Bocaina –, houve grande divergência entre as lideranças quanto à identificação e caracterização dos impactos. Houve também divergência sobre a magnitude de certos impactos entre a equipe técnica e as lideranças. Esta constatação permitiu compreender a complexidade do processo de decisão. Fonte: MMA, 2001 (modificado)

Quadro 6.16 Técnica da Triangulação, segundo Triviños (1987), modificado por Gomes (2002) e aplicada para o levantamento de conflitos da região Parati (RJ)

Técnica da Triangulação	processos e produtos centrados no sujeito	Esta etapa foi elaborada pela pesquisadora, após observação das comunidades envolvidas com os impactos ambientais. Aplicaram-se vários roteiros de entrevistas e observou-se o comportamento, formas verbais e ações dos atores envolvidos, seja individualmente ou em reuniões ocorridas na comunidade e no município.
	elementos produzidos pelo meio do sujeito	Foram levantados documentos relativos à legislação, pareceres, estudos acadêmicos, documentação de organizações governamentais e não governamentais, e demais documentos que se mostraram importantes para a pesquisa.
	processos e produtos originados pela estrutura socioeconômica e cultural do macro-organismo social do sujeito	Os processos e produtos foram obtidos resgatando-se o histórico das políticas implementadas na região, o histórico das comunidades e as informações socioeconômicas existentes. Todos estes dados contribuíram para o entendimento das forças, relações e conflitos configurados no contexto do problema detectado no estudo de caso.

impacto por meio dos conceitos dos mesmos n critérios, dentro de uma linguagem acessível a ela. O quadro 6.15 ilustra o resultado da aplicação dessa lógica.

Esta avaliação prévia pode ser feita por diferentes métodos. Os mais comuns são os **questionários** e **formulários**, estruturados de maneira que a participação popular se efetive, permitindo avaliação pelos aplicadores. Também podem ser promovidas reuniões comunitárias e entrevistas semi-estruturadas, aplicando-se, por exemplo, o Diagnóstico Rápido Participativo (DRP). Esse método define as questões centrais a serem levantadas junto às lideranças das instituições formais e informais e posiciona os técnicos aplicadores como interlocutores do processo, o que lhes atribui a responsabilidade de interpretar as respostas sobre os diferentes temas abordados. É possível, ainda, realizar entrevistas baseadas num roteiro do tipo *focused interview*, que permite aprofundar os tópicos principais por meio de questões resultantes de entrevistas.

Outra técnica disponível é a de triangulação, que visa apreender, com a máxima amplitude e compreensão, as informações fornecidas, bem como suas raízes históricas, significados culturais e realidades locais. As premissas para aplicação da técnica estão resumidas no quadro 6.16.

A escolha do método depende muito da experiência do aplicador e das características da população envolvida. O importante é prestar atenção na representatividade e o tipo de amostra (como número amostral, se a amostragem é intencional ou causal), prevenindo produzir resultados não significativos.

Seja qual for a estratégia adotada para o levantamento e avaliação dos impactos ambientais, o importante é lembrar que o objetivo em um planejamento é entender, o melhor possível e de forma integrada, a dinâmica dos processos impactantes. Inúmeras vezes, os danos são mais nocivos pelo somatório de vários impactos de pequena magnitude do que por uma ação e seu efeito isolado, de média a alta magnitude.

LEITURA RECOMENDADA

JUCHEN, P. A. (Coord.). **MAIA: Manual de Avaliação de Impactos Ambientais.** 2. ed. Curitiba: Instituto Ambiental do Paraná, 1992.

SPELLEBERG, I. F. **Evaluation and assessment for conservation.** London: Chapman and Hall, 1996. (Conservation biology series).

TOMMASI, L. R. **Estudo de impacto ambiental.** São Paulo: CETESB/Terragraph Artes e Informática, 1994.

WESTMAN, W. E. **Ecology impact assessment and environmental planning.** New York: John Wiley and Sons, 1985.

INTEGRAÇÃO DAS INFORMAÇÕES

Os planejadores precisam refletir que a compreensão sobre a complexidade do meio e a forma como se dá a integração entre seus diversos temas deve, primeiramente, passar pelo reconhecimento entre os próprios elementos do grupo das múltiplas interações que os unem.

CAPÍTULO SETE

O SIGNIFICADO DA INTEGRAÇÃO

Os capítulos 5 e 6 indicaram os principais componentes do meio, organizados em temáticas e temas que fornecem o conhecimento necessário sobre o espaço planejado. A partir deles é possível descrever, explicar e prever situações dentro da dimensão de análise estabelecida. No entanto, esses componentes não estão isolados. Apresentam padrões de distribuição no território e estão relacionados em uma intrincada rede de interações que determinam funções e comportamentos frente às mudanças que ocorrem ou irão ocorrer. Essas interações, padrões de distribuição e processos funcionais são melhor entendidos por meio da integração dos temas e temáticas, usando a dimensão territorial como base da investigação.

A integração é possível se for estabelecida uma estrutura clara e representativa das interações no território (Fig. 7.1). Quando as influências do tempo forem consideradas no planejamento (veja Cap. 3), uma nova dimensão deve ser inserida. Parte-se sempre do pressuposto de que o conjunto de temas e temáticas selecionado pelo planejador seja apropriado para a estrutura selecionada.

Um caminho para representar a integração é por meio da discretização, segmentação e estratificação do espaço em unidades territoriais homogêneas. Isso significa realizar uma análise de todos os temas envolvidos em cada ponto do território, agrupar os pontos que têm características e funções comuns, segmentar os agrupamentos em setores e denominar cada setor segundo suas características ou critérios pré-estabelecidos (como vulnerabilidade ou fragilidade).

Esse caminho é construído por meio de análise espacial, cujo produto é apresentado por documentação cartográfica. No entanto, existem diversos métodos que discretizam, segmentam e estratificam o espaço e, obviamente, eles levam a diferentes resultados. O planejador deve ter muito cuidado na escolha do método de integração, pois a estrutura de análise, medição, calibração, ordenamento e predição é peculiar a cada um deles.

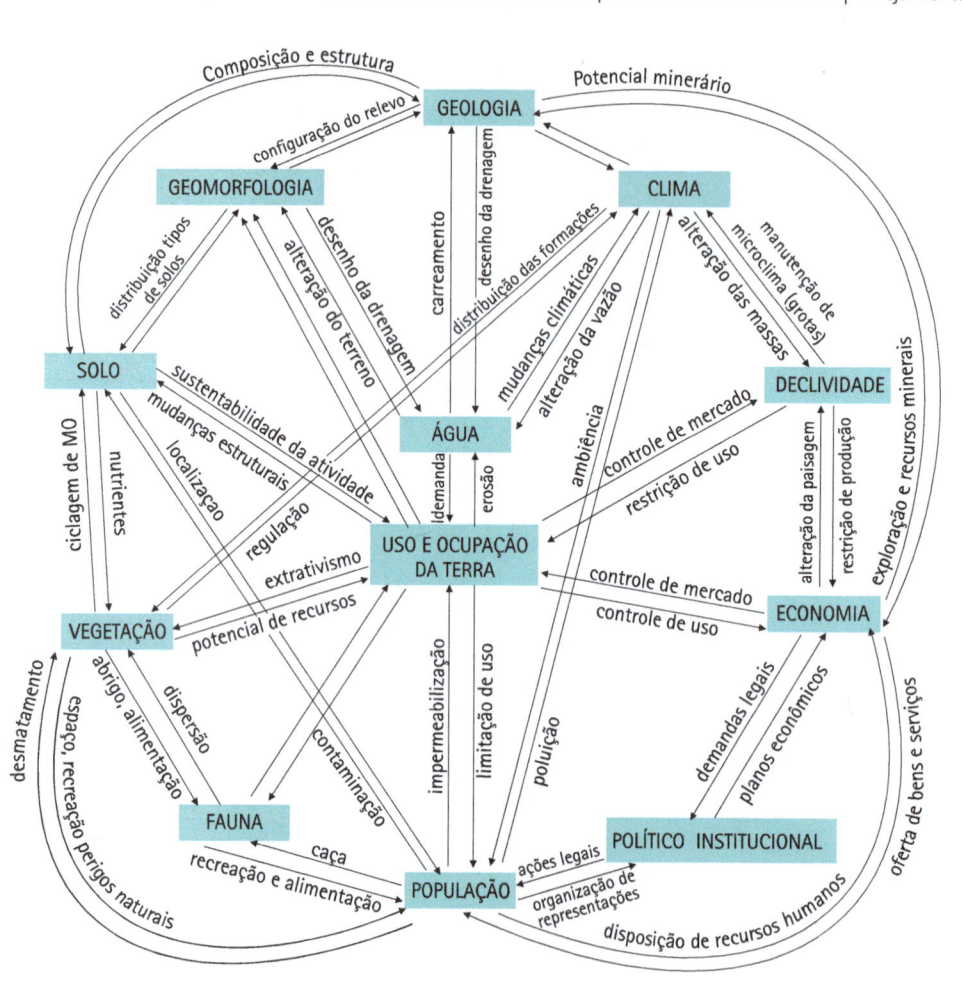

Fig. 7.1 *Ilustração das possíveis relações entre temas e funções ocorrentes em um território.*

ESTRUTURAS DE INTEGRAÇÃO

Para integrar temas é imprescindível elaborar uma estrutura que represente, claramente, os critérios e procedimentos adotados para os cruzamentos entre as informações. O objetivo dessa estrutura é reproduzir as relações, os processos e as funções dos componentes do meio que se quer destacar no planejamento. Idealmente, deve evidenciar os diferentes níveis de organização e complexidade do meio e, para cada nível, a dimensão espacial e temporal considerada.

As estruturas devem representar a entrada dos dados, a seqüência e os procedimentos dos métodos adotados, a seqüência de cruzamento das informações, os produtos intermediários, o produto síntese e a determinação dos indicadores que permitirão deduzir o cenário futuro e as alternativas de ação. Elas podem utilizar diversas abordagens metodológicas combinadas entre si. Podem supor critérios de ordenação, incluir medições e ser construídas por meio analógico, **digital** ou estatístico[1].

---

[1] Para os meios analógico e digital, os valores podem ser contínuos ou discretos, ou seja, há um número finito de valores possíveis entre dois valores quaisquer e, para o estatístico, os valores expressam as tendências dos limites.

A maioria dos planejamentos ambientais usa métodos espaciais como base da estrutura de integração. Eles têm a capacidade de ordenar, classificar, dividir ou integrar um dado espaço. Outros utilizam abordagens como listagens ou modelos de simulação, porém, freqüentemente associados à avaliação espacial (Figs. 7.2 e 7.3). Assim, por exemplo, gera-se um zoneamento por meio do método da sobreposição e associa-se uma listagem unidimensional para caracterizar e classificar cada zona. Muitas dessas abordagens são utilizadas para avaliação de impactos, já apresentadas no Cap. 6. Por essa razão, serão destacados, neste capítulo, os métodos voltados à análise espacial.

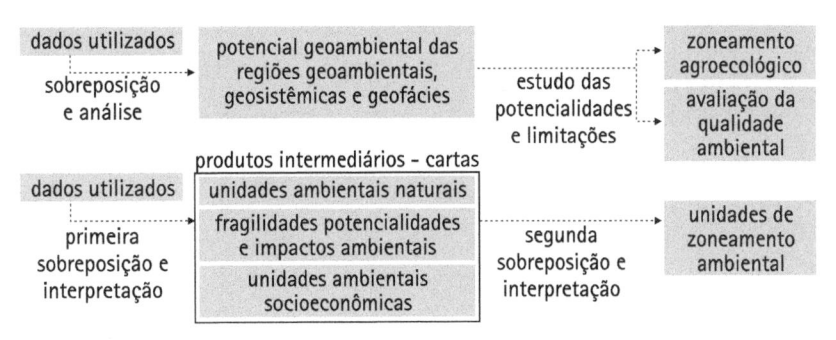

Fig. 7.2 *Abordagens metodológicas usadas para integração de dados em diagnósticos ambientais analisados por Fidalgo, 2003 (modificado)*

INSTRUMENTOS PARA INTEGRAÇÃO

Seja qual for a estratégia adotada, para integrar os temas por meio de métodos espaciais é necessário produzir e associar mapas.

Os mapeamentos são representações, em superfície plana, das porções heterogêneas de um terreno, identificadas e delimitadas. Um mapa permite observar as localizações, as extensões, os padrões de distribuição e as relações entre os componentes distribuídos no espaço, além de representar generalizações e extrapolações. Principalmente, deve favorecer a síntese, a objetividade, a clareza da informação e a sistematização dos elementos a serem representados. Garantidas essas qualidades, os mapas podem ser um bom instrumento de comunicação entre planejadores e atores sociais do planejamento.

Um mapa não é uma simples representação espacial da informação. Sua produção é o resultado de um processo de construção de conhecimento.

A elaboração dos mapas por temas, até o mapa-síntese, que define as zonas ou unidades ambientais, é feita por etapas, compostas por procedimentos, conforme ilustra o quadro 7.1.

É necessário ressaltar que todas as propostas apresentadas neste capítulo pressupõem a combinação dos diversos aspectos ambientais por meio da sobreposição de temas. No entanto, existem produtos de planejamentos em que o mapa-síntese é feito diretamente, considerando-se todos os aspectos de forma simultânea e com uma legenda unificadora. Nesse caso, o grupo realizador deve ser composto de especialistas de grande experiência e, geralmente, a informação resultante é menos detalhada do que a soma de informações obtida pelo cruzamento de temas.

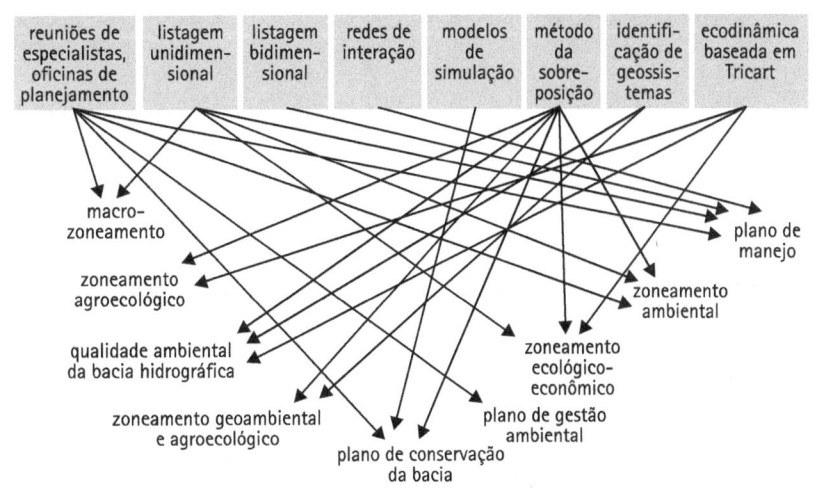

Fig. 7.3 *Alguns exemplos de estruturas geradas para integração de dados. Fonte: Fidalgo, 2003 (modificado)*

Quadro 7.1 Procedimentos que compõem as etapas de mapeamento no planejamento ambiental

a. estabelecimento dos objetivos gerais do mapeamento e das escalas a serem adotadas para cada tema
b. coleta e análise da documentação disponível, seja ela sob a forma orbital, cartográfica ou descritiva
c. definição e elaboração dos mapas-base (drenagem, vias de acesso) de mesma escala atribuída aos temas
d. interpretação preliminar de cada tema superposto à base cartográfica
e. trabalhos em campo: coleta de informações e aferições
f. correções ou ajustes dos mapas de cada tema e definição das questões prioritárias, estabelecendo os destaques e detalhamentos a serem feitos
g. elaboração das hipóteses iniciais de relações causa-efeito e determinação de critérios de classificação
h. classificação detalhada ou estabelecimento das relações causais
i. elaboração de mapas intermediários pela associação dos temas, de acordo com a classificação prevista por meio de softwares específicos ou manualmente
j. associação dos mapas intermediários para elaboração do mapa-síntese
k. interpretação do mapa-síntese e suas unidades ambientais para subsidiar a etapa seguinte do planejamento (formulação de prognósticos, diretrizes, recomendações, etc.)

Quadro 7.2 Características dos satélites e imagens comumente usados em planejamento ambiental

SATÉLITES	CARACTERÍSTICAS ALTITUDE	FAIXA DE IMAGEAMENTO	RESOLUÇÃO PANCROMÁTICA	MULTIESPECTRAL	ESPECTRAL	TEMPORAL	RADIOMÉTRICA	PRECISÃO (sem correção)
CBERS	778km	113km	20m	20m	4 multi e 1 pan	26 dias	8 bits	-
QUICKBIRD	450km	16,5km	61-72cm	2,44-2,88m	4 multi e 1 pan	1-3,5 dias	11 bits	23m
ASTER	730km	60km	-	15,30 e 90m	14 multi	-	8,8 e 14 bits	-
IKONOS 2	680km	13km	1m	4m	4 multi e 1 pan	3 dias	11 bits	25m
SPOT 5	822km	60km	2,5 - 5m	10m	4 multi e 1 pan	26 dias	8 bits	50m
LANDSAT 7	705km	185km	15m	30m	8 multi e 1 pan	16 dias	8 bits	-
ORBVIEW 3	470km	8km	1m	4m	4 multi e 1 pan	3 dias	11 bits	-

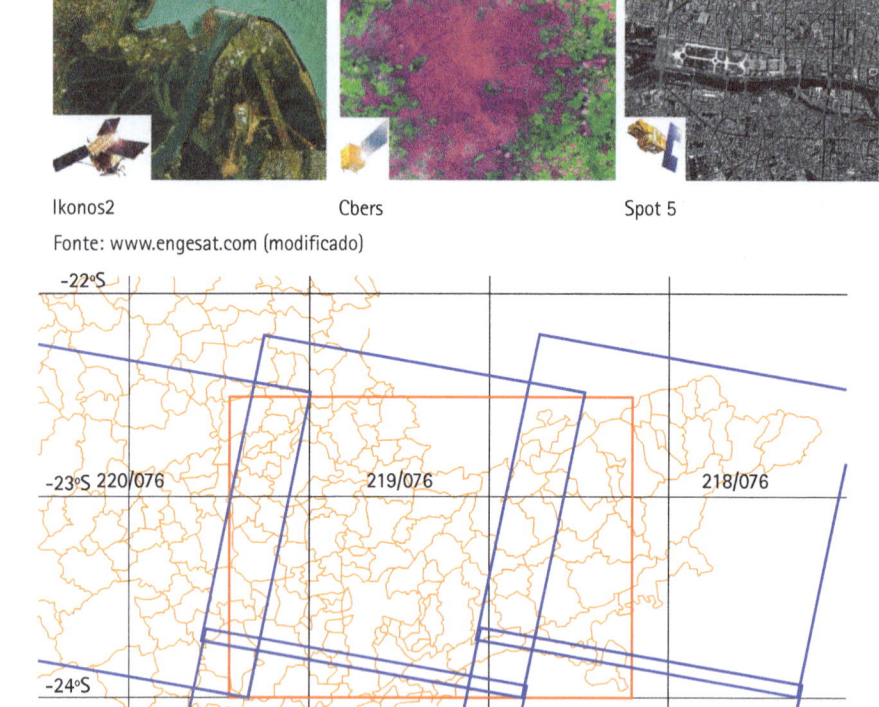

Ikonos2　　Cbers　　Spot 5　　Landsat 7　　Aster

Fonte: www.engesat.com (modificado)

Fig. 7.4 *Exemplo de disposição das órbitas e pontos para aquisição de cenas do satélite Landsat 7. O polígono vermelho representa a área de estudo, que abrange 5 cenas demarcadas em azul. A cena central está inserida na órbita 219 e ponto 076. Fonte: Santos, 2003*

Em planejamento, é muito comum que a base das principais informações provenha de dados remotos, obtidos por imagens de satélite, fotografias aéreas, imagens de radar, GPS ou varreduras termais[2].

Se a opção é **digital**, deve-se adquirir a imagem observando o tipo de **sensor**, a localização da cena de cobertura da área por meio de sua órbita e ponto (Fig. 7.4), as **bandas** a serem trabalhadas e sua qualidade (cobertura de nuvens, datas disponíveis, época do ano ou aquisição por programação).

As imagens podem ser originárias de diferentes satélites, com características próprias, sendo, portanto, produtos diferenciados (quadro 7.2).

A escolha de imagem de um satélite para apoio em trabalhos de planejamento depende dos objetivos e escala espacial e temporal definidos pela equipe técnica.

No planejamento ambiental, a resolução é um dos aspectos mais importantes a serem considerados. A resolução espacial (ou geométrica) fornece a informação sobre a menor unidade de representação física espacial fornecida pelo sensor (Fig. 7.5). As ondas eletromagnéticas, fruto da reflexão da luz, através do seu comprimento de onda, são captadas por um sensor óptico que calcula uma média de valores de ondas. Este valor médio, também conhecido como DN (*Digital Numbers*), é gravado na célula da imagem, ou seja, o pixel. O pixel (célula) nada mais é que a menor representação espacial de uma porção do terreno. Sua representação uniformiza, em um número ou cor, uma série de objetos presentes nessa unidade.

A resolução espectral responde sobre o número de bandas, ou seja, sobre o número de agrupamentos de intervalos de comprimento de ondas do espectro electromagnético em faixas de cobertura. A quantidade de registros dessas

---

[2] A varredura através de um sensor termal possibilita o registro das variações térmicas da superfície terrestre. Esta varredura pode ser representada em bandas espectrais, dependendo do sistema imageador, como o satélite CBERS que possui um sensor de varredura multiespectral infravermelho com quatro bandas, resolução espacial de 80m na faixa infravermelha pancromática e 160m na termal. A varredura termal permite aplicações nas áreas de detecção de umidade, geologia, focos de queimadas, *stress* vegetal ou distribuição das temperaturas na superfície terrestre.

faixas ou bandas caracteriza a resolução espectral. Dependendo dos satélites, atualmente o número de faixas pode variar de 3 a 7 bandas espectrais. A banda pancromática cobre toda a faixa do visível e, normalmente, possui uma resolução espacial menor que as multiespectrais. A resolução temporal diz respeito à periodicidade com que um satélite passa em um mesmo ponto sobre a superfície terrestre. A resolução radiométrica diz respeito à faixa de distribuição dos valores DNs na imagem. Estes números representam, em tons de cinza, uma média extraída da quantificação da reflectância recebida de uma porção da superfície terrestre. A distribuição dos valores DNs em meio digital está associada ao conceito de bits, ou seja, uma seqüência de condições binárias que representam um número. Assim, podemos ter imagens com resolução radiométrica de 8bits, 11bits, etc. A quantidade de bits que uma imagem carrega limitará a distinção de detalhes visuais sobre uma região, ou seja, uma resolução radiométrica maior permite uma melhor separação de detalhes da superfície. Uma imagem de 8 bits pode ter até 256 tons de cinza ($2^8 = 256$).

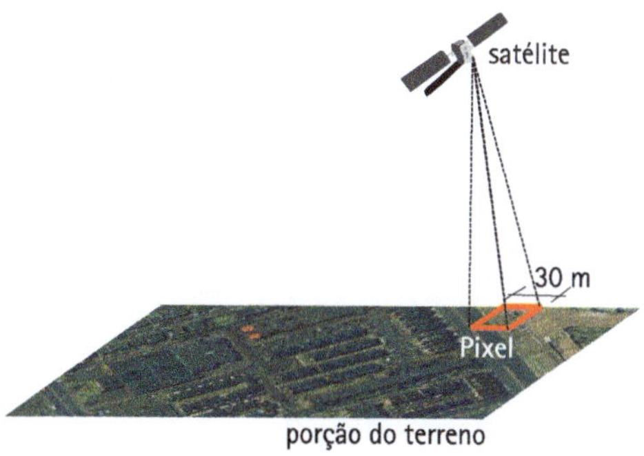

Fig. 7.5 *Exemplo de representação da superfície terrestre, de acordo com a resolução espacial. As dimensões do pixel estão associadas às caracterís ticas de imageamento dos sensores ópticos; seu tamanho varia de satélite para satélite.*

Uma vez adquirida a imagem, deve-se fazer sua correção geométrica a partir de pontos de controle conhecidos, como intersecção de cursos de água, pontes e cruzamentos de estradas, em UTM (Universal Transversa de Mercator), ou latitude/longitude. Então, deve-se definir a precisão de correção (em função do erro máximo admitido ou ERM — erro quadrático médio). Esta é outra etapa de atenção, pois a escolha (ou associações de projeções) pode resultar em graves erros (Fig. 7.6).

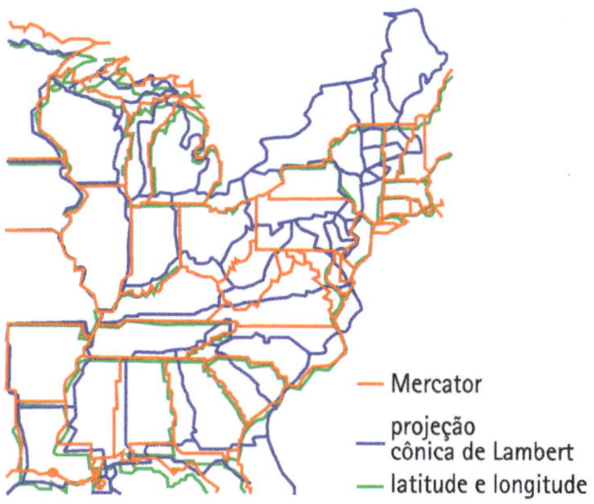

A próxima etapa é a elaboração dos **mosaicos**, recorte da área de estudo e elaboração da imagem pela combinação de bandas e composição de cor.

A partir dessa etapa, a imagem está pronta para ser interpretada. Hoje, a interpretação é feita diretamente em softwares específicos, como os SIGs, definidos como tecnologias que combinam cartografia, banco de dados

Fig. 7.6 *Exemplo dos erros possíveis em função das diferenças entre projeções. Cada projeção dará uma localização do objeto de estudos em função do alongamento ou achatamento que resultam da transformação da superfície da Terra em um plano. À medida que a área considerada se afasta da área de coincidência entre as projeções, o erro aumenta. Portanto, é necessário sempre observar e compatibilizar diferentes projeções utilizadas. Fonte: Dana, 1997*

automatizados, produtos de sensoriamento remoto e modelagem. Os SIGs são constituídos de inúmeras funções que permitem o armazenamento, medição, recuperação, classificação, atualização, manipulação, simulação e gerenciamento dos dados e informações interpretados das imagens ou de qualquer dado geográfico (gráficos e alfanuméricos). São capazes de representar linhas, pontos, símbolos, redes e imagens, desde que sejam referenciados mediante coordenadas geográficas ou cartesianas. Além disso, permitem realizar análises zonais e de vizinhança, de distância e proximidade, de conectividade, de declividade e orientação de vertentes; dimensionar áreas de influência (*buffers*); gerar mapas de densidade a partir de feições pontuais; criar modelos de elevação do terreno; incluir uma entidade em outra e dar seqüência a uma rota, entre outras funções.

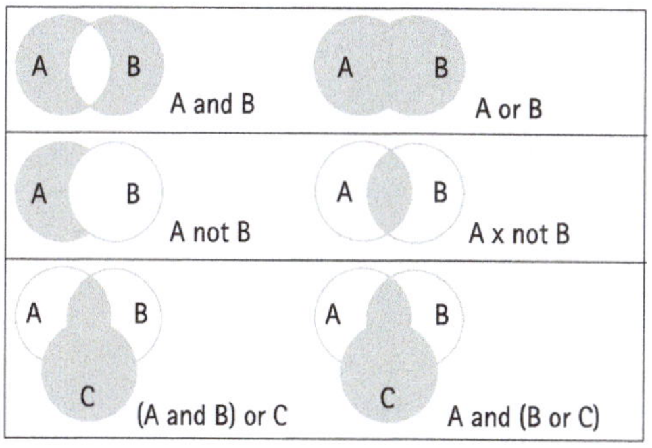

Especificamente para integração de dados em planejamento ambiental, os SIGs apresentam, pelo menos, três requisitos essenciais: a eficiência (pela facilidade de acesso e manipulação de grande volume de dados), a integridade (pelo controle de acesso por múltiplos usuários) e a persistência (pela manutenção de dados por longo tempo, independentemente dos aplicativos que acessem os dados e sua possível revisão). Sua capacidade de realizar sobreposições de temas, a partir de operações booleanas (Fig. 7.7), permite estabelecer inúmeros tipos de correlações entre os temas levantados (quadro 7.3). Para garantir a sobreposição, é extremamente importante

Fig. 7.7 *Esquema de possíveis cruzamentos entre três temas (A, B e C), comandos de programação de acordo com a lógica booleana, que geram mapeamentos derivados. Supondo que o objetivo seja definir áreas potenciais para expansão urbana, e que os temas selecionados sejam: mapa geomorfológico, mapa de uso da terra e mapa de capacidade de uso. A primeira operação é reclassificar o mapa geomorfológico somando os tipos de relevo adequados (mapa urb1). A segunda operação separa as áreas cobertas por vegetação no mapa de uso de terra (mapa urb2). A terceira operação separa os solos de classe II (boa capacidade agrícola) no mapa urb3. Observe que enquanto o mapa urb1 apresenta características favoráveis à ocupação urbana, os mapas urb2 e urb3 são restritos à expansão urbana. Os aspectos restritivos são reunidos no mapa urb4 = urb2 + urb3 (A or B). O mapa final urb5 será urb1-urb4 (A not B). Fonte: Moraes e Christofoletti, 1997 (modificado)*

Quadro 7.3 Algumas tarefas úteis para planejamento ambiental que podem ser realizadas por meio de SIG

TAREFAS EM PLANEJAMENTO	EXEMPLOS DE FUNÇÕES ATRIBUÍDAS AO SIG
avaliar os elementos que compõem o meio	espacializar dados temáticos representar e gerar classificações expressar, espacialmente, processos físicos, biológicos e populacionais definir estabilidade de encostas
analisar fatos dentro de uma abrangência temporal	representar a história e as mudanças produzidas pelo homem avaliar causas e conseqüências históricas de ações específicas, como desmatamentos representar a evolução ou expansão de fenômenos mapear as perdas territoriais por tipos de uso ou produção mapear vocações territoriais e impactos ambientais temporais
relacionar fatos	cruzar informações politemáticas com produção de mapas-síntese avaliar a dinâmica do uso da terra em relação a outros temas, como plantio em relação ao clima, solo e declividade
elaborar prognósticos	determinar possíveis causas de impacto e predizer futuras conseqüências ambientais calcular qualidade dos recursos naturais por meio de expressões matemáticas, bem como as relações entre qualidades representar cenários futuros
definir zonas ou territórios	zonear territórios de acordo com regras pré-estabelecidas identificar e selecionar áreas, como de proteção, de refúgios, de habitat exclusivos ou de vista aprazível para lazer simular rotas ou percursos adequados dentro de uma região
elaborar alternativas de ação	representar alternativas mitigadoras ou de resolução de conflitos projetar planos, como de reflorestamento selecionar alternativas para manejo de recursos, como o manejo de vegetação, considerando-se atributos estruturais das florestas relacionados a outros mapas monitorar o ambiente, como controle do fogo ou propagação de desertificação

Fonte: Santos et al., 1998 (modificado)

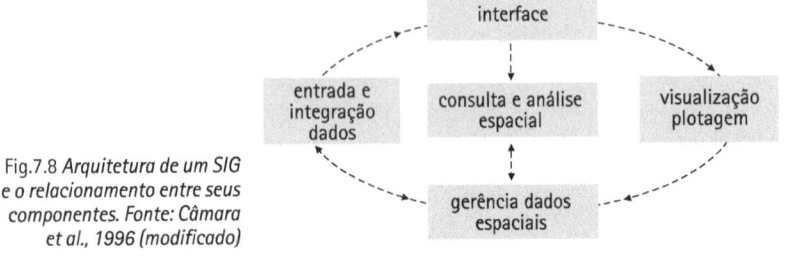

Fig.7.8 *Arquitetura de um SIG e o relacionamento entre seus componentes. Fonte: Câmara et al., 1996 (modificado)*

que se verifiquem a projeção, o fuso e o datum em que se está trabalhando.

São muitos os SIGs disponíveis no mercado, cada um com suas especificações[3]. Deve-se escolher um SIG em função das características e tamanho do banco de dados que se quer armazenar, do tipo de dados (formato **vetorial** ou **matricial**) e de resolução almejados, e das funções que se pretende utilizar por meio de seus algoritmos. Boa parte dos planejamentos ambientais costuma utilizar o sistema matricial, pela facilidade de codificação dos dados, aliada à simplicidade de sobreposição múltipla de mapas.

Numa visão abrangente, um SIG compreende as seguintes partes: interface com usuário, que inclui ferramentas para saídas cartográficas; entrada e integração de dados; funções de processamento gráfico e de imagens: visualização e plotagem; armazenamento e recuperação de dados organizados sob a forma de um banco de dados geográficos (Fig. 7.8).

As fotografias aéreas, tanto quanto as imagens de satélite, são excelentes instrumentos para mapeamento. Elas também podem ser armazenadas na forma digital e tratadas em SIG (Fig. 7.9). Hoje, a decisão entre imagem de satélite ou foto aérea depende da escala que se quer trabalhar, do detalhamento que se quer obter e dos elementos a destacar, além dos recursos humanos e financeiros disponíveis. Já os sistemas de posicionamento global (GPS) são instrumentos auxiliares que conseguem marcar a posição de um ponto na superfície terrestre por meio de verificações simultâneas a partir de 27 satélites em diferentes órbitas. Os satélites emitem sinais eletromagnéticos que são captados por um aparelho receptor que, por sua vez, mede as distâncias entre, pelo menos, quatro satélites e o ponto que se quer determinar. Por meio da intersecção dos raios das distâncias, têm-se as coordenadas desejadas.

O uso associado da aerofotogrametria, imageamento por satélites e sistemas de posicionamento global, aliado às verificações em campo, permite, hoje, eficientes mapas com representações espaciais, bi ou tridimensionais dos temas, sejam eles derivados, intermediários ou de síntese. Além disso, os produtos finais podem ser apresentados não só na forma de mapas, mas de gráficos e tabelas de informações qualitativas, quantitativas e estatísticas.

ZONEAMENTO

Zoneamento é a compartimentação de uma região em porções territoriais, obtida pela avaliação dos atributos mais relevantes e de suas dinâmicas. Cada compartimento é apresentado como uma "área homogênea", ou seja, uma zona (ou unidade de zoneamento) delimitada no espaço, com estrutura e funcionamento uniforme. Cada unidade tem, assim, alto grau de associação dentro de si, com variáveis solidamente ligadas, mas significativa diferença entre ela e os outros compartimentos. Isso pressupõe que o zoneamento faz uma análise por agrupamentos passíveis de ser desenhados no eixo horizontal do território e numa escala definida.

---

[3] No Brasil, um SIG de domínio público é o SPRING — Sistema de Processamento de Informações Georreferenciadas — desenvolvido pelo INPE (Instituto Nacional de Pesquisas Espaciais) e alguns parceiros.

Este conceito exprime de forma muito clara que, para promover um zoneamento, o planejador deve reconhecer, suficientemente, a organização do espaço em sua totalidade e as similaridades dos elementos componentes de um grupo. Ao mesmo tempo, deve perceber claras distinções entre os grupos vizinhos, fazendo uso de uma análise múltipla e integradora. É através desse exercício de agrupar e dividir que se obtém a integração das informações e o diagnóstico da região planejada.

Zoneamento é, antes de tudo, um trabalho interdisciplinar predominantemente qualitativo, mas que lança mão do uso de análise quantitativa, dentro de enfoques analítico e sistêmico. O enfoque analítico refere-se aos critérios adotados a partir do inventário dos principais temas, enquanto que o enfoque sistêmico refere-se à estrutura proposta para a integração dos temas e aplicação dos critérios, resultando em síntese do conjunto de informações. Alguns autores consideram a necessidade de desenvolver propostas metodológicas que identifiquem zonas a partir da seleção de atributos ambientais mapeáveis e de medidas quantitativas que agrupem ou expressem as múltiplas interações entre eles. Outros alertam para a necessidade de inclusão da análise estatística.

Fig. 7.9 *Foto aérea das instalações da Petrobrás em Paulínia, SP, escala 1:8.000. Essa escala permite observar a faixa de servidão da dutovia, vias de acesso, edificações e reservatórios. Esse tipo de imagem permitiu observações detalhadas como: os tipos de erosão presentes e sua magnitude, invasões por construções civis, utilização da faixa de servidão para circulação etc. Essa análise, somada à inspeção de campo, integra o programa de monitoração das instalações. Fonte: Petrobras, 2003*

Em planejamento ambiental, as zonas costumam expressar as potencialidades, vocações, fragilidades, suscetibilidades, acertos e conflitos de um território. O resultado do zoneamento pode ser apresentado na forma de mapa, matriz ou índice.

Para cada zona é atribuído um conjunto de normas específicas, dirigidas para o desenvolvimento de atividades e para a conservação do meio. Estas normas definem políticas de orientação, consolidação e revisão de alternativas existentes ou formulação de novas alternativas de ação. Isso significa que o zoneamento deve definir as atividades que podem ser desenvolvidas em cada compartimento e, assim, orientar a forma de uso, eliminando conflitos entre tipos incompatíveis de atividades. Para tanto, é necessário atuar diretamente na consolidação das atividades, alteração das condições existentes ou proibição daquelas inadequadas.

Se os limites e as atribuições das zonas forem assim decididos, com a aliança entre planejadores e sociedade (veja Cap. 9), o zoneamento passará a ser um excelente instrumento de gestão, e as zonas serão entendidas como espaços para administração, manejo e proteção dos valores naturais e sociais.

Algumas vezes, por uma questão de estratégia gerencial, o mesmo grupo de propostas de implementações e execuções formuladas é efetivado não sobre uma, mas duas ou mais zonas. O arranjo territorial também pode ser reformulado pela inserção de novos temas ou informações específicas de interesse pontual. Nesse caso, cada porção é chamada de unidade de planejamento, e pode abranger ou dividir unidades de zoneamento (Fig. 7.10).

Outras vezes, o erro é conceitual. Faz-se um zoneamento no qual determinadas zonas são demarcadas por uma única atividade ou processo dominante e não pela integração de dados comuns a todas as zonas. Sem integração, o resultado não é representativo do meio e, portanto, não se destina a planejamento ambiental. Um outro erro conceitual é adotar como sinônimos planejamento e zoneamento. O zoneamento é uma estratégia metodológica que representa uma etapa do planejamento. O zoneamento define espaços segundo critérios de agrupamentos pré-estabelecidos, enquanto o planejamento estabelece diretrizes e metas a serem alcançadas dentro de um cenário temporal para esses espaços desenhados. Quando o zoneamento está finalizado, há todo um trabalho adiante de definição de diretrizes, programas, participação pública, consenso entre cenários e definição de premissas gerenciais. Em suma, o especialista que finaliza o trabalho no zoneamento não realizou um planejamento.

Assim como o planejamento, o zoneamento também é freqüentemente adjetivado, dando uma conotação

Quadro 7.4 Exemplos de tipos de zoneamentos

PREVISTOS NA LEGISLAÇÃO BRASILEIRA	NÃO PREVISTOS NA LEGISLAÇÃO BRASILEIRA
agroecológico	agrícola
ambiental*	agropedoclimático
ecológico-econômico (ZEE)*	climático
estatuto da terra	ecológico*
industrial	edafoclimático por cultura agrícola
ruído	geoambiental*
unidades de conservação (Lei SNUC) *	locação de empreendimentos
urbano	
uso e atividades (GERCO)	
(*) zoneamentos comumente utilizados em planejamento ambiental	

Fonte: Silva e Santos, 2004 (modificado)

Fig. 7.10 *Reformulação do zoneamento costeiro em unidades de planejamento a partir da avaliação da paisagem, identificação de conflitos localizados e interpretação das vocações territoriais. Os mapas ilustram as etapas sucessivas do Macrozoneamento do Vale do Ribeira, em sua porção norte. Por abrigar importante patrimônio natural de Mata Atlântica na Serra do Mar, bem como apresentar indicadores socioeconômicos dos mais reduzidos do Estado, e conflitos de uso e ambientais, a região do Vale foi objeto de estudos e contínua atenção da SMA. As unidades de planejamento resultaram da interpretação de todos os aspectos relevantes da região, incluindo qualidade ambiental, potencialidades econômicas, vocações naturais e culturais e uma compatibilização com os critérios do Programa de Gerenciamento Costeiro. As unidades de planejamento (UPL) ordenavam e traziam diretrizes de uso do território, sendo apresentadas para a comunidade para a delimitação final do zoneamento.
Fonte: SMA, 1996 (modificado)*

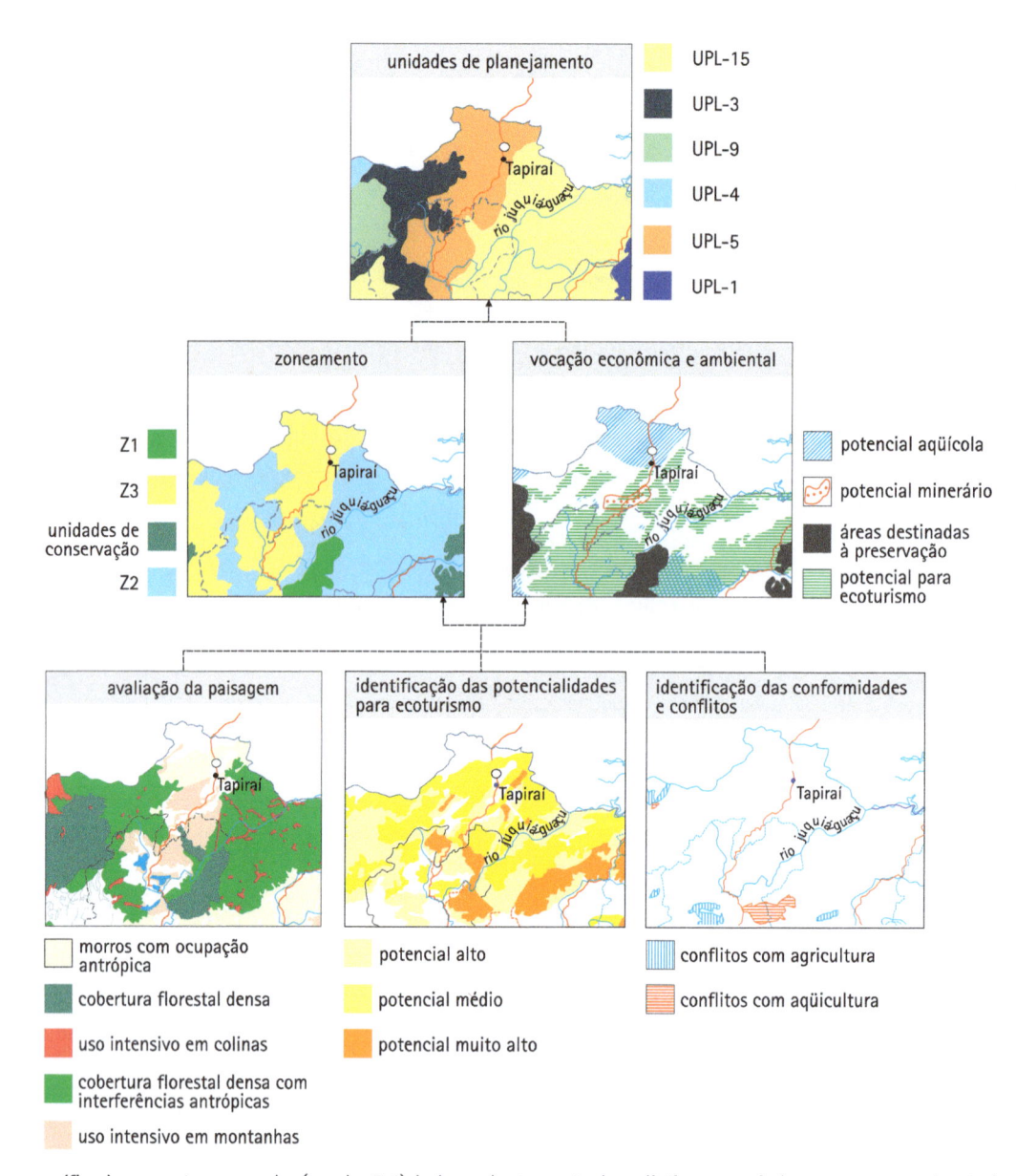

específica às respostas esperadas (quadro 7.4). Independentemente dos adjetivos associados aos zoneamentos, todos têm um resultado comum – a delimitação de zonas definidas a partir da homogeneidade determinada por critérios pré-estabelecidos. Eles se diferenciam na maneira de expressar os objetivos e metas principais, o que induz a caminhos metodológicos bem distintos. Os planejamentos que visam à preservação e conservação ambiental devem priorizar os tipos de zoneamento cujo produto reproduza a integração dos fatores representativos do território de estudo.

Sob o ponto de vista metodológico, pode-se generalizar que o zoneamento geoambiental baseia-se na teoria de sistemas, o ecológico é desenvolvido a partir do conceito de unidades homogêneas da paisagem; o agrícola define zonas a partir da determinação das limitações das culturas, exigências bioclimáticas e riscos de perdas de produção agrícola; o zoneamento agropedoclimático trabalha sobre a abordagem integrada entre as variáveis climáticas, pedológicas e de manutenção da biodiversidade e o agroecológico, pela aptidão agrícola e limitações ambientais, tanto para o meio rural como florestal. O zoneamento destinado à localização de empreendimentos define zonas de acordo com a viabilidade técnica, econômica e ambiental de obras civis; o urbano e industrial, em função da potencialidade ou fragilidade do meio para suportar usos e tipos específicos de empreendimentos ou atividades, do ruído em relação aos prováveis danos à saúde e o Estatuto da Terra (Lei 4504 de 30/11/64, Decretos 55.891 de 31/03/65 e 68.153 de 01/02/71) sob a perspectiva das características socioeconômicas e da estrutura agrária. O Plano Nacional de Gerenciamento Costeiro - PNGC (Lei nº 7.661 de 16/05/88) identifica e orienta o uso dos recursos comuns à zona costeira, visando simultaneamente à proteção de seu patrimônio. A proposta metodológica para Unidades de

Conservação (Lei No 9.985 de 18/07/00) define as unidades ambientais basicamente em função dos atributos físicos e da biodiversidade, sempre com vistas à preservação ou conservação ambiental.

O zoneamento ecológico-econômico subsidia a formulação de políticas territoriais em todo o País voltadas para a proteção ambiental, à melhoria das condições de vida da população e à redução dos riscos de perda de capital natural. Estabelece zonas de planejamento a partir da avaliação sistêmica dos elementos naturais e socioeconômicos e dos fundamentos jurídicos e institucionais. O resultado é a elaboração de normas de uso e ocupação da terra e de manejo dos recursos naturais sob uma perspectiva conservacionista e de desenvolvimento econômico e social. Na última década, ele tem sido adotado pelo Governo brasileiro como o instrumento principal de planejamento. Sua visão sistêmica propicia a análise de causa e efeito, permitindo estabelecer as relações de dependência entre os subsistemas físico, biótico, social e econômico. O zoneamento ecológico-econômico compreende quatro atividades: técnica — formula um bom banco de dados e informa sobre o território, definindo áreas prioritárias e prognósticos; política — propicia interação entre governo e sociedade civil para estabelecer áreas prioritárias no planejamento; administrativa-legal — refere-se aos arranjos institucionais; e mobilização social — referente à participação pública.

O zoneamento ambiental (Lei n° 6938 de 31/08/1981) prevê preservação, reabilitação e recuperação da qualidade ambiental. Sua meta é o desenvolvimento socioeconômico condicionado à manutenção, em longo prazo, dos recursos naturais e melhoria das condições de vida do homem. Trabalha, essencialmente, com indicadores ambientais que destacam as potencialidades, vocações e as fragilidades do meio natural. Pela sua própria concepção, é muito usado pelos planejadores ambientais.

Em função dos objetivos do planejamento, do tipo de zoneamento e do caminho metodológico selecionado, ocorre uma classificação específica das zonas. Na prática, isso resulta num número incontável de tipos de zonas descritos na literatura. A título de exemplo, apresenta-se uma classificação de zonas bastante usual para Unidades de Conservação, definida em função da proposta de conservação máxima dos recursos naturais, do grau de intervenção e manejo e do uso indireto pelo homem, visando interesses culturais, recreativos e científicos. Os tipos de zona propõem um gradiente de conservação ambiental, conforme apresenta a Fig. 7.11.

Em planejamento ambiental, o cuidado para a categorização das zonas refere-se à garantia de que os critérios adotados estão aplicados a todas elas. Como define a escola espanhola de planejamento, se o critério é ecológico, as zonas devem explicitar se os ecossistemas estão conservados, se têm aspectos de estrutura e função particulares, se estão degradados ou se são ecossistemas de substituição. Se o critério é científico-cultural, as unidades são descritas pela presença de sítios paleontológicos, de interesse geológico, de interesse geomorfológico ou declives costeiros, por exemplo. Se o critério é produtividade, então as zonas devem ser descritas como de alta produtividade agrícola atual, de alta produtividade agrícola potencial, áreas de média produtividade agrícola, áreas com recursos minerais exploráveis, etc. Em outras palavras, é preciso cuidado para não fazer uma miscelânea de critérios, atribuindo a cada uma das zonas um conjunto específico deles. Nesse caminho, as zonas tornam-se não comparáveis, impossibilitando exprimir distâncias de qualidade entre seus atributos.

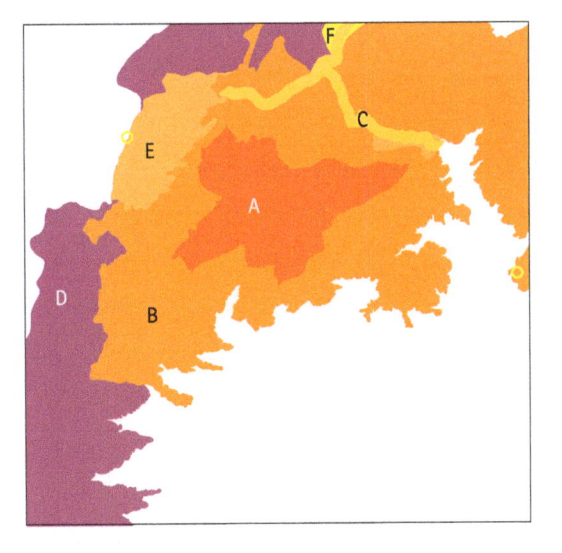

Fig. 7.11 *Zoneamento ambiental elaborado com a concepção da ocorrência de um núcleo de preservação cujas zonas concêntricas desenham um gradiente de manejo e uso no Parque Nacional da Serra da Bocaina. Fonte: IBAMA, 2002 (modificado)*

INDICADORES*	ZONAS					
	A	B	C	D	E	F
representatividade	3	3	2	3	2	3
susceptibilidade	3	2	2	3	2	2
riqueza de espécies	3	3	2	3	2	3
variabilidade ambiental	3	2	2	2	2	3
grau de conservação	3	3	2	2	2	3
acessibilidade	1	2	3	2	3	2
vocação de uso	1	2	3	2	2	2

* Os indicadores relativos à conservação dos ecossistemas naturais foram obtidos e interpretados a partir do cruzamento de temas selecionados.
1-3: graus decrescentes de importância
zonas A-F: ordem decrescente de esforços para conservação, pesquisa e manejo dos ecossistemas naturais e crescente para interesse recreativo-cultural.

Teoria e Prática em Planejamento Ambiental

ABORDAGENS METODOLÓGICAS PARA ESTRUTURAÇÃO E INTEGRAÇÃO DE TEMAS

A partição do espaço em unidades territoriais ou zonas ambientais pode ser elaborada de diferentes maneiras, em função dos objetivos e do tipo de zoneamento aplicado. De maneira geral, definem-se, a priori, regras de cruzamento entre os temas inventariados, que produzem temas derivados ou intermediários (como ilustrado pela expressão 1) que, novamente cruzados entre si, têm como produto final um mapa com as unidades delimitadas e caracterizadas.

$$CA_x = (CS_a \cup CS_b) \cap DEC_y \cap P_z \quad \text{(expressão 1)}$$

CA_x - aptidão agrícola x
CS_a e CS_b - solos do tipo a e b
DEC_y - declividade y
P_z - precipitação anual z em mm.

Se a análise espacial é a base da estrutura de integração, é importante que ela reproduza a organização hierárquica da natureza e a inter-relação dos fatores ambientais.

Nesta concepção, o todo deve ser composto de sistemas estratificados em vários níveis, nos quais cada nível superior é composto de níveis inferiores, organizados hierarquicamente. A hierarquia entre os níveis se expressa em subsistemas; uma estrutura englobando subestruturas; um processo que ativa subprocessos, e assim por diante. O método também deve considerar que a representação das relações existentes entre os componentes ambientais é melhor entendida a partir da compreensão dos fluxos de matéria e energia entre componentes da natureza e da sociedade. Na prática, apesar de a comunidade acadêmica reconhecer a importância desses conceitos, eles são pouco aplicados em zoneamentos. De forma geral, as temáticas são, simplesmente, desenhadas em mapas que, por sua vez, são sobrepostos em um único eixo espacial e temporal, gerando um resultado bastante estático.

métodos associados à abordagem qualitativa

Entre os métodos espaciais, o mais usual é o da sobreposição, que envolve a identificação dos temas a serem incluídos no planejamento, a preparação de um mapa para cada tema, que represente sua variação na área de estudos e a geração de mapa-síntese resultante da sobreposição dos mapas dois a dois. Numa estrutura de integração, esse método é representado pelos sucessivos cruzamentos binários que vão, passo a passo, compondo os mapas intermediários, até resultarem no mapa-síntese (Fig. 7.12). A integração dos temas pode ser feita manual ou automaticamente, utilizando, no segundo caso, um SIG.

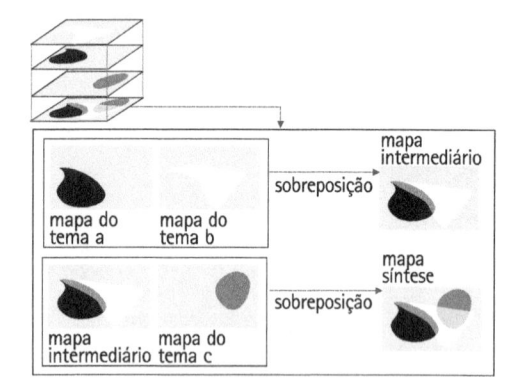

Fig. 7.12 *Etapas do método da sobreposição.*

Outro interessante método de análise espacial é o método ABC. Ele inicia separando, entre os dados de entrada, aqueles que se referem à caracterização estrutural e funcional de cada tema. Por sua vez, os temas são reunidos em três grandes temáticas: abiótico, biótico e histórico-cultural. Os conteúdos das temáticas são cruzados entre si, de forma a resultarem dois compartimentos de informação, um referente às áreas significativas e outro às áreas restritivas, com apresentação de mapa para cada uma das temáticas. As áreas significativas são aquelas consideradas importantes para a manutenção de suas características abióticas, bióticas ou culturais. As áreas restritivas são aquelas que apresentam algum tipo de risco ou conflito de uso. Os mapas de cada compartimento são sobrepostos dois a dois

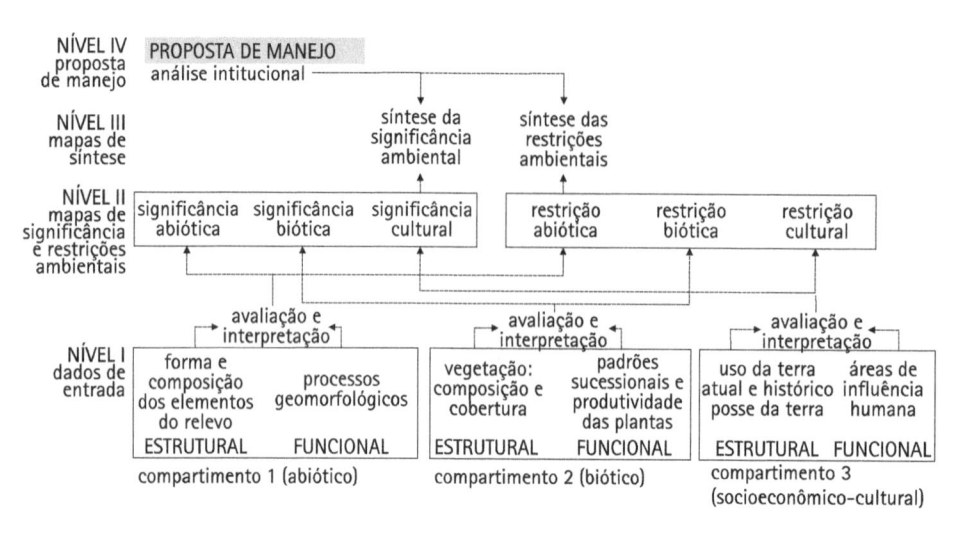

Fig. 7.13 *Esquema do método ABC, proposto por Dorney, 1976. Fonte: Fidalgo, 2003 (modificado)*

(método da sobreposição), para obter dois mapas-síntese (áreas ambientalmente significativas e áreas ambientalmente restritas). Os mapas-síntese são analisados conjuntamente e sob a luz das questões institucionais. As conclusões permitem, então, definir as propostas de planejamento (Fig. 7.13). O ABC é um método indicado para planejamentos que pretendem classificar, delimitar e integrar feições da paisagem.

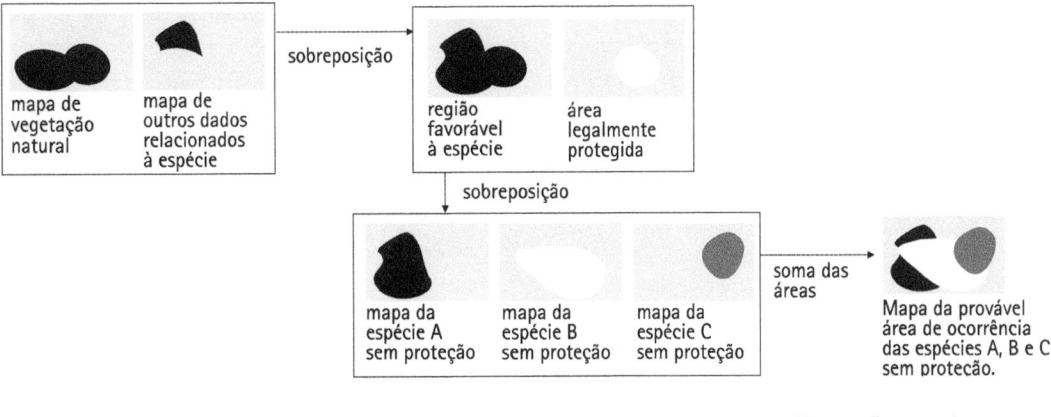

Fig. 7.14 *Esquema das etapas do método GAP, de acordo com a estratégia originalmente proposta.*

O método GAP é uma análise espacial de integração bastante útil para planejamentos ligados a Unidades de Conservação. Seu propósito é identificar espécies ou comunidades desprotegidas (Fig. 7.14). O procedimento metodológico baseia-se na superposição do mapa de vegetação natural a outras informações espacializadas correlacionadas à distribuição das espécies indicadoras – por exemplo, o relevo, a precipitação e a temperatura. O resultado dessa integração é a localização das regiões favoráveis à existência dessas espécies, conforme suas preferências de habitat. Superpõem-se ainda as informações de campo ou de pesquisa bibliográfica onde as espécies de interesse foram observadas. Esses cruzamentos permitem definir as unidades espaciais de interesse à conservação para manutenção das espécies indicadoras. Se a este produto for acrescentado o mapa de limites das áreas legalmente protegidas, pode-se deduzir as espécies que estão desprotegidas ou que ocorrem em áreas sem proteção ambiental. Em suma, o método pressupõe que, pela associação entre espécies e tipos de habitat, pode-se prognosticar sua distribuição. Por meio dele também é possível identificar os mosaicos de ecossistemas e os corredores que provavelmente os conectam. Esta estratégia pode ser usada em planejamento como uma etapa intermediária na obtenção dos zoneamentos.

O mapeamento ecológico é uma estratégia que visa retratar padrões espaciais resultantes das interações ecológicas entre os elementos do território, representados em mapa como unidades hierárquicas ou unidades ecológicas. Utiliza como dados de entrada um grande número de variáveis ou condicionantes. A seleção dos dados de entrada depende do julgamento da significância de cada tema em cada escala de abordagem (quadro 7.6). Assim, por exemplo, as classes ecológicas de maior abrangência espacial são geralmente definidas pelo clima ou pelo relevo, enquanto que classes de abrangência menor são melhor caracterizadas pelos tipos vegetacionais, ou edáficos. O procedimento comum é, primeiro, definir as escalas a serem adotadas em função dos objetivos. Depois, pode-se definir os objetivos prioritários da classificação ecológica final e dos critérios de classificação e, então, aplicá-los, aferir em campo e elaborar mapas derivados e de síntese com a classificação final das unidades mapeadas. Pela amplitude de possibilidades de combinações e prioridades, há na literatura diversos caminhos de classificação das unidades, com diferentes objetivos. A contribuição deste método para o planejamento é a proposta de elaborar os cruzamentos, passo a passo, em função da representação da homogeneidade do tema em sucessivas escalas.

Uma alternativa metodológica do mapeamento ecológico é obter as zonas ou unidades ambientais pelas interações entre as características ecológicas do território, reconhecíveis em diferentes escalas espaciais e arranjadas segundo uma hierarquia dada pela extensão e homogeneidade interna. As interações ponto a ponto demarcam os arranjos espaciais e

Quadro 7.6 Exemplo de parte de um sistema canadense de classificação de unidades ecológicas

UNIDADE ECOLÓGICA	TEMAS ASSOCIADOS	ESCALA DE PLANEJAMENTO	ESCALA CARTOGRÁFICA
ecozona	regimes macro-climáticos, formações vegetais, grandes zonas edáficas e relevo sub-continental	sub-continental internacional nacional região administrativa	1: 20.000.000 a 1: 15.000.000
ecoprovíncia	sistemas de relevo, zonas climáticas, hidrológicas e vegetacionais, solos em nível de ordem e domínios faunísticos	internacional nacional região administrativa	1: 10.000.000 a 1: 5.000.000

Fonte: DeGraaf e Miller, 1996 (modificado)

delineiam os setores (ou unidades). Dessa forma, esta estratégia considera que a estrutura ecológica do território é dada pelas coincidências espaciais de numerosas variáveis ambientais e das conexões (fluxos de energia e matéria) entre os setores territoriais. Para os autores desse método, um setor, em um determinado nível hierárquico, poderia corresponder a uma unidade de planejamento.

O método de Gallopin, por sua vez, propõe uma regionalização das variáveis ambientais, estruturada em três compartimentos. A região (primeiro compartimento) é a unidade espacial determinada com base na ocorrência de características relativamente comuns em todo interior dos limites que a identificam. As áreas ambientais naturais homogêneas (AANH) correspondem às unidades do ambiente natural cujas principais variáveis têm homogeneidade relativa numa determinada escala. O terceiro compartimento são os elementos ambientais unitários (EAU), apresentados como unidades espaciais com a grande homogeneidade interna, numa determinada escala de percepção. Nesse método, os arranjos, tamanho e número de áreas dependem da decisão do planejador. Segundo Gallopin, deve-se atentar para que as áreas não sejam muito gerais e nem muito específicas (pequenas e numerosas), pois se perderia a operacionalidade.

Unidade geoambiental é uma outra denominação dada para identificar e delimitar uma porção territorial de características próprias. Ela é definida pela convergência de semelhanças entre litologia, estrutura, relevo, solo e água. São compartimentos morfoestruturais, onde se identificam associações morfopedológicas que se correlacionam às comunidades vegetais, designados por geossistemas. As geofácies seriam as menores unidades de mapeamento dentro do geossistema, com características homogêneas. Existe na literatura uma controvérsia sobre o conceito de geossistema – se composto pelo sistema físico (como explicitado neste capítulo) ou sistemas físico e biótico.

métodos associados à abordagem numérica

A análise numérica é um caminho que facilita a interpretação dos dados ambientais, graças à sua capacidade de expressar as relações existentes entre as condições que cercam as observações ecológicas e seus resultados. Ela pode ser apresentada, por exemplo, por modelos determinísticos (para relações determinísticas, nas quais é possível somente um resultado); por métodos de análise multivariada ou multidimensional (para relações aleatórias, na qual há possibilidade de vários resultados); pela Teoria dos Jogos (para as relações estratégicas, nas quais os resultados dependem da respectiva estratégia dos organismos e seus ambientes); ou pela Teoria do Caos (para relações de incertezas, nas quais há muitas possibilidades e resultados imprevisíveis). Entre eles, a análise multivariada é o método mais empregado nas questões ambientais, permitindo análise simultânea de dados multidimensionais (compostos por algumas variáveis) e estrutura conhecida na geometria como hiperespaço (espaço com muitas dimensões), podendo delimitar como produto unidades ambientais (ou zonas).

Pela análise multivariada pode-se avaliar as tendências de variação de grupos de variáveis espacialmente relacionadas, sem necessidade de fazer suposições a priori sobre aquelas que vão desempenhar um papel importante na diferenciação de setores espaciais. Assim, podem ser definidos os temas que possuem maior poder de explicação na formação dos grupos e das unidades ambientais, em função de uma determinada escala e do nível de similaridade obtido em dendrogramas de classificação. Além disso, é possível incluir ou excluir novas variáveis, transitar entre diferentes escalas e otimizar o resultado do mapeamento. Outras estratégias metodológicas apresentadas neste capítulo também são capazes de tal tarefa, porém são trabalhosas e de baixa relação entre eficiência e custo.

Aos mapas resultantes da aplicação dessa estratégia, podem-se atribuir, principalmente, cinco vantagens em comparação com outros métodos: (a) as unidades ambientais são caracterizadas por variáveis (ou temas) indicadoras obtidas por uma função discriminante; (b) as unidades ambientais podem decompor ou agregar segundo as exigências de similaridade adotadas, podendo-se realizar diversas simulações; (c) a delimitação das unidades ambientais, bem como a associação entre as variáveis, podem ser baseadas em critérios quantitativos, fornecidos por um método estatístico; (d) as descrições no diagnóstico são reduzidas, uma vez que o detalhamento recairá somente sobre os temas de maior peso selecionados pelas interações ocorridas; (e) pode-se reconhecer a interdependência espacial em cada unidade ambiental estabelecida.

A grande limitação na escolha desta estratégia é a necessidade de ter um território fisicamente bem delimitado, com uma base temática de dados consistentes, um SIG e um software estatístico adequados. Acima de tudo, é fundamental acertar na escolha das técnicas e ter domínio sobre suas funções, de forma a atingir os propósitos estabelecidos pelo grupo integrador.

Várias técnicas podem estar envolvidas com a análise multivariada, como a análise de agrupamento, análise de correspondência, análise de tendência de superfície e análise de componentes principais. Dentro da análise multivariada, a escolha de uma técnica para identificar unidades ambientais deve trabalhar com um conjunto de dados multidimensionais. Sendo assim, é interessante que ela seja estruturada pela associação de matrizes, que podem direcionar medidas de semelhança.

O caminho da análise multivariada para definição de unidades ambientais pode resultar em mapeamentos ecológicos, conforme descrito anteriormente, permitindo reconhecer as relações entre os elementos bióticos e abióticos. No entanto, é importante lembrar que essa estratégia faz algumas pressuposições. Pressupõe-se, por exemplo, que a estrutura de relações ambientais é o resultado das coincidências ou redundâncias espaciais das variáveis avaliadas. Caso dois pontos (ou duas células da imagem de satélite) contenham os mesmos atributos ambientais, acredita-se que eles possuam o mesmo sistema de interações ecológicas.

Uma boa alternativa para obter zoneamentos seria o uso integrado das técnicas de análise multivariada – do tipo análise de agrupamento, que formam grupos semelhantes com os dados multidimensionais –, análise de correspondência (ordenação no espaço com a redução do número de dimensões) e, ainda, regras de álgebra booleana implementadas em SIGs.

A análise de agrupamento é um conjunto de técnicas para dividir um conjunto de dados em subconjuntos relativamente homogêneos, com base na distância ou similaridade entre os dados. Um conjunto de dados com n observações e com k variáveis pode, então, ser representado em forma de matriz. O objetivo é encontrar grupos em que cada dado tenha a menor diferença possível das demais que pertençam ao mesmo grupo e a maior diferença possível das observações que pertençam a outros grupos. O critério de agrupamento pode ser a distância ou similaridade entre dados ou a distância ou similaridade entre grupos. O planejamento ambiental trabalha com dados de diferentes tipos, como qualitativos, binários, ordinais, quantitativos, contínuos etc. Como explicado no Cap. 4, a comparação de objetos, a partir dessas variáveis heterogêneas, não se pode realizar sem uma prévia homogeneização dos dados, comumente optando-se pela codificação binária.

Para variáveis binárias (0,1), a medida da distância entre dados ou grupos é expressa pela coincidência ou discordância entre seus estados.

Constrói-se uma matriz formada exclusivamente por variáveis binárias, ou seja, 0 e 1 como valores. Levando em consideração as coincidências e discordâncias entre elas, pode-se definir índices, conforme exemplificado no quadro 7.7. A partir desses índices, podem ser construídos vários coeficientes de similaridade, como, por exemplo, o coeficiente de Jaccard.

Quadro 7.7 Exemplo de matriz de coincidências e discordâncias

		OBSERVAÇÃO i	
OBSERVAÇÃO j		1	0
	1	a*	c
	0	b	d

*a, b, c, d são índices oriundos dos cruzamentos entre observações j e i

Na definição das distâncias a partir das semelhanças, as medidas são feitas por coeficientes de similaridades (S) – grandezas numéricas que quantificam o grau de associação entre um par de objetos ou de descritores. Como o coeficiente de Jaccard, os seus valores geralmente variam entre 0 e 1, no qual zero indica similaridade mínima e 1 a similaridade máxima. Quanto mais próximas forem as categorias ambientais avaliadas, menor será a distância entre as observações e maior será a similaridade entre elas.

Para as variáveis que podem apresentar mais de dois estados, a maneira mais usual para calcular suas distâncias é convertê-las em binárias, conforme apresenta o quadro 7.8.
O cálculo da distância depende do método de agrupamento escolhido. Há vários métodos propostos, que variam na sua capacidade de evidenciar melhor a existência de grupos, com o menor grau de distorção. No caso da análise dos dados

Quadro 7.8 Exemplo de conversão binária de três variáveis nominais – geologia, geomorfologia e uso da terra

Variável I	jl (estados ou classes de mapeamento)	xli (classe encontrada numa parcela amostral ou num pixel da imagem de satélite)
1. geologia	g1, g2, g3	$g2 = (x_{12})$
2. geomorfologia	gm1, gm2, gm3, gm4	$gm3 = (x_{23})$
3. uso da terra	u1, u2, u3	$u1 = (x_{31})$
Σjl	10	

Supondo-se a observação em relação a essa parcela ou célula (pixel): x = (g2 gm3 u1), onde j1=3, j2=4 e j3=3
Convertendo o vetor x a um vetor x* de dimensão 10 (Σjl), obtêm-se:

	geologia			geomorfologia				uso		
	g1	g2	g3	gm1	gm2	gm3	gm4	u1	u2	u3
X* =	0	1	0	0	0	1	0	1	0	0
	j1			j2				j3		

Fonte: Silva e Santos, 2004

multidimensionais encontrados na natureza, os métodos hierárquicos do tipo ascendente ou aglomerativo são bastante indicados. Estes métodos partem do conjunto de todos os elementos separados e, a cada etapa, reúnem os dois subconjuntos "mais próximos" para construir um novo subconjunto, até a obtenção do conjunto total dos indivíduos. Entre os métodos hierárquicos, sugere-se o método da variância mínima de WARD – o qual pressupõe que um grupo será reunido a um outro se essa reunião proporcionar o menor aumento de variância intragrupo. Essa variância será calculada para todas as alternativas de aglomeração, escolhendo a que proporciona a menor variância. O mesmo procedimento é aplicado a todos os passos da análise. Ele é altamente eficiente na formação de grupos, pois se fundamenta na noção de variância intragrupo e variância intergrupo, podendo ser representado conforme a Fig. 7.15.

A análise de correspondência é uma outra técnica que pode ser útil na definição de unidades ambientais. Ela identifica as relações de dependência entre as variáveis qualitativas, apresentadas na forma de tabelas de contingência. Além de analisar essas relações existentes entre as variáveis, permite avaliar como está estruturada a associação, descrevendo proximidades que permitem identificar as variáveis que respondem ou são a causa da associação. A título de ilustração, representa-se no quadro 7.9 a aplicação dessa técnica para o mesmo exemplo utilizado para análise de agrupamento.

Associada à matriz Z, cria-se uma matriz simétrica chamada Tabela de Burt, formada por todos os pares de tabulações cruzadas entre as variáveis, como mostra o quadro 7.10.

A Tabela de Burt é uma tabela de contingência que coloca em evidência a relação de cada variável ou suas classes com as demais (relações de atração). Os valores da diagonal principal correspondem às freqüências observadas para cada classe, os valores da parte inferior à diagonal descrevem a relação de cada variável com todas as outras variáveis e, na parte superior, a sua contraparte transposta. Em softwares adequados (como o SAS ou SPAD-N), pode-se efetuar, a partir da tabela, as estatísticas da análise, tais como valores próprios, inércia, qui-quadrado ou percentagem de contribuição de cada fator decomposto.

Na análise procura-se estabelecer relações de atração entre as variáveis ou classes, permitindo uma representação simplificada das múltiplas relações simultâneas existentes entre elas. Além disso, pode ser criado um gráfico que permite reduzir o conjunto de informações utilizadas em um espaço n-Euclidiano para uma representação em um plano formado por dois fatores. Esse plano é dividido em quatro quadrantes, cuja interpretação de associação pode basear-se nos pontos (variáveis ou classes) distribuídos aproximadamente na mesma região do espaço. Deve-se ressaltar, porém, que a distância entre os pontos não tem uma interpretação direta neste tipo de análise (Fig 7.16).

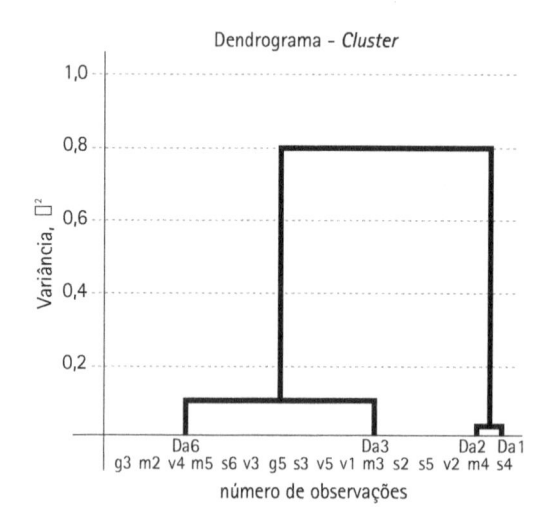

Por exemplo a classe Da6:

TEMA	VARIÁVEIS
Geologia	G11 – Formação Pirambóia + Formação Botucatu
Geomorfologia	M8 – Relevo aguçado (Da25) – Dissecação muito forte
Vegetação	V8 – Sem vegetação natural

Fig. 7.15 *Exemplo de construção de dendrograma.*
Fonte: Silva e Santos, 2004 (modificado)

Integração das
Informações

141

Seja qual for o caminho adotado para a análise multivariada, para se obter o zoneamento é necessário transpor os dados armazenados no SIG, na forma de mapas por tema, para o software estatístico, de acordo com a estrutura do método adotado. Para tanto, os mapas devem ser convertidos para o formato matricial e apresentados como uma matriz binária. Essa matriz é importada para o software estatístico e as análises são elaboradas. O produto é uma matriz de saída, que contém as coordenadas X,Y de cada observação e o código (classe) do grupo a que ela pertence. Essa matriz convertida em uma grade regular pode ser lida pelo SIG como um mapa matricial, que seria das unidades de zoneamento (Fig. 7.17).

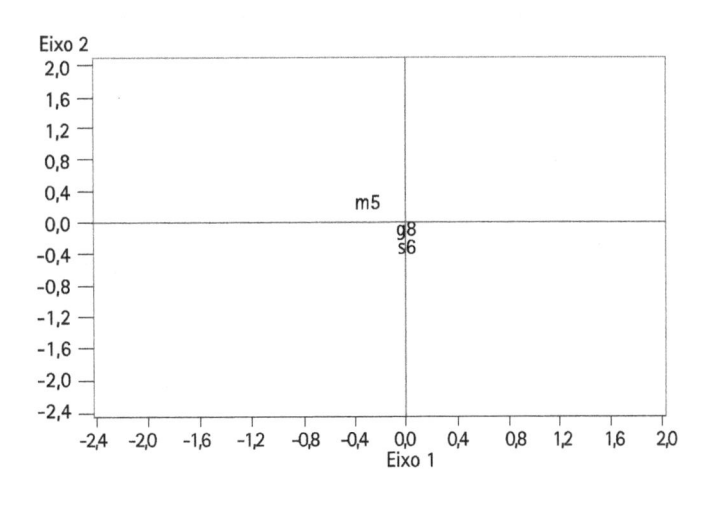

Fig. 7.16 *Exemplo de gráfico de análise de correspondência.*

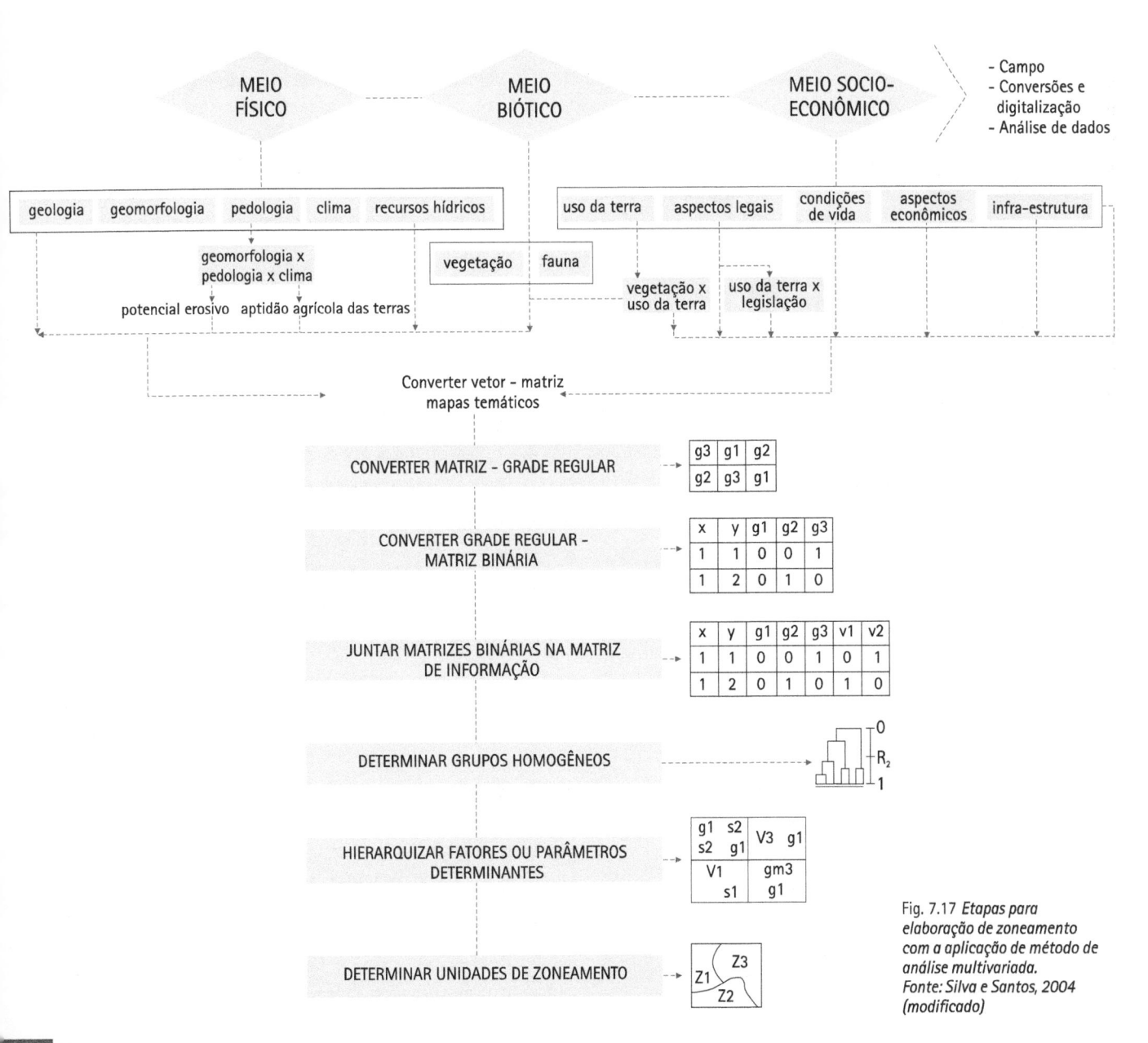

Fig. 7.17 *Etapas para elaboração de zoneamento com a aplicação de método de análise multivariada.*
Fonte: Silva e Santos, 2004 (modificado)

Quadro 7.9 Exemplo de aplicação de análise de correspondência para uma matriz de três variáveis nominais (geologia, geomorfologia e uso da terra) e 10 modalidades (classes dos temas)

Para cada parcela de amostragem são feitas questões como:
a) Qual a classe geológica (g1, g2, g3)?
b) Qual a classe geomorfológica (gm1, gm2, gm3, gm4)?
c) Qual a classe de uso da terra (u1, u2, u3)?

PARCELAS DE AMOSTRAGEM	CLASSES OBTIDAS				GEOLOGIA			GEOMORFOLOGIA				USO		
					g1	g2	g3	gm1	gm2	gm3	gm4	u1	u2	u3
P1		g2	gm3	u1	0	1	0	0	0	1	0	1	0	0
P2		g1	gm1	u2	1	0	0	1	0	0	0	0	1	0
P3	R=	g1	gm2	u3	Z= 1	0	0	0	1	0	0	0	0	1
P4		g3	gm4	u3	0	0	1	0	0	0	1	0	0	1
P5		g3	gm3	u2	0	0	1	0	0	1	0	0	1	0
					Z_1			Z_2				Z_3		

Na matriz R são encontradas as respostas codificadas em forma de vetores colunas e na matriz Z as respostas em valores binários.

Para cada parcela de amostragem são dadas as respostas:
parcela 1 (g2, gm3, u1)
parcela 2 (g1, gm1, u2)
parcela 3 (g1, gm2, u3)
parcela 4 (g3, gm4, u2)
parcela 5 (g3, gm3, u2)

Fonte: Silva e Santos, 2004

Quadro 7.10 Exemplo de aplicação da tabela de Burt

Classes		g1	g2	g3	gm1	gm2	gm3	gm4	u1	u2	u3
g1		2	0	0	1	1	0	0	0	1	1
g2		0	1	0	0	0	1	0	1	0	0
g3		0	0	2	0	0	1	1	0	1	1
gm1		1	0	0	1	0	0	0	0	1	0
gm2	B=	1	0	0	0	1	0	0	0	0	1
gm3		0	1	1	0	0	2	0	1	1	0
gm4		0	0	1	0	0	0	1	0	0	1
u1		0	1	0	0	0	1	0	1	0	0
u2		1	0	1	1	0	1	0	0	2	0
u3		1	0	1	0	1	0	1	0	0	2

As cores representam as 9 sub-matrizes, sendo a soma de cada uma delas sempre igual a 5, uma vez que o exemplo adotou 5 parcelas amostrais.

Fonte: Silva e Santos, 2004

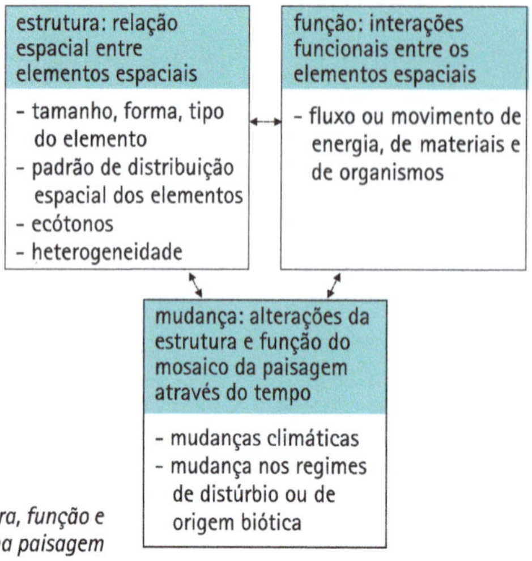

Fig. 7.18 Estrutura, função e mudança na paisagem

- estrutura: relação espacial entre elementos espaciais
  - tamanho, forma, tipo do elemento
  - padrão de distribuição espacial dos elementos
  - ecótonos
  - heterogeneidade

- função: interações funcionais entre os elementos espaciais
  - fluxo ou movimento de energia, de materiais e de organismos

- mudança: alterações da estrutura e função do mosaico da paisagem através do tempo
  - mudanças climáticas
  - mudança nos regimes de distúrbio ou de origem biótica

Assim, o mapa de unidades de zoneamento pode ser obtido dentro de uma concepção estatística usando a análise multivariada, mas sempre é necessário aferir a coerência dos agrupamentos em campo. Alguns autores relatam situações em que os agrupamentos pré-definidos eram inaceitáveis. Deve-se lembrar que o método em si pode ser eficiente, mas a eficiência e eficácia dos resultados dependem de muitos outros fatores, como a qualidade dos dados, a estruturação em que os dados foram organizados em um banco de SIG para a obtenção do diagnóstico, ou a seleção do número de classes e critérios para definição dos grupos estipulados pelo pesquisador. A vantagem dessa proposta de análise é que o especialista pode refazer todo o procedimento de análise de maneira rápida e com baixo custo, testando vários pontos de recorte (ou critérios) e alterando, por exemplo, o número de temas e classes a serem utilizados na análise. Tanto quanto o método da sobreposição, o mapa resultante só poderá ser aceito se passar por esse crivo de "qualidade" e se suas unidades de zoneamento forem devidamente caracterizadas em função das informações utilizadas. Só a partir dessa avaliação, que depende da experiência do planejador, tanto sob o ponto de vista do conhecimento sobre as temáticas envolvidas no zoneamento, quanto sob a perspectiva do método adotado, é que se poderá tomar a decisão gerencial para cada unidade referenciada.

métodos associados à abordagem da ecologia da paisagem

Na última década, a teoria que fundamenta a Ecologia da Paisagem vem sendo utilizada no planejamento ambiental como um caminho integrador dos temas abordados. Isto porque ela permite aplicar procedimentos analíticos que conduzem à observação, sistematização e análise combinada dos múltiplos elementos interatuantes no ambiente. Nesse caso, a paisagem é o objeto central da análise, observada como um conjunto de unidades naturais, alteradas ou substituídas por ação humana, que compõe um intrincado, heterogêneo e interativo mosaico. Os planejadores buscam, dentro dessa linha, interpretar esse mosaico, traduzir a heterogeneidade e revelar as relações ou processos ativos entre as unidades. Se a tarefa é bem cumprida, a compreensão dos efeitos humanos sobre o ambiente é mais explícita e as ações ou estratégias de manejo podem ser orientadas pelos elementos descritores da paisagem.

Para o planejador que trabalha sob o enfoque da paisagem, expressar a heterogeneidade do espaço deve ser um trabalho cuidadoso, realizado em, pelo menos, três aspectos: da estrutura, da função e das mudanças. A estrutura trata dos padrões e relações de distribuição entre elementos espaciais. Sob o aspecto da função, a área heterogênea é discutida em relação aos fluxos de espécies, energia e matéria entre esses elementos espaciais. As mudanças são apresentadas como as alterações da estrutura e função do mosaico da paisagem através do tempo (Fig. 7.18).

A lógica é que a paisagem é um conjunto intrincado de **ecótopos**, definido pelo clima, tipos de terreno, cobertura vegetal e usos da terra. O homem influencia ou modifica o conjunto em curto espaço de tempo, mudando a estrutura e função pela geração de novo conjunto ou novo arranjo de ecótopos.

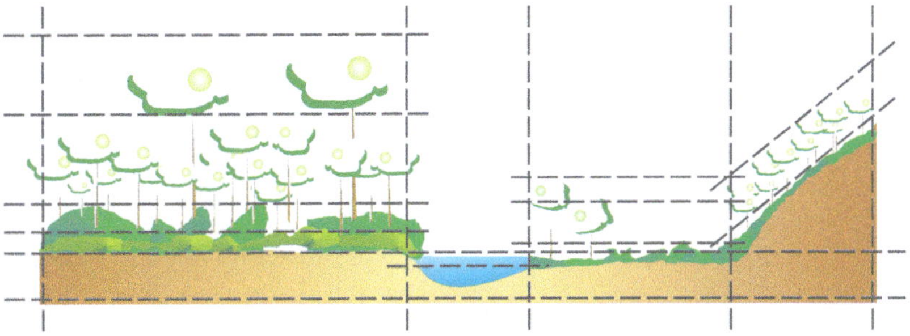

O estudo da paisagem também observa as relações do meio dentro de uma organização hierárquica, como visto na Fig. 3.7 (Cap. 3). Porém, assume que as interações num nível superior não são exatamente a soma das interações inferiores, mas representam qualitativamente um nível mais alto.

Fig. 7.19 *A observação do espaço, de acordo com o estudo da paisagem. A observação no eixo vertical permite identificar os diferentes estratos cujas quantidade e composição dependem da unidade, como florestas ou campos. O eixo horizontal permite identificar as diferentes unidades de paisagem.*

O olhar sobre a paisagem deve ser feito em dois eixos: no horizontal, que define os padrões mutuamente relacionados entre unidades, e no vertical, que define os atributos de cada estrato (Fig. 7.19). A heterogeneidade horizontal (corológica) e vertical (topológica) nas paisagens é a essência da observação. Enquanto que nos métodos tradicionais de zoneamento cada área de conhecimento (temas) seleciona um estrato para estudo e considera os demais como fatores de forma para seu próprio atributo, a ecologia da paisagem considera a heterogeneidade de uma área formada por todos os atributos como um objeto único de estudo.

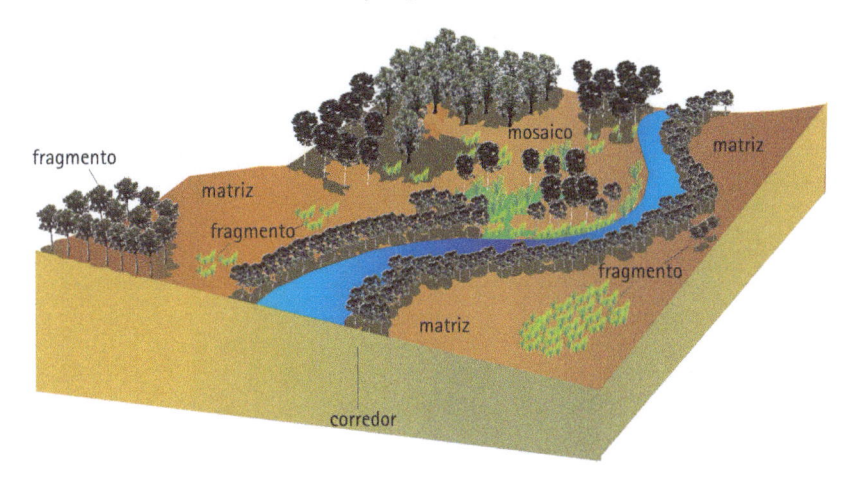

Os ecologistas apresentam uma perspectiva de análise sobre a função da paisagem, importante para o planejador. Indicam que a estrutura da paisagem é uma imagem instantânea da distribuição da matéria e energia pelos processos ecológicos num determinado tempo e que sua observação em longos períodos permite deduzir, mesmo que parcialmente, a dinâmica do espaço. A estrutura é observada a partir de três elementos básicos: a matriz, a mancha e o corredor (Fig. 7.20). Matriz é o elemento que tem domínio ou que controla a dinâmica da paisagem – em geral, reconhecida pelo predomínio de área ocupada no espaço, com menor grau de fragmentação. As manchas são os fragmentos não lineares de aparente homogeneidade, que interrompem a matriz. Os

Fig. 7.20 *Representação dos elementos da paisagem. Fonte: Silva, 2000, adaptado do FISRWG, 1998*

corredores são os elementos lineares de aparente homogeneidade e distinguíveis na matriz (Fig. 7.21). A presença de dois desses elementos, pelo menos, caracteriza a ocorrência de um mosaico na paisagem.

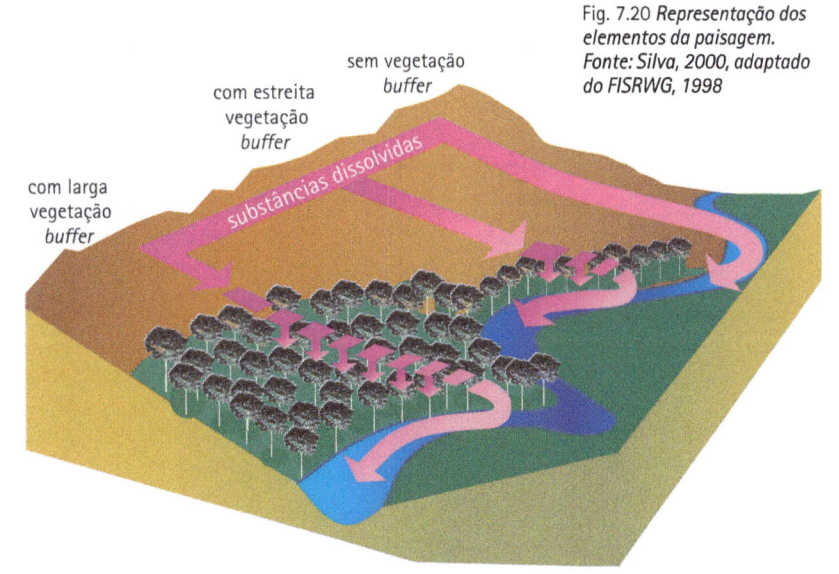

Os planejadores usam os três elementos indistintamente no espaço de estudo – tanto para componentes naturais como do homem. Assim, por exemplo, corredores podem ser classificados como: corredores naturais ou de fluxo de recursos ambientais (como mata ripícula), com ou sem ligação entre fragmentos da cobertura vegetal natural; corredores de alteração ou de distúrbio (como linhas de energia, estradas); corredores de reabilitação (como reflorestamento ciliar) e outros.

Fig. 7.21 *A observação das características dos corredores fluviais permite deduzir a atenuação dos impactos entre os ecossistemas terrestres e aquáticos, uma vez que essas áreas atuam como membranas semipermeáveis que filtram os fluxos que entram e saem de cada fragmento adjacente (como fluxo de água e de nutrientes da bacia de drenagem). Fonte: Silva, 2000*

As mudanças na paisagem são mais observadas pelo planejador sob os aspectos da variação qualitativa e quantitativa do uso e ocupação ao longo do tempo e da amplitude e freqüência de oscilação em torno de uma pressuposta trajetória de equilíbrio, seja ela cíclica (fenômeno anual, estacional) ou unidirecional (sucessional).

A observação das interações entre a estrutura da paisagem (tamanho, forma, arranjo e conexão entre seus elementos) e seus processos ecológicos permite que vários fenômenos sejam averiguados, como: a capacidade do meio em recuperar-se e continuar em equilíbrio apesar de uma mudança; o tempo de sobrevivência de um sistema ou de algum de seus componentes; a resistência às mudanças, aos efeitos de barreira; as conseqüências das mudanças dos movimentos e transporte de agentes (organismos, água, ar) entre os elementos da paisagem; a medida da facilidade de ocorrência dos fluxos biológicos (conectividade); a permeabilidade da matriz; a evolução da fragmentação relacionada aos tipos de perturbação; os efeitos de borda dos fragmentos; os pontos de ligação (áreas de habitat dispersas), que facilitam os fluxos entre manchas, e a variação da diversidade na paisagem (quadro 7.11). Atente que a observação da mudança ao longo do tempo também permite deduzir sobre os efeitos ou impactos cumulativos no meio — fenômeno importante, mas comumente desconsiderado nos planejamentos brasileiros.

Essa visão do espaço é um salto de qualidade em relação ao zoneamento tradicional, pois, quando utilizada, reflete melhor a dinâmica das áreas estudadas e resulta na sugestão de medidas mais concretas de manejo, de aproveitamento e conservação dos recursos da terra. Por outro lado, existe uma grande limitação relacionada à noção de homogeneidade e heterogeneidade, em função da escala adotada pelo planejador, de sua percepção, de sua formação ou pela sua capacidade de perceber as múltiplas interações e processos existentes. Como cita Metzger (2001), "... praticamente qualquer porção de terra é homogênea numa escala mais abrangente e heterogênea quando vista numa escala mais detalhada". Sob esse aspecto, a Fig. 7.22 apresenta um paralelo entre diferentes resultados obtidos por meio do mapeamento por unidades de paisagem sob a abordagem geográfica, em diferentes escalas.

Quadro 7.11 Suposição de composição na paisagem em uma área com vegetação natural preservada, uma região essencialmente agrícola e uma área urbana.

	MATRIZ	MANCHAS	CORREDORES	CONECTIVIDADE	PERMEABILIDADE
natural preservada	contínua	baixa densidade de fragmentos	rede de drenagem	alta	alta
agrícola	geométrica	média densidade de fragmentos	rede de drenagem alterada e corredores artificiais (como trilhas)	baixa	baixa
urbana	descontínua	alta densidade de fragmentos	rede de drenagem alterada e corredores artificiais complexos (como estradas)	baixa	baixa

Para aplicar os conceitos da ecologia da paisagem em planejamento, deve-se considerar que essa teoria vem sendo desenvolvida em diferentes campos de conhecimento, com princípios, conceitos e estratégias próprios. Conseqüentemente, desenvolveram-se diversos procedimentos sob a ótica de diferentes profissionais, cada qual levando a um resultado particular.

O enfoque arquitetônico, por exemplo, destaca a evolução da paisagem ao longo de um período de tempo em que cada momento é avaliado como sendo a representação de uma imagem real de um contexto econômico, cultural, social e estético. São verdadeiros retratos seqüenciados apresentados por descrições, desenhos, pinturas, gravuras e fotografias, entre outros instrumentos. Utiliza os princípios da construção de cenários (veja Cap. 3) e trabalha na procura de um arranjo ótimo do uso da terra sob a dimensão ambiental. A abordagem ecológica enfoca aspectos bastante específicos: preocupa-se com os efeitos da estrutura espacial da paisagem sobre os processos ecológicos; enfatiza a análise sobre o eixo horizontal da paisagem; privilegia a análise de paisagens naturais; é voltada à conservação da diversidade biológica e ao manejo dos recursos naturais e, ainda, trabalha em amplo espectro de escalas espacial e temporal. A escolha das escalas costuma depender de uma espécie vegetal ou animal em que se concentra o estudo. O enfoque geográfico também se preocupa com a estrutura da paisagem e seus processos. Contudo, destaca a heterogeneidade como sistema integrado dos dois eixos (vertical e horizontal) do espaço, englobando o conhecimento científico de cada estrato ou elemento componente. Ele dá ênfase às relações do homem, tanto no espaço natural como naquele construído por ele, preocupa-se em apresentar aplicações práticas para solução de problemas ambientais e trabalha em macroescalas temporais e espaciais dependentes da dimensão do território estudado e dos objetivos a serem atingidos. Os estudos costumam ser generalistas, sem enfocar componentes específicos do meio, como uma espécie da fauna. Dentro do enfoque geográfico, a paisagem ainda pode ser vista como uma unidade de superfície em função de um atributo (paisagens geológicas, pedológicas ou de outros temas), mas dentro de um contexto integrado.

Integração das Informações

Os planejamentos podem utilizar qualquer uma dessas perspectivas ou mesmo integrá-las. No entanto, é preciso refletir que existem divergências conceituais e teóricas entre elas. Na verdade, o caráter integrador que se espera para o planejamento, a compreensão da relação entre a estrutura da paisagem e os processos ecológicos, ou a unificação de conceitos entre as abordagens dessa teoria, está distante.

Uma diferença conflituosa entre as abordagens destacadas é a definição de unidades de paisagem. Para aqueles que trabalham com a abordagem ecológica, as unidades da paisagem são entendidas como cada unidade componente da paisagem no eixo horizontal.

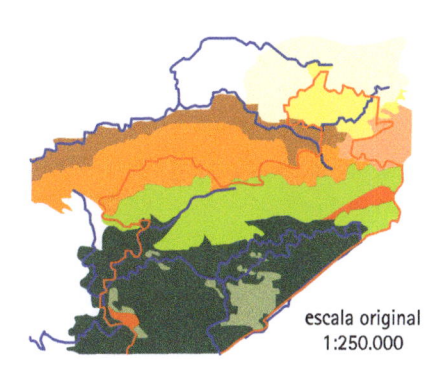

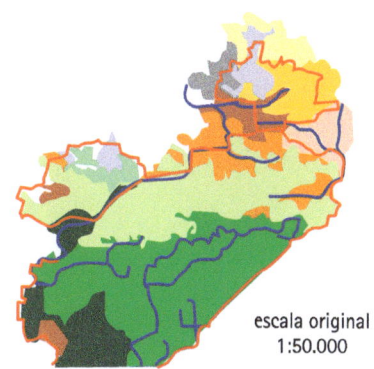

Fig. 7.22 *A área de proteção ambiental Cananéia-Iguape, SP, foi estudada nas escalas assinaladas sob o enfoque geográfico da ecologia da paisagem. Na escala 1:250.000 foram delimitadas grandes unidades ambientais para as quais foram definidas diretrizes gerais. O detalhamento, escala 1:50.000, permitiu identificar um número maior de unidades em função da complexidade interna de cada grande unidade. Todas as unidades, em ambas as escalas, foram objeto de planos e programas. O quadro ao lado apresenta os aspectos relevantes que conduziram à definição das unidades de paisagem. Fonte: SMA, 1996; Santos, Girardi e Ito, 1998 (modificado)*

ASPECTO	DESCRIÇÃO
elemento de referência	relevo
condicionantes do meio	vegetação e usos da terra
descritores da vegetação	área ocupada, porte, densidade de cobertura, integridade do dossel, distribuição espacial dos fragmentos, área original/área atual de cobertura vegetal, grau de isolamento, formas, raridade de cobertura, zona de contato, borda (forma, tamanho e número).
valor de qualidade da vegetação	ponderação de 1 a 5 em função dos valores dos descritores
campo	amostragem terrestre do tipo estratificado, com transecções cujas dimensões devem variar em função da complexidade ou variabilidade de cada unidade e amostragem aérea por identificação de padrão de cada unidade.
escalas espaciais adotadas para representação das unidades de paisagem	1:250.000, 1:50.000
escala de representação das unidades de gerenciamento	1:100.000
escala temporal	10-12 anos
observação temporal principal	tipos e vetores de pressão de ocupação
imagens de sensores	TM LANDSAT 5, fotos aéreas
classificação prévia das unidades de paisagem	preservação, uso intensivo, conservação ambiental, amplo uso, uso restrito, de recuperação ambiental, amortecimento.
destinação prévia das unidades de paisagem	consolidar a situação, ordenar o uso atual, reorganizar o uso atual com completa reestruturação do espaço

Fonte: Secretaria do Meio Ambiente, 1996 (modificado)

Um remanescente florestal, por exemplo, é considerado uma unidade de paisagem. Para a abordagem geográfica, a unidade de paisagem é um espaço onde predominam atributos dos eixos horizontal e vertical de mesma qualidade ou de características comuns. Assim, um remanescente florestal pode ser desdobrado em diferentes unidades se o solo e relevo se diferenciam. Se adotada uma escala de grande generalização, vários remanescentes podem ser agrupados sob um mesmo relevo e tipo de solo, compondo uma única unidade de paisagem. Existem estudos que sugerem adotar as características de fragilidade e de potencialidade do meio como critério para delimitação da unidade da paisagem. Em comum, para todos os conceitos, a unidade de paisagem é a síntese dos fatores que a constituem e representa um corpo complexo, função de todos os demais elementos que compõem o meio. É claro que essas diferentes percepções sobre unidades de paisagem resultam em identificação e delimitação de unidades ambientais distintas.

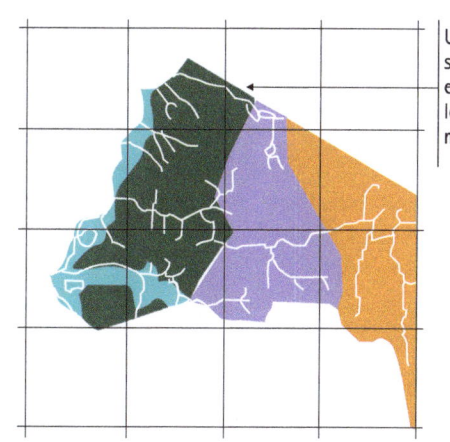

Unidade concentradora de impactos sobre planícies aluviais, vales erosivos e morrotes paralelos ocupados por lotes rurais urbanizados, pastos e matas alteradas.

Fig. 7.23 *Exemplo de identificação de quatro unidades de paisagem, obtidas por meio dos elementos de referência: tipos de terreno, cobertura vegetal, uso do solo e núcleos de concentração de impactos. Região da bacia de Ribeirão Cachoeira, município de Campinas, SP. Fonte: Thomaziello, 1999 (modificado)*

A ecologia da paisagem, pela própria variedade de concepções, utiliza diferentes caminhos metodológicos, mas os principais definem as unidades de paisagem a partir de avaliações espaciais e utilizam como instrumentos as imagens de sensores remotos. Os métodos podem ser qualitativos, quantitativos ou preditivos.

Sob a abordagem geográfica, o primeiro passo metodológico é identificar os condicionantes (ou indicadores do meio) da paisagem por meio de um diagnóstico global de cenário passado e presente. Os condicionantes refletem as características próprias a um diagnóstico ambiental, ou seja, a potencialidade, fragilidade, acertos e conflitos. Também podem ser apontados como condicionantes aqueles elementos que refletem características peculiares ou que geram restrições específicas à conservação da paisagem. Uma vez selecionados, deve-se testar a confiabilidade dos indicadores em uma área-piloto, de forma a verificar a capacidade de repartir o território em unidades representativas da heterogeneidade do meio. De forma geral, há sempre um condicionante que funciona como elemento de referência (ou indicador primário) do meio — aquele que melhor expressa a heterogeneidade e a complexidade entre matriz, corredores e manchas. Como elemento de referência, costumam ser citados o relevo, a cobertura vegetal e o uso da terra, por estarem intimamente ligados à composição e transformação do espaço no tempo (Fig. 7.23). Algumas vezes, em áreas de importância agrícola, o solo — interpretado pelo valor da terra — é o elemento primário da avaliação, ou, em ambientes onde a água é o fator restritivo, seja como potencial de atendimento ou por escassez, os padrões hídricos e a qualidade das águas podem ser escolhidos como os elementos de relevância do estudo.

Esses recursos de análise direta e conjunta permitem uma prática de aplicação fácil e positiva sob o aspecto logístico, nos quais tempo e custos são reduzidos.

Os ecologistas da paisagem que trabalham sob a ótica arquitetônica também usam elementos de referência, mais baseados, porém, nas qualidades visuais da paisagem observada em campo.

As informações costumam ser integradas pela ordem de relevância dos indicadores adotados, que podem definir compartimentos distintos dentro da paisagem. No entanto, para obter a compartimentação final em unidades de paisagem, é necessária também a inserção dos aspectos da história do local, incluindo conhecimentos desde a evolução de processos erosivos até as transformações trazidas por mudança de atividades ou de tipo de manejo da terra. No Brasil, essa fase é difícil de conduzir porque as histórias regional, natural e humana não contam com uma documentação bem organizada, destacando os diversos aspectos dentro de uma série temporal. Dessa forma, é comum suprir essa deficiência com a inclusão de entrevistas com cidadãos que viveram muito tempo na região, a observação de fotos antigas, leitura da produção da mídia local, croquis de agências de turismo de diferentes épocas, dados pontuais de desmatamento e qualidade de água, entre outras informações.

Essas informações estarão ligadas a outros tipos de representações, como os mapas por temas (categóricos) e os dados pontuais amostrais de campo. Cada uma das representações apresenta a heterogeneidade sob diferentes ângulos de observação. A variação pode ser vista por unidade de área, na qual cada polígono é entendido como uma extensão homogênea. Neste caso, a variação é assumida como pertencente a categorias discretas. Ignora-se a variação interna a cada unidade, bem como espaços de transição entre elas. A variação pode ser interpretada de uma forma contínua no espaço, estabelecida pelas diferenças entre dois pontos de amostragem, sem limites estabelecidos. Pode, também, ser representada em espaços ameboides, sem definição precisa no território. Nesses casos, compatibilizar a escala de avaliação, a série temporal e a uniformidade de informação dentro da área de estudo é tarefa bastante complexa (veja Cap. 3). É necessário que os profissionais envolvidos tenham conhecimento sobre as potencialidades e limitações da representação dos diferentes atributos da paisagem.

Sob a abordagem ecológica, a representação cartográfica das unidades de paisagem é obtida em função da avaliação de imagens de sensores remotos que retratam as ocupações no eixo horizontal da paisagem, pois as características espaciais superficiais são suficientes para o primeiro delineamento. Utilizam-se métodos analíticos, em escala de detalhe, e tal qual a abordagem geográfica, os indicadores envolvidos não são, necessariamente, medidos com igual freqüência. Uma característica propícia ao planejamento é o fato dessa abordagem utilizar procedimentos de quantificação métrica da estrutura da paisagem, que auxiliam o entendimento de processos e permitem maior confiabilidade ao comparar áreas (quadro 7.12).

Um dos grandes desafios, seja qual for a abordagem, é escolher escalas espaciais que definam unidades de paisagem diretamente transformáveis em unidades gerenciais, com suas diretrizes e programas específicos. Essa transformação admite uma passagem direta do resultado teórico para a prática do gestor. Obter unidades de paisagem sob a perspectiva de duas escalas (como local e regional) é uma boa estratégia, pois permite apresentar prioridades de ação distintas dentro do espaço maior e ser mais objetivo em relação às atividades planejadas. Nesse caso, são mostradas intervenções específicas, cada qual ligada às características inerentes das unidades dentro de cada escala trabalhada. Além disso, o planejador deve considerar a necessidade de delinear essas diferentes unidades dentro da paisagem atual, da tecnicamente ideal e da possível de ser construída diante das propostas técnicas, da comunidade e das instituições (Fig. 7.24).

No estudo das paisagens, muito cuidado deve ser tomado ao se definir a legenda do mapa de unidades, que deve refletir o conjunto de interações dos fatores do meio ressaltados pelos parâmetros indicadores ou pelo atributo principal (elemento de referência). Isso porque a concepção e os limites dos polígonos, gerados pelo delineamento e classificação dos atributos analisados em conjunto, são bastante diferentes de um mapa resultante do método da sobreposição. As informações integradas e incorporadas na legenda ajudam a estabelecer as diretrizes, tornando-as mais comparáveis entre unidades, porque o enfoque para determinar certas qualidades é, na realidade, a expressão da definição de um conjunto de propriedades, determinante da vocação do sítio para um uso especial. Em alguns casos, o processo de planejamento exige que paisagens ou unidades de paisagem sejam comparadas. Nessa situação, o confronto das características das unidades entre si pode tornar-se bastante complexo. A sugestão é estabelecer um índice (veja Cap. 4) para cada unidade que represente o seu estado de conservação, obtido pela quantificação e ponderação de seus parâmetros indicadores (Fig. 7.25).

OBSTÁCULOS PARA REALIZAR ESTUDOS INTEGRADOS

O primeiro obstáculo para se obter a integração das informações em planejamento ambiental é superar o entrave entre os especialistas de cada matéria, que trabalham com conceitos, apropriação de espaços, objetivos, escalas espaciais, evolução temporal e métodos próprios. Essa distância é, por exemplo, comum entre aqueles que trabalham com temas do meio natural e do meio socioeconômico. Se essas visões não forem minimamente afinadas, dificilmente os métodos de integração serão aplicados com êxito. É importante que a equipe multidisciplinar selecione o método de integração e mostre clareza na formulação das questões a serem tratadas. É importante que conceitos como ambiente ou conservação sejam devidamente debatidos entre os membros da equipe, pois seu significado é variado e pode ser aplicado de diversas formas alternativas.

Quadro 7.12 Métricas da paisagem aplicadas ao Parque Nacional Serra da Bocaina

MÉTRICAS	VALORES
1. índice de Shannon de diversidade da paisagem	1,76
2. índice de Simpson de diversidade da paisagem	0,8
3. índice de diversidade espacial da paisagem	61,97
4. índice do maior fragmento da classe	28,53 (para floresta ombrófila densa montana degradada)
5. número total de fragmentos	1088
6. tamanho médio dos fragmentos	95,5ha
7. índice de fragmentação	24,6m / ha
8. índice da distância média	237,2m
9. índice da proximidade média	6.417,9
AVALIAÇÃO	

A diversidade espacial (1,2 e 3) é média a alta, em virtude das unidades de baixo grau de qualidade ambiental estarem concentradas a noroeste e sul do Parque. A maior fragmentação é da Floresta Ombrófila Densa Montana Degradada, seguida da Floresta Ombrófila Densa Montana Preservada (13,5), restritas às unidades de máxima e média qualidade ambiental. Ocorre grande número de fragmentos espalhados por todo o Parque. A maior quantidade de fragmentos (395) está concentrada na unidade onde a matriz é o campo antrópico. Os maiores tamanhos médios (7.695 ha) concentram-se na unidade de máxima qualidade ambiental coberta por Floresta Ombrófila Densa Preservada, em diferentes tipos de relevo, de colinas a escarpas e baixa a alta fragilidade dos terrenos. São áreas destinadas à recuperação, pois têm altas **representatividade**, riqueza de espécies e susceptibilidade ambiental, mas médias variabilidade ambiental e grau de conservação. Quanto ao isolamento (8 e 9), a classe de maior distância é a Floresta Ombrófila Montana Preservada (8.474,6m), que, apesar de sua alta qualidade ambiental, não tem representantes da mesma classe próximos a ela. Já em relação à proximidade, o maior valor é atribuído à classe Floresta Ombrófila Degradada, que tem 10.601,5, com média e baixa qualidade ambiental.

Fonte: Shida et al., 2003 (modificado)

Uma integração só ocorre se a estrutura organizacional está bem concebida (veja Cap. 2), de forma que todo o grupo trabalhe em direção ao método proposto. Na maioria das vezes a integração é falha, não pelo método selecionado, mas pela falta de entrosamento do grupo multidisciplinar. Cada elemento do grupo deve estar ciente do lugar que assume na construção do todo, estando disposto a colaborar e circular as informações, conhecer as operações concretas do trabalho de campo, identificar os limites impostos por seus próprios procedimentos metodológicos e suas linguagens técnicas, ser capaz de ajustar os instrumentos de sua disciplina às condições do método integrador e, principalmente, estar esclarecido quanto às representações conceituais, métodos e linguagens das outras disciplinas.

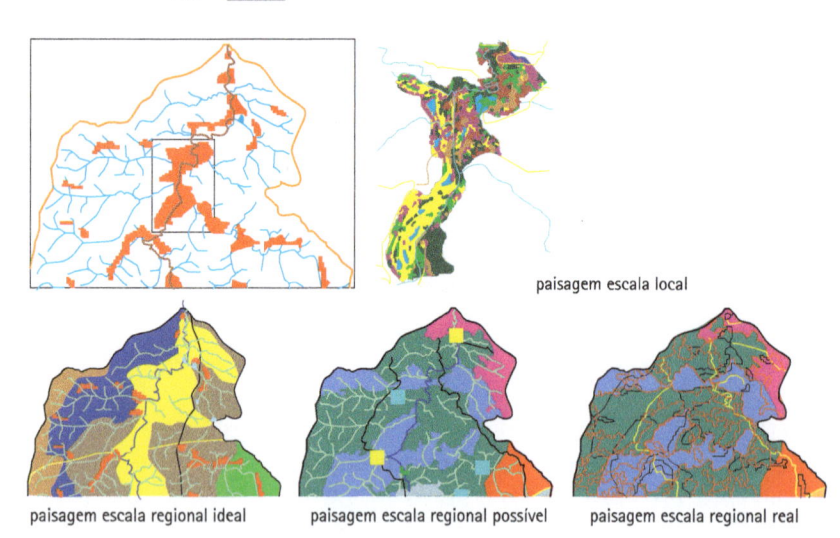

Fig. 7.24 *Unidades de paisagem em escala regional, local e sob a perspectiva da paisagem ideal, possível e real na bacia do baixo curso do rio Cotia. Em escala regional, foram definidos diferentes conjuntos de unidades de paisagem em função do mapeamento dos cenários ideal, real e possível. O cenário ideal se pauta pelas potencialidades e fragilidades do meio biológico. Por exemplo, a planície fluvial, recoberta por floresta, seria uma unidade destinada à conservação. O confronto entre os cenários ideal e real e o conhecimento dos anseios da comunidade conduzem à construção do cenário possível. Cada uma das unidades apresentadas em escala regional pode ser detalhada em escala local. O detalhamento da unidade ambiental sobre a planície, mostrada acima, foi realizado porque eram territórios concentradores de impactos, demandando, com maior urgência, intervenções para melhorar a qualidade ambiental da paisagem. Fonte: Silva, 2000 (modificado)*

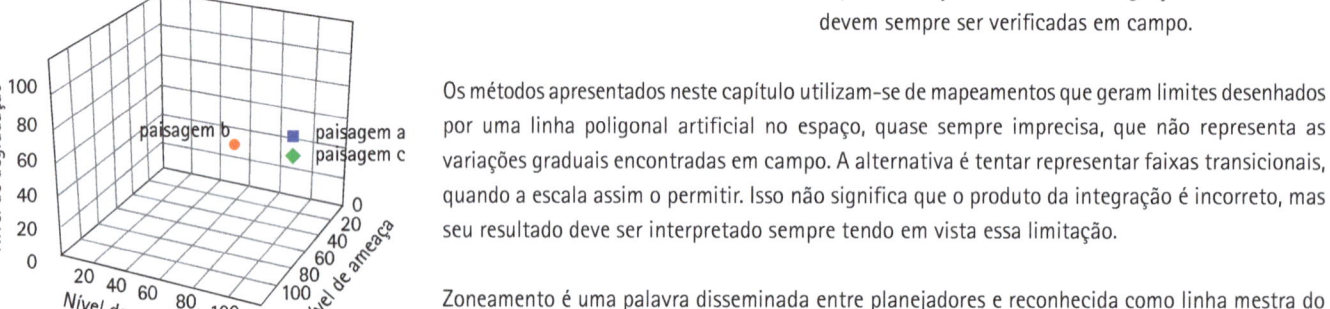

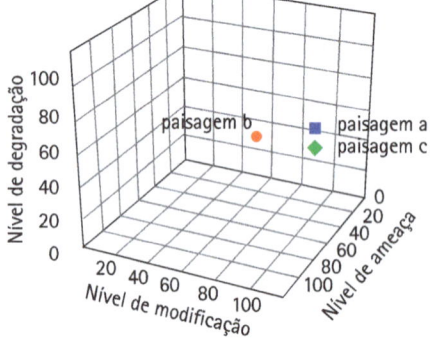

Fig. 7.25 *Índice do estado de conservação de três unidades de paisagem (a, b e c) presentes em planícies de inundação, determinadas pelo nível de degradação (qualidade da água), nível de modificação dos atributos físicos (fatores que alteraram a hidrologia da planície de inundação) e nível de ameaça (estimado em função da expectativa da melhora, redução ou eliminação de funções hidrológicas que influenciam a capacidade das planícies de inundação atuarem como buffers e/ou filtros naturais). Fonte: Silva, 2000 (modificado)*

Só assim ele é capaz de tolerar certas acomodações nas condições de sua própria prática e leitura do meio. É necessário um prévio entendimento, de forma a garantir que os elementos do grupo ultrapassem seus próprios conhecimentos por meio de uma perspectiva teórica de conjunto. Para tanto, é imprescindível uma formação complementar, de integração com outras disciplinas, não podendo ocorrer a construção de territórios de poder sobre os territórios intelectuais. Estas são as condições *sine qua non*, sem as quais nenhum método se viabiliza, por mais eficiente que possa aparentar.

O segundo obstáculo refere-se aos métodos atuais de integração que, quando aplicados, ainda carregam uma certa dose de subjetividade. A maior parte dos zoneamentos elaborados no Brasil é proveniente de avaliações estáticas e qualitativas, considerando o mesmo valor a todos os atributos intervenientes. São raros os estudos que utilizam modelos probabilísticos. Além disso, o planejador deve tomar cuidados no estabelecimento de relações de causa e efeito. Algumas vezes, determinadas relações são identificadas por meio da interpretação de padrões espaciais que, na realidade, não ocorrem. As supostas relações inferidas da integração de indicadores devem sempre ser verificadas em campo.

Os métodos apresentados neste capítulo utilizam-se de mapeamentos que geram limites desenhados por uma linha poligonal artificial no espaço, quase sempre imprecisa, que não representa as variações graduais encontradas em campo. A alternativa é tentar representar faixas transicionais, quando a escala assim o permitir. Isso não significa que o produto da integração é incorreto, mas seu resultado deve ser interpretado sempre tendo em vista essa limitação.

Zoneamento é uma palavra disseminada entre planejadores e reconhecida como linha mestra do planejamento. Porém, é utilizada dentro das mais diferentes perspectivas. Na prática, o zoneamento é concebido a partir de modelos estruturados de forma subjetiva, pois os procedimentos que o geram raramente são bem descritos e parecem carecer de critérios científicos. Por essa razão, alguns equívocos sérios são encontrados. É comum, por exemplo, alguns planejadores discutirem seus dados como se estivessem trabalhando com os princípios da ecologia da paisagem, mas, na realidade, estão aplicando, metodologicamente, o zoneamento tradicional resultante da simples sobreposição de mapas. Outro lapso comum é a definição da legenda do mapa de zoneamento, esquecendo que ela deve refletir, exatamente, os indicadores e critérios considerados para sua classificação. Nesse caso, o produto final acaba desvinculado do trabalho técnico e parece ser mais um resultado de um rápido debate entre os especialistas sobre a área de estudo. Alguns autores têm enfatizado a necessidade de desenvolver estratégias metodológicas, dentro da perspectiva de zoneamento, que garantam resultados mais reais e melhor relacionados ao meio e que, ao mesmo tempo, simplifiquem a expressão das respostas obtidas.

Quanto à aplicação dos princípios da ecologia da paisagem, sua maior deficiência é definir quão homogêneas são as unidades mapeadas em determinadas escalas de trabalho e qual é o nível de generalização a que o planejador está impondo ao tomar uma decisão. Apesar de sua vantagem em superar os freqüentes desajustes e subdivisões exageradas do zoneamento, é preciso sempre estar atento à quantificação da heterogeneidade espacial que pode estar baseada em mapas temáticos qualificados ou quantificados arbitrariamente, nos quais a variação ambiental é assumida como pertencente a categorias discretas e, portanto, alheia à variação interna às unidades mapeadas. Por outro lado, quando baseado em dados puntuais, assume-se que as propriedades do sistema variam continuamente no espaço. Assim, a definição de unidades de paisagem em mapas é uma tarefa totalmente arbitrária.

A integração das informações pelos princípios da ecologia da paisagem tem hoje dois grandes desafios: a inserção de indicadores sociais e econômicos, muitas vezes não representáveis pelo critério de paisagem, e a pressuposição que a observação da heterogeneidade permite a dedução das relações ecológicas.

Foi citado neste capítulo que os SIGs são instrumentos vitais para a condução dos métodos de integração e, sem dúvida, a capacidade de alguns sistemas coletar e cruzar conjuntos de dados é quase ilimitada. Porém, é importante lembrar que as capacidades e limitações desses sistemas são entendidas por alguns poucos especialistas e por raros planejadores ambientais. É muito comum o planejador usuário frustrar-se ou cometer erros graves, não tanto pela utilização do SIG não apropriado, quanto pelas expectativas não realísticas em relação ao sistema ou, ainda, porque foram tomadas decisões no processo de implementação que não condizem com a estrutura organizacional ou robustez do planejamento. O uso do SIG pressupõe um trabalho anterior de modelagem da realidade a ser avaliada durante o planejamento ambiental. Essa modelagem é o resultado da aplicação de mecanismos de abstração amplamente explorados na área de engenharia de software e projeto de bancos de dados. O processo de modelagem é contínuo, é executado em etapas e envolve decisões quanto à relevância de dados. Também implica a tarefa subjetiva de discretização das informações, sejam conceituais, espaciais ou temporais. Essa discrepância entre o mundo real e a implementação física deve ser perfeitamente entendida pelo planejador, para que se possam tomar medidas corretas nas operações de entrada, manipulação e análise dos dados efetuadas pelo SIG. É ainda necessário lembrar que um dado de entrada errôneo ou mal compartimentado no banco de dados gera uma cadeia de erros que modifica consideravelmente os produtos do planejamento.

Pode-se afirmar que, em planejamento ambiental, devem ser considerados quatro pontos básicos para o uso adequado dessa tecnologia: evitar projetos ambiciosos em que coordenadores não possuam experiência ou treinamento adequado; avaliar a tecnologia escolhida em relação às necessidades da estrutura organizacional do planejamento; promover uma aproximação mais estreita entre especialistas de computação, SIG e planejadores; e adotar tecnologias associadas a sistemas mais amigáveis.

Um dos grandes impasses é que esses sistemas raramente apresentam com clareza as redes de interação e fluxos de diversos níveis no meio, ou constroem modelos preditivos que permitam comparar cenários e fazer prognósticos. Nesse momento, são necessárias pesquisas que testem e adaptem, junto a esses sistemas, programas que permitam tal função. Isso exige que o usuário entenda, no mínimo, um conjunto de regras ou equações matemáticas que expressem os tipos de dados, a complexidade dos sistemas e as observações ou aspectos dinâmicos do problema. Deve-se entender a capacidade de o modelo simular processos ambientais dentro de um contexto espacial específico, sem perder de vista que o tempo é contínuo, mas a simulação é discreta e a área simulada está representada por um conjunto de células discretas, o que impõe ligações artificiais no tempo e no espaço. Muitas vezes, o planejamento aponta para uma simultaneidade de processos interativos no meio, o que exige métodos múltiplos de simulação que, conjuntamente, expressam tempos assincrônicos de fenômenos naturais.

Atribuir ou não pesos aos temas usados para integração dentro do SIG é uma outra questão metodológica a ser discutida. Muitos trabalhos ligados a planejamento consideram a mesma criticidade para todos os dados de entrada, o que iguala sua importância. Outros aplicam métodos de ponderação, com o argumento de que há uma diferença clara de importância de temas em função da realidade observada. Porém, os pesos atribuídos dentro de um SIG são sempre passíveis de críticas em virtude de sua subjetividade.

Apesar dessas limitações, é importante ressaltar que os planejadores insistem em adotar SIG porque ele é capaz de proporcionar um bom serviço de suporte para tomadas de decisão. Além disso, todas as informações relevantes do planejamento e gerenciamento estão em um só local, um grande número de alternativas pode ser considerado com o mesmo detalhamento, as regras de gerência a serem aplicadas podem ser testadas pelos próprios gerentes e, principalmente, o processo de decisão é documentável e as decisões podem ser repetidas.

Sem dúvida, dentre todas as limitações apresentadas para aplicação de SIG em planejamento ambiental, a mais problemática refere-se à inclusão de aspectos relativos a opiniões das comunidades e equipes governamentais, perspectivas ou anseios da população, comportamento ético ou vocações da região em estudo. Estes debates costumam formar ou alterar, em tempo contínuo, os objetivos e a estrutura do planejamento (veja Cap. 9).

Nos últimos anos, alguns pesquisadores têm trabalhado com o objetivo de solucionar esses problemas. Alguns têm utilizado a classificação fuzzy, algoritmos e/ou o uso de redes neurais artificiais associados a SIGs como apoio aos zoneamentos. Nessa direção, há muito trabalho para ser feito.

Enfim, é importante que a equipe de planejamento considere que, embora a conversão das informações para uma forma cartográfica seja mais direta, nem sempre essa tarefa é possível dentro das ciências humanas. Modelos, por melhor que sejam, não garantem que os elementos necessários de convicção e inferência sejam os mais eficientes e robustos. O método não constitui o objetivo do planejamento em si, mas constitui uma ferramenta aplicada às informações quantitativas e a cada fase do estudo.

LEITURA RECOMENDADA

FLORENZANO, T. G. **Imagens de satélite para estudos ambientais.** São Paulo: Oficina de Textos, 2002.

METZGER, J. P. **O que é ecologia da paisagem.** Biota Neotropica, São Paulo, v. 1, 2001.

SILVA, A. de B. **Sistemas de informações geo-referenciadas: conceitos e fundamentos.** Campinas: UNICAMP, 1999. (Coleção Livro-Texto).

TURNER, M. G. **Landscape ecology in theory and practice.** New York: Springer-Verlag, 2001.